MANFRED GEBHARDT

Die Nackte unterm Ladentisch

DAS Magazin

in der DDR

Das Neue Berlin

Ich danke allen Freunden und Kollegen, die mir bei der Arbeit an diesem Buch geholfen, mein Vorhaben unterstützt und gefördert haben, die mir Ratschläge und wertvolle Hinweise gaben oder mir die Verwendung ihrer Fotos oder Zeichnungen gestatteten: Brigitte Voigt, Angela Fensch, Rudolf Schäfer, Brigitte Schleusinger, Manfred Bofinger und Wolf Schrader, sowie Christian Klemke und Klemke-Erben. Mein Dank gilt den Kolleginnen der Redaktion des heutigen »Magazins«, besonders Manuela Thieme und Sabine Tuch, meinen ehemaligen Kollegen Bernd Meier und Ulrich Backmann.
Das Buch ist eine Gemeinschaftsarbeit von mir und meiner Frau Heidemarie Hecht.

ISBN-10: 3-360-01283-6
ISBN-13: 978-3-360-01283-8

1. Auflage

Neue Grünstraße 18, 10179 Berlin

Torstr. 145, D-10119 Berlin.

Umschlagentwurf: ansichtssache – Büro für Gestaltung, Berlin
Druck: Salzland Druck, Staßfurt

Die Bücher des Verlags Das Neue Berlin
erscheinen in der Eulenspiegel Verlagsgruppe.

www.das-neue-berlin.de

Für Heidi

Leserbrief von Arnold Zweig im Januarheft 1964:

Unser großer Kollege Horaz hat seine Zeitgenossen oder seine Nachkommen ermahnt: Ridendo dicere verum – lachend die Wahrheit sagen. Dies, liebes Magazin, tust Du nun schon zehn Jahre. Mit heiteren Grafiken, erfreulichen Fotos und kürzeren oder längeren Erzählungen hältst Du eine Schar von Lesern zusammen, die nur durch die Schwierigkeit begrenzt wird, die zur Zeit noch Papier bedeutet ...
Darum dankt Dir ... Dein immer wieder erfrischter Leser

Arnold Zweig

Vorwort

Die Anfänge der in vieler Hinsicht einmaligen Zeitschrift habe ich nicht miterlebt. Als ich im Juli 1962 in die Redaktion kam, erschien »Das Magazin« bereits im achten Jahr. Es hatte längst seinen festen Platz in der DDR-Presse und mit über dreihunderttausend verkauften Exemplaren einen festen Leserkreis. Ich gehörte nicht dazu. Meine einzige Berührung mit dem »Magazin« lag einige Jahre zurück; ich arbeitete noch in der Jugendzeitung »Junge Welt« und empörte mich in einem Beitrag über eine »Aktuelle Umfrage« im »Magazin« unter dem Titel: »Sterben die leichten Mädchen aus?« Ich sah damals in dieser Frage »eine Verletzung der moralischen Kriterien des Jugendverbandes«, und glaubte, »unsere FDJlerinnen« in Schutz nehmen zu müssen.

Ich hatte mir »Das Magazin« auch nicht als das ideale Wirkungsfeld ausgesucht. Nach Jahren in der Leitung der Jugendzeitung hatte es mich zu einer Art Bewährung in die Nationale Front verschlagen, wo ich zunächst eine Zeitschrift für Funktionäre mit dem obskuren Titel »Stimme des Patrioten«, später nur noch »Die Stimme«, leitete. Nachdem sie ihr Erscheinen glücklich eingestellt hatte, schrieb ich Berichte und Kommuniqués, war Ghostwriter für Reden und Broschüren, eine Tätigkeit, die mir weder lag noch gefiel. Ich wollte wieder in eine Redaktion, Druckerschwärze riechen und meine eigenen Beiträge schreiben.

Eine zufällige Konstellation auf höherer Ebene kam mir bei meinem Wunsch zugute. Reginald (Regi) Grimmer, der zu dieser Zeit im SED-Zentralkomitee für den Einsatz von journalistischen Kadern zuständig war, sollte erster Stellvertreter von Gerhart Eisler im Staatlichen Rundfunkkomitee werden. Bei einer ersten Besprechung mit dem neuen Chef erfuhr er, daß Gerharts Frau, die »Magazin«-Chefredakteurin Hilde Eisler, dringend einen Stellvertreter suchte. Da fiel ihm mein Wunsch ein, wieder als Journalist zu arbeiten, und ich wurde gewissermaßen sein Antrittsbillett für die Chefetage des Rundfunks in Oberschöneweide.

Regi Grimmer war zufrieden, weil er seinem Vorsitzenden einen Dienst erweisen konnte, Eisler war zufrieden, weil seine Frau etwas mehr Zeit haben würde, Hilde Eisler war zufrieden, weil sie wieder einen Stellvertreter bekam (die Kader waren knapp) und ich war auch zufrieden, weil ich durch diesen Deal wieder in meinen Beruf zurückkehren konnte.

Meine Kollegen im Nationalrat allerdings sahen in diesem Schritt eine »rückläufige Kaderentwicklung«, etwas, was man heute als »Karriereknick« bezeichnen würde. Für mich dagegen sollte sich die neue Arbeit in einer Unterhaltungszeitschrift als ein richtiger Neuanfang und als ein großes Glück erweisen.

Um mich bei Hilde Eisler vorzustellen, machte ich mich auf den Weg in die Redaktion, die damals im Haus des Verlages »Volk und Welt« in der Glinkastraße in Berlin-Mitte saß. Hilde residierte in einem kleinen Zimmer im fünften Stock, eine gepflegte Dame, die so gar nicht dem Typ der Frau entsprach, der damals in der DDR Karriere machte, sie war modern gekleidet und dezent geschminkt. Sie war gerade fünfzig geworden, und von dem Fest sprach man in der Redaktion noch immer. Wir kannten uns flüchtig, weil ich mit ihrem Mann ab und zu zusammengearbeitet hatte. Unsere erste Begegnung war kurz: Sie gab mir einen Stapel »Magazine« aus den letzten Jahren und riet mir, sie in Ruhe und kritisch zu lesen. Das tat ich. Danach sagte ich: »Ich will es versuchen. Und wenn es nichts wird, werden wir uns ohne Groll wieder trennen.«

Ich hatte in den vierzehn Jahren, die ich in verschiedenen Redaktionen und Institutionen gearbeitet hatte, Erfahrungen gesammelt und mein Metier gelernt. Das hier aber, »Das Magazin«, war etwas anderes. Ich war gewohnt, aus Gerichtssälen und Parlamenten, von Kundgebungen und Kongressen zu berichten, ich hatte als Reporter über die Kumpel im Ruhrgebiet und die Traktoristen in der Altmark geschrieben, über die Maurer in der Warschauer Altstadt, über die Reisbauern am Jangtse. Ich konnte spät abends noch einen Kommentar für die Morgenzeitung verfassen, Konzepte entwickeln und eine Redaktion leiten.

Und nun sollte ich an meinem ersten Arbeitstag im »Magazin« nichts weiter tun, als die Bildunterschriften unter Fotos aus Japan schreiben, aber so, daß sie etwas erzählten, was der Leser nicht ohnehin auf den Fotos sehen konnte, und in einer genau vorgegebenen Länge, so, daß sie auf den Buchstaben genau abschließen. Mit so einfachen Dingen hatte ich mich seit Jahren nicht mehr beschäftigt.

Der erste Artikel, den ich schrieb, war ein Beitrag über die Frauen in der Druckerei »Völkerfreundschaft« in Dresden, die in mühevoller Handarbeit die Druckbögen des »Magazins« zusammenlegten und dem ich den (für meine Vorstellung vom »Magazin«) witzigen Titel gab: »Drum prüfe, was sich ewig heftet«. Hilde sah ihn sich an, dann rief sie mich und sagte mit freundlicher Ironie: »Na, für die Nationale Front ist das schon ganz schön.« Vernichtender hätte ein Urteil nicht ausfallen können. Ich fühlte mich wie ein Lehrer, der nach einem Dutzend Berufsjahren seine Abiturprüfung wiederholen soll.

Mein Eintritt in die »Magazin«-Redaktion war fast ein Kulturschock für mich. Die Zeitschrift war anders als alle anderen, bei denen ich bisher gearbeitet hatte. Aber was war es, das sie so anders machte? Wenn ich hier arbeiten wollte, mußte ich das herausfinden.

Mein Wechsel von der Politik in eine Unterhaltungszeitschrift fiel in das erste Jahr nach dem Bau der Mauer. Doch zu meiner Verwunderung merkte man dem »Magazin« die politische Brisanz dieser Entscheidung kaum an. Nichts war zu spüren von der historischen Zäsur, die die Zeit »vor der Mauer« von der Zeit »nach der Mauer« getrennt hatte. Wie in allen DDR-Zeitungen konnte man auch im »Magazin« nichts lesen über die Trauer vieler Menschen, besonders in Berlin, die von Verwandten und Freunden im anderen Teil der Stadt getrennt waren, doch auch von der Genugtuung über die »Sicherung der Staatsgrenze am Schnittpunkt der feindlichen militärischen Machtblöcke«, über die die Zeitungen schrieben, war im »Magazin« nichts zu spüren.

»Das Magazin« hatte seinen Weg gefunden, von dem es auch politische Großereignisse nicht abbringen konnten. Es hatte die Geburtswehen und die ersten Kinderkrankheiten gut überstanden und sich einen festen Platz in der DDR-Gesellschaft gesichert.

Ich erfuhr über die ersten Jahre des Blattes nur aus den gesammelten Bänden und aus den zum Teil ziemlich abenteuerlichen Geschichten, die in der Redaktion kursierten, sozusagen vom Hörensagen. Auf jedem Betriebsfest wurden die alten Geschichten erzählt, die von dem Kollegen, der den Hund mit in die Redaktion brachte, weil er das Tier zu Hause, wo Frau und Schwiegermutter in ungeheizten Räumen saßen, nicht lassen wollte; von den Nächten im Esterhazy-Keller in der Oranienburger Straße, wo derselbe Kollege allabendlich mit Freunden das Nachtleben genoß und wo sie einmal, lange nach Mitternacht, den lieben Werner Klemke anriefen, mit dem Notruf, er müsse sie auslösen kommen, weil niemand von ihnen mehr Geld hatte. Und der kam wirklich. Es waren Geschichten, wie sie an Stammtischen erzählt werden, es war nicht die Geschichte des »Magazins«. Aber damit hat sich zu jener Zeit ohnehin niemand beschäftigt. Alle Blicke gingen nach vorn in eine helle Zukunft in einer glücklichen Welt. Und wir blickten mit.

Ein neuer Ton, ein neuer Blick

Wenn mir das damals auch gar nicht aufgefallen war: Das erste »Magazin« im Januar 1954 war für die DDR eine kleine Sensation. Etwas Neues war in die bis dahin eintönige Presselandschaft getreten. Ein neuer Ton, ein neuer Blick und eine neue Farbe. Eine Zeitschrift mit einer einmaligen Mischung war das, in der literarische Geschichten sich mit Beiträgen über Theater und Film (Fernsehen spielte noch keine Rolle) abwechselten, wo auf Artikel über Kunst Artikel über Kosmetik folgten, wo neben den Berichten aus fremden Ländern und von wissenschaftlichen Entdeckungen Pariser Mode und englische Krimis standen. Und jeden Monat gab es ein richtiges Aktfoto. Und obendrein noch das Titelbild von Werner Klemke mit dem Kater, das, wie Leser schrieben, allein die eine Mark wert war, die das Heft über 37 Jahre kostete. Das alles auf Beschluß der Partei und unter der Lizenz der DDR-Regierung. So etwas hatte es noch nicht gegeben. In der DDR nicht und in keinem sozialistischen Land.

Wie sollte das zusammengehen – Ideologie und Klassenkampf mit Leichtigkeit, Esprit und Charme? Eine Zeitschrift mit bürgerlicher Herkunft in der Diktatur des Proletariats?

Es ging! Es ging zusammen zur Überraschung der Leser und der Skeptiker in der politischen Führung, die sich mit ihrem Argwohn zum Glück nie durchsetzen konnten. Es ging gut und immer besser – bis zum Ende der DDR. Dazwischen aber lagen 37 Jahre, über 400 Ausgaben der Zeitschrift.

Über dreißig Jahre habe ich in der DDR an diesem »Magazin« mitgearbeitet. Zunächst als Stellvertreter von Hilde Eisler, dann als ihr Nachfolger. Allmählich hatte ich mich nach den komplizierten Anfängen in die Eigenart des Blattes hineingedacht. Und bis ich begann, meine Erinnerungen an diese Zeit aufzuschreiben, dachte ich, »Das Magazin« wie kaum einer zu kennen. Nun aber frage ich mich immer wieder – wie soll man über 35 000 Druckseiten aus 37 Jahren, an denen

Hunderte Mitarbeiter beteiligt waren, Schriftsteller, Maler, Grafiker, Karikaturisten, Fotografen, Reporter, Korrespondenten, Informanten und, nicht zuletzt, Tausende Leser, heute berichten?

Wer immer über dieses Blatt schreibt – und es haben das in den vergangenen Jahren einige versucht – kann sein Urteil durch Beispiele belegen. Und das Gegenteil ist genauso möglich. War »Das Magazin« so oder so oder so? Genau so!

Das »Magazin« war grenzöffnend und systemstabilisierend, staatstreu und weltoffen, parteinah und unkonventionell, von den Oberen gelobt und geehrt, von den Lesern geliebt und begehrt. Es fiel aus dem Rahmen der einheitlich gelenkten DDR-Presse. Und es war eine Zeitung, wie sie nur in der DDR erscheinen konnte.

Legenden ranken sich inzwischen um die Zeitschrift und sie ranken immer weiter. Urteile und Vorurteile verdecken die Sicht auf das, was sie zu ihrer Zeit und für ihre Leser bedeutete. Da werden Filmstreifen für das Fernsehen gedreht. Da werden Dissertationen und Diplomarbeiten geschrieben, und die Autoren haben schon eine Meinung über das Blatt, bevor sie anfangen. Wie wären sie sonst in Würzburg, Paris oder Dahlem auf das Thema gekommen? Doch sie alle gehen vom Ende der DDR an die Zeitschrift heran, nähern sich ihr aus heutiger Sicht, benutzen heutige Kenntnisse, Erkenntnisse und auch die heutigen Vokabeln. Seht her, das gab's, das gab's wirklich! Doll, was?

Und was war es, was das Blatt so interessant macht? Das Aktfoto und die Legende von einer bunten, beinahe unpolitischen Zeitschrift, einer Gerechten im Unrechtsstaat (wieder so eine zweifelhafte Vokabel). Aber was war es wirklich, was die Menschen in der DDR bewog, über 37 Jahre einer Zeitschrift treu zu bleiben, obwohl doch zur gleichen Zeit auch in der DDR eine ganze Reihe interessanter, bunter Blätter in Millionen-Auflage erschien?

Ich habe mir den Luxus geleistet – ja, das ist es – und bin in den Sammelbänden die 37 Jahre von der Gründung der Zeitschrift bis zum Ende der DDR noch einmal abgelaufen, immer auf der Suche nach dem Wesen, der Seele der Zeitschrift, die auf ihre Weise auch die Zeit magazinierte.

Das Blättern in alten »Magazinen« ist wie das Wandern durch eine Landschaft, in der man lange nicht gewesen ist. Plötzlich kommt einem das eine oder andere wieder bekannt vor und weckt Empfindungen. Man begegnet Freunden, die man seit Jahren aus den Augen verloren hat, aber mit denen man einmal froh und gut gewandert ist. Jahre und Ereignisse nehmen wieder Gestalt an, Erlebnisse, die man verdrängt, vergessen, verloren geglaubt hatte. Nicht immer ist so ein Blick in den Rückspiegel nur eine erfreuliche, belustigende Begegnung mit sich selbst. Eine Konfrontation mit der eigenen Geschichte ist nun mal nicht immer heiter. Das hast du damals erlebt, gedacht, geschrieben? Erinnerst du dich? Bekennst du dich dazu? Bist du stolz darauf, verlegen, beschämt, überrascht? Möchtest du etwas streichen?

Wie alles begann

Alles begann mit einer Geschichte, die inzwischen so oft weitererzählt und dabei abgeschliffen wurde, daß man sie getrost als eine »Geschichte aus hundertster Hand« bezeichnen könnte. Ich habe sie vom ersten Chefredakteur des »Magazins«, von Heinz H. Schmidt. Und ich verbürge mich dafür, daß Schmidt sie so erzählt hat.

Es war einmal – im Herbst 1953 – da saßen in einer Runde zusammen der Dichter Bert Brecht, der Komponist Hanns Eisler, der Journalist Gerhart Eisler und Heinz H. Schmidt. Der war damals gerade zum Chefredakteur eines neuen Unterhaltungsblattes berufen worden, das noch keinen Namen hatte. Fred Oelßner, ein ziemlich umstrittener Wirtschaftswissenschaftler, der zu dieser Zeit im Politbüro für Presse und Rundfunk zuständig war, hatte den Titel »Kakadu« vorgeschlagen. Doch Schmidt war ein viel zu erfahrener Journalist, um diesen Vorschlag zu akzeptieren. »Kakadu«-Chef klang für ihn nach Direktor eines Vorstadt-Varietés. Schmidt also erzählte der Runde um Brecht von der neuen Zeitschrift ohne Titel. Es gab Vorschläge. Bis Brecht, so erzählte Schmidt, eine Idee hatte. »Ein Magazin willst du machen«, sagte der, »dann nenn' es doch einfach so: Das Magazin.« Der Name war geboren.

So oder ähnlich könnte es gewesen sein. Könnte es. Heinz Schmidt war ein Mann, der Pointen setzen konnte. Belegt ist diese Anekdote natürlich nirgends, aber amüsant ist sie allemal. Ich gestehe, sie hat mir auch gefallen, und ich habe sie weitererzählt. Und so ist sie inzwischen, ergänzt und ausgeschmückt, in eine ganze Reihe von Diplomarbeiten und Fernsehsendungen eingegangen.

Magazine kannten Schmidt und die anderen Teilnehmer seiner Gesprächsrunde, wenn es die denn wirklich gegeben hat, aus den zwanziger Jahren genau so gut wie aus ihren Emigrationsländern England oder Amerika. Doch es ging ihnen nicht darum, dort anzuknüpfen. Das neue Magazin wollte und sollte den ehemals sehr beliebten Zeitschriftentyp nutzen und die alte Form mit einem neuen, einem sozialistischen Inhalt füllen. Sein allgemeiner Auftrag, »unterhalten, bilden und Geschmack bilden« war so weit gefaßt, daß für die Redaktion ein Spielraum blieb, wie ihn kaum eine andere DDR-Zeitung damals hatte. Wie sie ihn nutzen würde, sollte über das Schicksal des Blattes entscheiden.

Der Zeitpunkt für die Gründung des »Magazins« war kein Zufall. Es war ein Kind des 17. Juni 1953. Die Streiks und Arbeiterdemonstrationen, die in einigen Städten zum offenen Aufruhr und zum Eingreifen der sowjetischen Panzer führten, lösten heftige Diskussionen in der Führung der SED aus, die zu vielfältigen Schlußfolgerungen führten. Eine dieser Schlußfolgerungen – eine der dauerhaftesten vermutlich – war die Herausgabe von zwei neuen Zeitschriften. Die eine war die Familienzeitschrift »Wochenpost«, die andere unser »Magazin«.

Selbst für die Hardliner innerhalb der Parteiführung war nicht mehr zu übersehen, in wie hohem Maße das Vertrauen zwischen Führung und Volk gestört war. Das hatte viele Ursachen, die Zeitungen hatten ihren Anteil daran, daß es so weit kommen konnte – und wie oft in derartigen Situationen war es am einfachsten, Veränderungen auf diesem Gebiet durchzusetzen.

Ich erinnere mich an einen der Vorboten: Ein oder zwei Tage vor dem 17. Juni wurde ich – damals noch in der Chefredaktion der FDJ-Zeitung »Junge Welt« – mit anderen leitenden Journalisten zum sowjetischen Hochkommissar Semjonow nach Karlshorst bestellt. Es ging um die Zeitungen und Zeitschriften der DDR, die bekanntlich nach sowjetischem Vorbild organisiert waren. Semjonow, der bildhafte Vergleiche liebte, verglich die DDR-Journalisten mit Klavierspielern. Anschaulich schilderte er das Instrument, mit weißen und schwarzen Tasten, hohen und tiefen Tönen, auf dem man piano und forte, adagio und presto spielen, auf dem man mit Akkorden und Trillern, mit allen zehn Fingern immer neue Melodien spielen und überraschende Wirkungen erzielen kann. »Aber«, sagte Semjonow, und er sah dabei zu dem von mir sehr bewunderten und verehrten Rudolf Herrnstadt, dem Chefredakteur des »Neuen Deutschland«: »Was machen Sie? Sie spielen mit einem Finger immer wieder das eine Lied, so ...«, und er demonstrierte es mit dem Zeigefinger auf der Schreibtischplatte: »Hänschen klein, ging allein ...«

Die Partei hatte, wie man heute sagt, ein Vermittlungsproblem. Man glaubte ihrer Presse nicht, sie war für den größten Teil der Bevölkerung unglaubwürdig und dazu noch stinklangweilig. Das sollte sich ändern. Also bekam das »Neue Deutschland« eine zweite Farbe, blau und nicht rot, wie man denken sollte. Die Bezirkszeitungen sollten lokkerer, interessanter werden und einen kleinen Unterhaltungsteil bekommen. Im Kino liefen nach der Wochenschau kurze satirische Filmchen von Georg Honigmann unter dem Titel »Stacheltier«. Und die beiden Neugründungen, »Wochenpost« und »Magazin«, sollten helfen, aus der eintönigen Melodie der Presse, von der Semjonow gesprochen hatte, eine die ganze Klaviatur ausschöpfende vielstimmige Musik zu machen, ein wohltönendes Orchester, in dem jedes Blatt seinen ganz speziellen Part zu spielen hat.

Denn so eng der Zusammenhang von »Magazin«-Gründung und den Juni-Ereignissen des bedeutungsvollen Jahres 1953 auch ist – die Vorstellung, daß die Partei dem unzufriedenen Staatsvolk neben mehr Brot endlich auch Spiele bieten wollte, ein bißchen Erotik, eine Insel der Seligen im Meer der Parteipropaganda, diese Vorstellung greift zu kurz. Sie hätte die Zeitschrift wohl kaum 37 Jahre lang getragen. »Das Magazin« bekam eine eminent politische Aufgabe zugewiesen, die es bis zum Ende der DDR erfüllte. Der Sozialismus sollte den Menschen Spaß machen. Und »Das Magazin« sollte sie nicht – wie die meisten der bunten Blätter, die heute an unseren Zeitungsständen hängen – vom politischen Leben ablenken, sondern sie an die gesellschaftliche Entwicklung, an den Sozialismus und die Politik der DDR heranführen.

Im Herbst 1953, als Heinz Schmidt an der Konzipierung des neuen Blattes arbeitete, war die politische Situation in der DDR schon wieder anders als im Sommer. Die Juni-Ereignisse hatten den Staat DDR nach vier Jahren Existenz an den Rand des Untergangs gebracht. Aber er hatte – auch dank sowjetischer Hilfe – überlebt. Walter Ulbricht, gegen den sich der Hauptzorn der Massen richtete (»Der Spitzbart muß weg!«) saß fester im Sattel als zuvor, seine Widersacher in der Parteiführung waren ausgeschaltet, fast die Hälfte der Politbüro-Mitglieder verlor ihre Posten: Die Macht hatte sich konsolidiert. Der Klassenkampf ging weiter. Betriebskampfgruppen wurden gegründet, um einen neuen 17. Juni im Keim ersticken zu können. An den Wochenenden probten Männer in dunkelblauen Monteuranzügen mit Luftgewehren den Ernstfall.

Die Verwirrungen des Sommers waren vorüber, wenn auch nicht vergessen. Doch niemand sprach mehr von jenem Abend irgendwann Anfang Juni, als in allen Zeitungen das Wort »Sozialismus« gestrichen werden mußte. Da schrieb man nun vom »friedlichen Aufbau« (statt vom »sozialistischen«), vom »Arbeiter-und-Bauern-Staat« (statt vom »sozialistischen Staat«), denn ein Neuer Kurs war propagiert worden, in dessen Namen alles anders werden sollte.

Als im Januar 1954 das erste Heft des »Magazins« erschien, war der Neue Kurs längst wieder der alte. Auch wenn ein kleines Gedicht in der ersten Ausgabe noch davon sprach, daß »das Leben sich auf Neuen Kurs begibt«, war das nicht mehr als eine Hoffnung und eine Erinnerung an die Versprechen vom Sommer. Inzwischen ging alles wieder seinen sozialistischen Gang. Und dennoch war nichts mehr, wie es vorher gewesen war. Der Schock saß tief auf beiden Seiten, die sich im Juni gegenüber gestanden hatten. Wie bei Anna Seghers' Fischern von St. Barbara saß der Aufstand noch auf dem Marktplatz und dachte an die Seinen. Das Erlebnis der demonstrierten Macht war im Bewußtsein der einen wie der anderen geblieben.

Vorgänger, Wegbereiter

Als nach der Wende von 1989/90 neue Herren das »Magazin« mit dem gesamten Verlag, in dem es erschien, übernahmen, konnte man plötzlich lesen, nicht 1954 sei das Entstehungsjahr des »Magazins«, sondern 1924. Statt gut fünfunddreißig Jahren Geschichte fünfundsiebzig. Nicht der Sozialismus als Pate, sondern die Goldenen Zwanziger. Was an dieser Geschichte war Wahrheit, was Erfindung?

In den zwanziger Jahren des vorigen Jahrhunderts gab es speziell in Berlin eine ganze Reihe von Magazinen, denen unseres tatsächlich sehr ähnlich war, darunter auch das 1924 von dem späteren Hollywood-Regisseur Robert Siodmak gegründete »Das Magazin«. Was liegt heute näher, als hier eine Verbindung zwischen den beiden namensgleichen Zeitschriften herzustellen und damit dem »Magazin« zu einer historischen Legitimation aus dem Kulturbetrieb der zwanziger Jahre zu verhelfen? Das klingt gut, nach Kontinuität, nach Vorfahren, die man herzeigen kann, und ein bißchen nach dem Flair einer in Glanz und Glamour erscheinenden Zeit.

Doch unser »Magazin« hat sich nie auf diese bürgerliche Herkunft, die klassenfremde Verwandtschaft, den Vorgänger, der sich schließlich der nazistischen Kriegspropaganda nicht entziehen konnte, bezogen. Ich war schon viele Jahre in der Redaktion, als ich zum ersten Mal ein Exemplar dieser Zeitschrift zu sehen bekam. Sie war den allermeisten von uns unbekannt. Selbst in meinem Studium der Pressegeschichte an der Leipziger Universität war sie nie erwähnt worden. In der Geburtsurkunde der Zeitschrift, dem Gründungsbeschluß über eine »Monatszeitschrift für Unterhaltung, Bildung und Geschmacksbildung«, im Protokoll Nummer 5/53 der Sekretariatssitzung des Zentralkomitees der SED vom 2. September 1953, wurde »Das Magazin« aus den zwanziger Jahren mit keinem Wort erwähnt; anders als bei der zur gleichen Zeit erfolgten Gründung der »Wochenpost«, die sich durchaus auf die von Ehm Welk geleitete »Grüne Post« als Paten berief.

Das seinerzeit für die Anleitung der Presse zuständige Politbüro-Mitglied Albert Norden (der nie zu den Freunden dieses Blattes gezählt werden konnte) schrieb zum zehnten Geburtstag im Januar 1964: »Als ›Das Magazin‹ ... gegründet wurde, mußte das Redaktionskollektiv völlig neue Wege beschreiten. Die unrühmlich bekannten Magazine der Bourgeoisie konnten kein Vorbild sein, denn sie wecken die niedrigsten Instinkte der Menschen und verschleiern mit raffinierten Mitteln die kapitalistische Wirklichkeit. ›Das Magazin‹ stand vor der Aufgabe, sich in unser sozialistisches Leben einzufügen, und es hat sich auf seine Weise wirkungsvoll in den Dienst unserer guten Sache gestellt.«

Was konnte auch eine von der SED herausgegebene Zeitschrift in der DDR mit einem bürgerlichen Unterhaltungsblatt der Weimarer Zeit gemeinsam haben? Die so fragten, wußten es nicht. Und die es wußten, fragten so nicht.

Was also war dieses »Magazin«, das immer mehr an Popularität gewann, und das heute im Internet als »Kultblatt« im Alltag der DDR bezeichnet wird? War es der berühmte weiße Rabe unter lauter schwarzen Krähen? War es ein dunkler Schatten unter einer roten Sonne? Ein Anachronismus, ein bürgerliches Relikt im sozialistischen Fortschritt? Ein trojanisches Pferd der bürgerlichen Ideologie? Oder war es ein Zugeständnis der Partei, ein Versuch, unzufriedene, unpolitische Leser zufriedener zu machen und sie schließlich auch politisch für das Regime zu gewinnen? Was immer es sein sollte, es war die Wiederbelebung eines Zeitschriftentyps, der in Deutschland auf eine lange Geschichte zurückblicken kann, des MAGAZIN.

»Das Magazin ist ein Warenhaus. Das Wort kommt aus dem Arabischen (machazin). In ihm muß jeder etwas finden.« So begann der Dichter Arnold Zweig seinen Trinkspruch auf der Geburtstagsparty zum zehnjährigen Bestehen der Zeitschrift im Januar 1964 im damaligen Club der Kulturschaffenden in der Berliner Taubenstraße. Und er erinnerte an die Blütezeit solcher Magazine in den zwanziger Jahren, die zusammenfiel mit dem Aufschwung der großen Warenhäuser, der »Machazine«, in Berlin. Beide Magazine, die Warenhäuser und die Zeitschriften, waren Ausdruck eines neuen Lebensgefühls, einer Massenstimmung: Die Warenhäuser mit ihrer immer breiteren Auswahl, wo jeder jederzeit alles kaufen konnte, schnell, billig und bequem, mit der bunten Aufmachung ihres Angebots, ihren oft künstlerisch gestalteten Schaufensterfronten und der märchenhaften Welt ihrer Dekorationen, die immer neue Käufer anzog. Und die gleichnamigen Zeitschriften, die mit ihrem vielseitigen Angebot von schnell zu lesenden kurzen Beiträgen, von literarischen Erzählungen bis hin zu trivialen Geschichten, in jedem Heft für jeden etwas bringen wollten, in bunten Bildern, kurzen Texten, verführerischer Aufmachung. Und das alles zu kleinen Preisen. Sie waren ein Spiegelbild der Zeit, in ihnen ist die Epoche »magaziniert«.

Kaufhäuser wie Magazine entsprachen einem Lebensgefühl, das sich nach dem verlorenen Krieg, nach Revolution und Inflation entwickelt hatte und sich in Kunst und in Kinos, in Bars und Vernissagen, in Schlagern, Moden, Tänzen und Frisuren äußerte. Der Großstadtmensch, besonders der immer eilige Berliner, wurde von der Zeit getrieben, alles mußte schnell gehen und immer schneller. Die Stadtbahn-Züge fuhren in immer kürzerem Abstand, die Menschen rannten immer schneller, die Zeit war knapp geworden. »Keine Zeit – Keine Zeit!« hieß der neue Schlachtruf. Otto Reuter sang: »Mit der Uhr in der Hand, mit der Uhr in der Hand ...«

Wer las da noch in aller Ruhe dicke Bücher, Romane von fünfhundert oder mehr Seiten? Die Shortstory und die in Bildern erzählte Geschichte waren gefragt. Manche Magazine gaben die Lesezeit für die einzelnen Beiträge in Minuten an: »Das Geheimnis der Wäscherin« (17 Minuten), »Wunderwelt der Röntgenstrahlen« (23 Minuten).

Der Bildungsbürger der Vorkriegszeit, der Schiller las und Goethe rezitierte, war von dem modernen Großstadtmenschen abgelöst worden, der seine Unterhaltung, Bildung und Information aus Kinofilmen, Radiosendungen und Zeitungsschlagzeilen bezog.

Es war eine Zeit der kulturellen Blüte und der Blüten in der Kultur, die Zeit des Foxtrott und des Charleston, der Hundewettkämpfe und der Rumba-Turniere am Kurfürstendamm, aber auch der großen Theaterpremieren im Schauspielhaus am Gendarmenmarkt, der unvergessenen Ufa-Filme aus Babelsberg und der längst zu Legenden gewordenen Literaten im Romanischen Café. Berlin sang: »Süß und doof und ohne Portemonnaie sitzen die Literaten-Liebchen im Romanischen Café.«

Die Schriftstellerin Helga Bemmann ließ diese Zeit in den siebziger und achtziger Jahren in unserem »Magazin« wieder lebendig werden, wenn sie ihre Geschichten über die Memoiren der Musenkinder von damals erzählte. Da treten sie alle noch einmal auf, die Stars aus den Magazinen der zwanziger Jahre, die Kabarettisten aus dem »Kabarett der Komiker«, aus dem berühmten »Wintergarten« und der »Katakombe«. Sie alle, unter ihnen viele jüdische Künstler, bekommen in den beliebten Beiträgen noch einmal Applaus: Claire Waldoff aus dem »Lindenkabarett«, Friedrich Holländer und Blandine Ebinger, Werner Fink und Dolly Haas, Käte Kühl, Ernst Busch, Rudolf Platte und Theo Lingen, Valeska Gert und Marlene Dietrich ... Denn die Geschichte der zwanziger Jahre war für unsere Zeitschrift mehr als die Geschichte der Klassenkämpfe jener Zeit (über die wir auch berichteten).

Es waren besonders in Berlin Jahre einer nie wieder erreichten kulturellen Vielfalt, die jedoch in der Zeit, als »Das Magazin« gegründet wurde, von der offiziellen Kulturpolitik der SED wenig geschätzt, ja vielfach verdammt und verurteilt wurde. Für die Schöpfer unseres »Magazins« aber waren diese zwanziger Jahre der Boden, in dem die Wurzeln der neuen Zeitschrift, die Vielzahl der bunten Magazine gediehen, in denen sie – im Gegensatz zu Politbüro-Mitglied Norden – keine Blätter sahen, die »die niedrigsten Instinkte der Menschen« wecken und »mit raffinierten Mitteln die kapitalistische Wirklichkeit verschleiern« sollten, sondern beachtens- und bedenkenswerte Vorbilder, die wir mit kritischer Distanz für unsere Zeit und unser politisches und journalistisches Anliegen nutzen wollten.

Und da gab es mehr als nur dieses eine »Das Magazin«, auf das sich Nachwende-Herausgeber unseres »Magazins« beriefen. Wie kein anderes Magazin spiegelte der von dem jüdischen Verleger Alfred Flechtheim herausgegebene »Querschnitt« den Geist der Zeit wider. Der »Querschnitt« war lebendig, witzig, snobistisch, seine Autoren schrieben scharfzüngige Feuilletons, ihre Texte und Bildbeiträge sprühten vor Einfällen. Die moderne Kunst, das avantgardistische Theater und der ganz neue Wege zeigende junge russische Film waren ihre bevorzugten Themen, die dem Blatt den Ruf des »Salon-Bolschewismus« eintrugen, bei rechts wie links ein Makel.

Der »Querschnitt« hatte vieles, was unser »Magazin« in den fünfziger Jahren und danach anstrebte: Leichtigkeit, Charme und hohes literarisches Niveau. Dazu kam etwas, was in der DDR verpönt war – und wir hüteten uns, es so zu benennen: ein Schuß Extravaganz und ein bißchen Sophistik, die wir im Redaktionsgebrauch schlicht den »doppelten Boden« nannten, der einen »Magazin«-Beitrag von einem Zeitungsartikel unterscheiden sollte.

So könnte man den »Querschnitt« ebenso zu den Vorläufern und Wegbereitern unseres »Magazins« zählen wie den von deutschen Emigranten in London herausgegebenen »Liliput«. Auch der bei Ullstein erschienene »Uhu«, das Magazin »Die gute Laune«, das »Magazin für die mondäne Welt«, das im kommunistischen Münzenberg-Verlag verlegte »Magazin für Alle« und alle die anderen aus dieser Zeit gehören in die Ahnengalerie unseres »Magazins«.

Allen diesen Blättern war gemeinsam, daß sie den Blick ihrer Leser in die weite Welt richteten und auf die Probleme der Zeit, da sie ja selbst ein Teil dieser Zeit und ihres Lebensgefühls waren. Sie begnügten sich nicht damit, Gesprächsstoff für die Kaffee-Kränzchen biederer Hausfrauen oder die Stammtische der Kleinbürger zu liefern. Sie waren mehr als Familienblätter, auch wenn sie von der ganzen Familie gelesen wurden und man sich überall damit sehen lassen konnte. Auch unser »Magazin« wurde in der DDR nicht unter dem Ladentisch gehandelt, weil sein Kauf anrüchig gewesen wäre; wenn man es dezent und verschämt in andere Zeitungen eingewickelt bekam so deshalb, weil es immer knapp war.

Nicht die eingestreuten Fotos von Lilian Harvey und Willy Fritsch, von Asta Nielsen und Pola Negri machten das Besondere der Magazine aus; die exzellenten Erzählungen, Feuilletons und Reportagen namhafter Schriftsteller, die hier in der kleinen Form brillierten, bildeten das Rückgrat dieser Zeitschriftengattung.

Dennoch nimmt das von Siodmak gegründete, dann von Robert Miketta herausgegebene »Das Magazin« in der Ahnenreihe unseres »Magazins« einen besonderen Platz ein. Und das nicht nur wegen des gleichen Namens. Es

DAS MAGAZIN

HERAUSGEBER
F. W. KOEBNER

VERLAGSDIREKTION: HEINAR SCHILLING
VERANTWORTLICHE SCHRIFTLEITUNG: H. MIKETTA

BERLIN-HALENSEE,
KURFÜRSTENDAMM 70
DRESDEN-A., ECKE SEESTRASSE
(AN DER MAUER 3)

NR. 1
OKTOBER 1924

VERLAG DAS MAGAZIN ROBERT SIODMAK

Magazin (vom arab. machasin, Mehrzahl von Machsan, Vorratskammer, Warenlager, Sammelort für wertvolle Waren)
Brockhaus, Konversations-Lexikon Band 5 (Kombination — Mira)
französisch »magasin«, englisch

Magazine und als solches die Bezeichnung für eine jener in hundert Varianten erscheinenden Monatsschriften, die durch besonders geschickte sensationelle und eigenartige Aufmachung fast ausschließlich den Lesestoff des Engländers oder Amerikaners bilden.

DAS MAGAZIN

ist das erste deutsche »Magazine«. Bislang Deutschland unbekannt. Und an der Popularität solcher Publikationen im Auslande gemessen, die einzige neue Zeitschrift, die sich — auch in den heutigen Zeiten — durchsetzen wird.

Warum? — Haben Sie vielleicht Lust, wenn Sie heute etwas lesen wollen, das Risiko zu laufen, mit einem langen Roman hereinzufallen, der fünf Mark kostet? Wenn der Roman nun langweilig ist — was dann?

Haben Sie vielleicht Lust, Ihrer zarten Lebensgefährtin, der Sie »etwas zu lesen« mitbringen sollen, drei, vier illustrierte Journale zu kaufen, die zusammen auch fünf Mark kosten und nach fünf Minuten in die Ecke fliegen?

Haben Sie vielleicht Lust, wenn Sie verreisen, auf dem Bahnhof im letzten Augenblick einen elenden Detektivroman zu erstehen, den Sie in Ihrer Verlegenheit mit umgeblättertem Titelblatt lesen müssen und über dem Sie in zehn Minuten einschlafen? — Nein!

Sie werden das »Magazin« durchblättern, werden — das steht außer Frage — sofort etwas finden, was Sie interessiert, werden nach dem Preis sehen und — es zum ersten Male kaufen!

Mehr wollen wir nicht — denn dann kommen Sie nicht mehr davon los.

Der Herausgeber

Die im Oktober 1924 von Robert Siodmak und Herbert Miketta gegründete Zeitschrift nimmt in der Ahnenreihe des »Magazins« einen besonderen Platz ein

DAS MAGAZIN
Mit zahlreichen
bunten Bildern
und vielfarbigen
Kunstbeilagen
Nr. 162
Februar 1938
RM. 1.-

hat offensichtlich – wenn Heinz H. Schmidt sich auch hütete, darüber zu sprechen – in vieler Hinsicht bei der Konzipierung des DDR-«Magazins« Pate gestanden. Das reicht von den witzigen Foto-Gegenüberstellungen bis zur Kurzgeschichte, von den Aktfotos bis zum Maskottchen auf dem Titelbild, das im alten »Magazin« ein Engel und in unserem »Magazin« schließlich der im ganzen Land bekannte Klemke-Kater wurde.

»Das Magazin«, das 1954 in der DDR aus der Taufe gehoben wurde, sollte für viele Jahre das einzige Blatt dieser Art in ganz Deutschland bleiben. Das Börsenblatt für den Buchhandel bestätigte ihm das in der Dezember-Ausgabe von 1969: »Das einzige derartige Blatt, das in der Deutschen Demokratischen Republik existiert, nennt sich bezeichnender Weise nur ›Magazin‹. Es wird von Hilde Eisler herausgegeben. Offenbar sollte damit die Lizenz des alten, jahrzehntelang in Berlin von Robert Miketta im Elsner Verlag herausgegebenen, keineswegs anrüchigen, stets einwandfrei redigierten ›Magazins‹ für die Augen der Klientel jenseits der Elbe aufgenommen werden.«

Obwohl in der alten Bundesrepublik Tausende von Zeitungstiteln erschienen und viele auch wieder verschwanden, hat kein Verlag je versucht, eines der Magazine aus den zwanziger Jahren wieder aufleben zu lassen. Daraus resultierte schließlich auch das völlige Unverständnis der westdeutschen Verleger, als sie 1990/91 die DDR-Presse in Besitz nahmen.

Und in anderen sozialistischen Staaten gab es zwar Versuche, ähnliche Zeitschriften herauszugeben, doch weder das Warschauer noch das Prager Magazin bekam eine größere Bedeutung. In Moskau durfte unser »Magazin« nicht offiziell vertrieben werden: Es galt hier als pornografisch und gelangte nur über persönliche Beziehungen ins Land. Und die Sowjetunion stand in dieser kritischen Haltung nicht allein. Wegen Gefährdung der Jugend verbot der österreichische Innenminister 1959 den Vertrieb unseres Märzheftes, in der Bundesrepublik Deutschland kam »Das Magazin« nicht auf die Zeitschriftenliste und der Vatikan hätte es vermutlich auf den Index gesetzt, wenn man es dort gekannt hätte.

Die Aktivisten der ersten Stunde

Als erster Chefredakteur für »Das Magazin« wurde Heinz H. Schmidt berufen, ein Mann mit einer wechselvollen Geschichte, die seine Lieblingsmaxime: »Ein guter Genosse hat viele Beulen im Helm; manche davon sind auch vom Gegner« immer wieder bestätigte. Einmal erlebte ich, wie er in einem Parteigremium (wieder einmal) beschuldigt wurde, falsche politische Ansichten zu vertreten. Er hörte sich die Anklage des Parteisekretärs ruhig an und sagte dann in seiner trokkenen Art: »Wenn du meine Kaderakte kennen würdest, Fritz, würdest du solche Bagatellen nicht erwähnen. Da stehen ganz andere Sachen drin.« Er war selten mit den Oberen in der Partei in der vielzitierten vollkommenen Übereinstimmung. Als junger Journalist hatte ich Anfang der fünfziger Jahre erlebt, wie er eine ganze

Delegiertenkonferenz der Berliner Journalisten mit seinen Diskussionsbeiträgen so durcheinanderbrachte, daß die Konferenz mehrmals unterbrochen werden mußte und die SED-Genossen sich schließlich in geschlossene Sitzungen zurückzogen.

In meiner Erinnerung höre ich ihn immerzu reden, lebhaft, engagiert, gestikulierend und stets mit einem verschmitzten Lächeln. Ich kann ihn mir nicht schweigend vorstellen. Wenn er in späteren Jahren in die Redaktion kam, meistens am späten Nachmittag, war der Arbeitstag für mich gelaufen. Immer hatte er mindestens eine neue Idee für das Heft, das Thema für eine Aktuelle Umfrage, die er auch lange nach seinem Ausscheiden aus der Redaktion gelegentlich noch schrieb, für eine interessante Reportage oder eine ganze Serie. Er war ein Brausekopf voller Ideen noch mit siebzig. Er konnte ganze Gesprächsrunden unterhalten und Diskussionskreise sprengen. Und er konnte Geschichten erzählen wie wenige und Pointen setzen, die irgendwo zwischen Realität und dichterischer Freiheit angesiedelt waren, aber die Sache immer auf den Punkt brachten. (Die von der »Magazin«-Gründung gehört in diese Reihe; aber das hätte er natürlich nie zugegeben.)

Ob es darum ging, wie er, selbst Emigrant in England, deutschen Antifaschisten zur Einreise auf die Insel verhalf (und vielen damit das Leben rettete) oder wie er als Chefredakteur des sowjetisch lizenzierten Berliner Rundfunks, der aus dem englischen Sektor in Westberlin sendete, den Besatzungsbehörden ein ums andere Mal ein Schnippchen schlug, immer waren es geschliffene druckreife Geschichten. Heinz hatte so viel zu erzählen, daß er, obwohl er bis zu seinem Tode an seinen Memoiren schrieb und viele hundert Schreibmaschinenseiten füllte, nicht zu Ende kam.

Er gehörte zu den in der DDR leider viel zu seltenen Genossen, die neue Gedanken äußerten, die sich mit dem Vorhandenen nicht zufrieden gaben und durch ihre Ideen ihre Umgebung ständig in Unruhe hielten. Sein Kampf galt nicht nur dem politischen Gegner, er galt zunehmend der Ideenlosigkeit, der Engstirnigkeit und Intoleranz, der Arroganz der Macht, der Dummheit und Dumpfheit in den eigenen Reihen. Das brachte ihm lebenslang viel Ärger ein, kostete Kraft und Nerven. Aber irgendwie brauchte er das wohl auch. Er war der richtige Mann, um eine Zeitschrift wie »Das Magazin« zu gründen.

Als junger Bergarbeiter aus dem Geiseltal in Mitteldeutschland kam er in den zwanziger Jahren zur Zeitung. Er wurde Redakteur des KPD-Blattes »Der Klassenkampf« in Halle an der Saale. 1933 gehörte er zu den ersten Häftlingen im KZ Lichtenburg, wo er mit dem Sohn des ehemaligen Reichspräsidenten, Friedrich Ebert junior, zusammen einsaß. Als er entlassen wurde, emigrierte er nach England. Bei der Rettungsaktion deutscher Kommunisten, die nach der Niederlage im Spanischen Bürgerkrieg fliehen mußten, erwarb er sich große Verdienste. Hunderte von Flüchtlingen, die in der Tschechoslowakei Zuflucht gefunden hatten, konnten so noch in letzter Minute vor dem Einmarsch der Wehrmacht in Prag, über Schweden und Dänemark, nach England gebracht werden. Nach seiner Heimkehr wurde er Chefredakteur des sowjetisch lizenzierten Berliner Rundfunks. Auf

Grund einer der übelsten Anweisungen der sowjetischen Besatzungsmacht, dem sogenannten Befehl 2, wurde er – wie alle Westemigranten – von einem Tag auf den anderen abgesetzt und in die Provinz verbannt. Er landete in der Verwaltung der Volkseigenen Güter von Mecklenburg. Der Ruf zum »Magazin« bedeutete für ihn die Rückkehr in seinen Beruf und die Möglichkeit, wieder etwas Neues zu schaffen. Es gehört zu den Kuriositäten dieser Zeit, daß er zwar das Vertrauen erhielt, eine Zeitschrift zu gründen und zu leiten, aber nicht in der Hauptstadt wohnen durfte. Er hatte noch immer Berlin-Verbot, lebte nun mit seiner Familie in Leipzig und kam nur zu den Sitzungen und zur Imprimatur der Seiten nach Berlin.

Schmidt hatte in England für Zeitungen und Zeitschriften geschrieben und neben den Erinnerungen an die alten deutschen Magazine schwebte ihm bei der Konzipierung des neuen Blattes auch der englische »Punch«, der amerikanische »New Yorker« und der schon erwähnte »Liliput« vor.

An der Seite von Schmidt, als dessen Stellvertreter, stand Ralph Zahn, der in keinem der Berichte aus der Frühzeit der Zeitschrift erwähnt wird, ein leiser, im Gegensatz zu Schmidt zurückhaltender jüdischer Remigrant aus den Vereinigten Staaten. Über seinen Anteil an der Konzipierung des Heftes ist wenig bekannt; Ralph sprach nicht über seine Verdienste und andere hatten damit zu tun, ihre eigenen hervorzuheben. Doch ist bei der privilegierten Behandlung der Verhältnisse in den USA in den ersten Jahren sicher viel von seinen Erfahrungen aus der Emigration eingeflossen. Das einzige aus

Die »Aktivisten der ersten Stunde«, Hilde Eisler und der erste Chefredakteur Heinz H. Schmidt, auf dem »Magazin«-Jubiläum im Januar 1959

seinem Leben, das er manchmal im kleinen Kreis erzählte, lag Jahrzehnte zurück: Als junger Genosse hatte er an der Seite von Teddy Thälmann im Hamburger Aufstand gekämpft. Es war wohl das Messias-Erlebnis seines Lebens. Nach einem Jahr verließ er die Redaktion wieder und ging zu einer Zeitschrift mit dem ambitionierten Titel »USA in Wort und Bild«, der aber in der DDR kein langes Leben beschieden war. »Das Magazin« war nicht sein Metier gewesen.

Schmidt und Zahn bereiteten das Erscheinen der ersten Ausgabe der neuen Zeischrift, von der niemand so recht wußte, was daraus werden sollte, gemeinsam mit dem Grafiker Herbert Prüget vor. Der war aus Krieg und Kriegsgefangenschaft erst spät nach Berlin zurückgekommen und gestaltete nun in seiner Wohnung in Johannisthal die Zeitschrift mit Akribie und Ideenreichtum. Er hatte das erste Titelbild gezeichnet und gab dem Blatt seine über Jahrzehnte beibehaltene äußere Form, bis er sie an seinen Schüler Bernd Meier weitergab.

Herbert Prüget war für mich das Urbild penibler Akkuratesse, sein Leben schien zu laufen wie ein Uhrwerk. Nie verrechnete er sich bei den Satzlängen, auch ohne Computer paßte jedes Bild, jede Überschrift. Unvergeßlich ist für mich sein Schreibtisch in Johannisthal. Die Bleistifte lagen der Größe nach geordnet in einer Reihe, das Zeichenpapier, im Fachjargon: »Spiegel«, lag im rechten Winkel zur Tischkante, Lineale, Rechenscheiben für die Berechnung der Bildgrößen waren sauber angeordnet. Ein jegliches hatte seinen Platz, anders konnte er nicht arbeiten. Und wenn wir nach unserem monatlichen Korrekturtermin in der Dresdner Druckerei, bei dem die Farben und der Stand der Bilder kontrolliert wurden, in eine Gaststätte einkehrten, holte Herbert regelmäßig einen frisch geplätteten roten Fünfzigmarkschein aus der Tasche, um damit für uns alle zu bezahlen. Er war großzügig, aber es widerstrebte ihm, das Geld zu knicken oder gar achtlos zu knüllen. Herbert war die Genauigkeit und Zuverlässigkeit in Person, vielleicht sogar ein Pedant. Doch wer darin einen Widerspruch zu künstlerischen Ideen, kreativen grafischen Lösungen sieht, wer hinter den Ordnungsprinzipien Gleichmaß und Routine vermutet, weiß wenig von dieser Arbeit. Herbert hat in späteren Jahren Firmenlogos entworfen, die jeder DDR-Bürger kannte, wie das von der Konsumgenossenschaft und die von großen Kombinaten.

Und dann gehörte zur Redaktion von allem Anfang an der Buchdrucker Kurt Scharf, der für die technische Seite, die Herstellung des Blattes zuständig war. Er hatte sein Fach von der Pike auf gelernt und war ein ungewöhnliches Organisationstalent. Wenn ich an anderer Stelle über die Produktion der Zeitschrift unter den Bedingungen des Papiermangels und der Druckernormen sprechen werde, wird Kurt Scharf darin eine wichtige Rolle spielen. Er starb Anfang der achtziger Jahre; in meiner Erinnerung lebt er als versierter Fachmann, als talentierter und erfolgreicher Geschäftsmann, von dem wir alle überzeugt waren, daß er in der nachsozialistischen Gesellschaft gewiß Millionär geworden wäre – nie und nimmer, so sagten wir später, hätte »Gruner + Jahr« einen Fuß in die Redaktion gesetzt, wäre Kurt nach der Wende noch im »Magazin« gewesen.

Kurt war nicht nur unser Gewerkschaftsvertrauensmann im besten Sinne des Wortes, er war vor allem und für alle, die neu in das Blatt kamen, ein guter, hilfsbereiter Kollege, der auch mir beim Eintritt in die Redaktion manchmal half, in der ungewohnten Atmosphäre Fuß zu fassen.

Als einzige Frau ist die Bildredakteurin Trude Gröllmann im Impressum vermerkt, sie kam wie Ralph Zahn aus Hamburg, hatte wie er an dem in der DDR zu einem Höhepunkt der revolutionären Kämpfe hochstilisierten Aufstand von 1923 teilgenommen. Sie hatte, gemeinsam mit ihrem Mann, dem Bühnenbildner Otto Gröllmann, am Theater in Dresden gearbeitet, wo ihre Tochter Jenny als Simone Marchard erste Schauspiel-Erfahrungen sammelte. Sie blieb mit einer kurzen Unterbrechung über viele Jahre die Seele der Bildredaktion, und ist leider viel zu früh gestorben. Neben ihrem optischen Gedächtnis, das für einen Bildredakteur einfach das A und O ist, hatte sie zwei herausragende Fähigkeiten: sie konnte Fotografen und begabte Zeichner für die zuerst noch ziemlich unbekannte Zeitschrift gewinnen. Und, das vor allem: Sie hat eine Reihe erstklassiger Bildredakteurinnen herangebildet und in das Metier eines Magazin-Redakteurs eingeführt, das an keiner Kunstschule und keiner journalistischen Fakultät gelehrt wurde, darunter die langjährige Leiterin der Bildredaktion, Brigitte Voigt, über die an anderer Stelle noch zu reden sein wird. Und schließlich war Trude selbst eine gute Fotografin.

Ende der fünfziger Jahre tauchte im Impressum des »Magazins« ein Name auf, der aufhorchen ließ, zumindest die, die irgendwann mit linker, sozialistischer Literatur Bekanntschaft gemacht hatten. Als verantwortliche Redakteurin für den Literaturteil der Zeitschrift zeichnete von nun an Trude Herzfelde. Sie war die Frau des international bekannten Verlegers Wieland Herzfelde, die Schwägerin von John Heartfield, dessen Collagen gegen den Faschismus um die Welt gegangen waren. Trude Herzfelde war Mitglied der Kommunistischen Partei Deutschlands seit 1924 gewesen und wurde, wie ihr Mann auch, unter der antisemitischen Politik Stalins aus der Partei ausgeschlossen. Unmittelbar nach dem XX. Parteitag der sowjetischen Kommunisten wurde sie rehabilitiert, gleich danach nahm sie ihre Tätigkeit in der Redaktion des »Magazins« auf. Die hohe Anerkennung, die sich der Literaturteil der Zeitschrift erwarb, ist zu einem guten Teil ihren Fähigkeiten, ihrer profunden Literaturkenntnis und ihrem Engagement zu danken.

Nicht im Impressum vermerkt, aber für die Redaktion unentbehrlich: die Sekretärin Inge Lepp. Sie tippte nicht nur die Manuskripte auf einer alten mechanischen Schreibmaschine, führte Telefonate und organisierte den inneren Ablauf der Redaktionsarbeit, sie posierte zugleich als Fotomodell für redaktionelle Beiträge, in denen sie beispielsweise demonstrierte, wie man Gäste betreut und eine Abendparty ausrichtet.

Wie Berichte aus einer grauen Vorzeit muten die Geschichten an, die diese »Aktivisten der ersten Stunde« später auf Redaktionsfeten zum besten gaben, vom Sitz der Redaktion in der Berliner Friedrichstraße, in den Räumen eines ehemaligen Nachtlokals, an dessen Tür morgens gelegentlich noch Nachtbummler trommelten, die früher hier gezecht hatten, und wo das Faktotum der Redaktion, Hannelore Fruhner, um sechs Uhr Feuer machen mußte, damit die Räume im Parterre des alten Hauses einigermaßen warm waren, wenn die Mitarbeiter kamen.

Ein Anachronismus?

Da niemand von der Presseabteilung des ZK der SED, die als Herausgeber firmierte, Erfahrungen mit einer solchen Zeitschrift hatte, erhielt Schmidt auch in finanzieller Hinsicht ziemlich freie Hand. Die nutzte er, legte englische Maßstäbe an und sorgte für eine finanzielle Ausstattung seiner Zeitschrift, die sie auch in dieser Hinsicht von den übrigen DDR-Blättern unterschied. »Das Magazin« bekam als einzige ein Devisenkonto, das zwar immer sehr bescheiden war, aber doch die Möglichkeit schaffte, Fotos und Geschichten aus dem sogenannten NSW, dem »nicht sozialistischen Währungsgebiet«, anzukaufen.

Schmidt entwickelte gemeinsam mit Freunden, zu denen man wohl auch die oben genannte Runde der Namensgeber rechnen darf, ein Konzept, das die Zeitschrift mehr als 35 Jahre hindurch getragen hat und im wesentlichen bis zum Einholen der DDR-Fahne am 3. Oktober 1990 und der »feindlichen Übernahme« des Berliner Verlages durch den Hamburger Medien-Konzern »Gruner + Jahr« nicht verändert wurde.

»Das Magazin« war ein Teil dieser DDR, ein unverwechselbares Stück dieses Landes. Bei einer Auflage, die mit 100 000 anfing und bald auf mehr als eine halbe Million anwuchs (und noch viel höher hätte sein können, wenn das Papier nicht so knapp gewesen wäre), gehörte es bald zu den erfreulichen Erscheinungen in der DDR, zum lächelnden Gesicht des Sozialismus. Es hat vielen Menschen Freude bereitet, ihnen den Alltag verschönt, ihre Weltsicht erweitert, sie zum Lachen und Lieben verführt und ihnen das Leben erleichtert.

Und dennoch war »Das Magazin« eigentlich ein Anachronismus, eine Erinnerung aus den zwanziger Jahren, aus einer nicht nur zeitlich fernen Periode. Es war der bisher wenig erforschte Versuch, die Buntheit, die kulturelle Avantgarde, die liberale Gesinnung der Berliner Kulturszene, die schwebende Leichtigkeit und die schöne Verrücktheit einer untergegangenen Epoche in die Zeit des entbehrungsreichen Wiederaufbaus nach dem Krieg, in einen dogmatisch eingeengten, ideologisch aufgeheizten, von Aufbaupathos und politischer Unversöhnlichkeit geprägten Alltag zu übertragen. Was in den Magazinen der zwanziger Jahre Spiel, Spaß, reines Vergnügen war, was das Lebensgefühl einer Generation ausmachte, die im Taumel der Saxophone und des Jazz, in der Traumwelt der Ozeanriesen, in der Ungebundenheit einer neuen Freiheit der Schönheit huldigte und sich der kulturellen Avantgarde zuwandte, das wurde nun unter Schmidts Federführung eine Zeitschrift für Unterhaltung, Bildung und Geschmacksbildung der Werktätigen des Arbeiter-und-Bauern-Staates, für jung und alt, für Frauen und Männer, für Künstler und Kumpel, Lehrer und Landarbeiter. Ein Unikat oder doch mehr ein Unikum?

Einem damals üblichen Ritus folgend fragte man im ersten Heft die Leser, die »Werktätigen«, wie sie sich »Das Magazin« vorstellten. Doch wie sollten die wissen, was den Redakteuren selbst noch nicht ganz klar war? Wie sollte so eine Zeitschrift in einer sozialistischen Gesellschaft aussehen? Die Antworten waren dann auch so allgemein, daß sie kaum Einfluß auf die weitere Konzipierung des Heftes gehabt haben werden. »Auf den guten Geschmack einwirken« soll es, »Unterhaltung und Information« bringen und »die Liebe nicht vergessen«. Und natürlich immer ein Aktfoto drin haben und für die Leserinnen auch »mal gut gewachsene junge Männer« nackt zeigen. So oder ähnlich waren die Antworten. Und so hatte auch schon das erste Heft vor der Befragung ausgesehen. Doch keiner der Leser erwähnt »Das Magazin« von 1924, niemand weist darauf hin, daß man sich dort orientieren könnte, kein Kommentar der Redaktion nennt seinen Namen. Obwohl zwischen dem letzten Heft des alten Magazins und dem ersten des neuen gerade elf Jahre vergangen waren.

So wie die DDR als Staat etwas Einmaliges in der deutschen Geschichte sein wollte, so wollte auch »Das Magazin« seine Einmaligkeit als sozialistische Unterhaltungszeitschrift betonen. Es war der Nachweis zu erbringen, daß bunte Unterhaltung, Witz und Erotik nicht nur kein Gegensatz zur sozialistischen Ideologie sein müssen, sondern diese sogar befördern und beflügeln können. Im »Magazin« sollte der Klassenkampf nicht in Reden, Schlagzeilen und Agitationsartikeln stattfinden, hier waren subtilere Methoden gefordert. Auch in den an Agitation so reichen fünfziger Jahren taucht die politische Auseinandersetzung im »Magazin« eher unterschwellig, fast beiläufig auf, in Reportagen, Bildgedichten, Erzählungen, Leserumfragen und anderen, dem Blatt eigenen Genres.

Doch auch das mußte erst gelernt werden. Im Spannungsfeld zwischen Politik und Unterhaltung, zwischen Anspruch der Partei und den Erwartungen der Leser suchte die Redaktion immer nach dem schmalen Pfad, der die Zeitschrift davor bewahrte, in der markierten Fahrrinne der offiziellen Politik mitzuschwimmen oder in die seichten Gewässer der Unverbindlichkeit abzugleiten, gar an den zahlreich vorhandenen Klippen zu zerschellen. Gegen den Strom aber schwamm sie aus gutem Grunde nie.

Waputa, die Geierkralle

Wenn man heute aus dem Abstand eines halben Jahrhunderts auf die Anfänge des »Magazins« zurückblickt, wird deutlich, daß das Blatt, das da wie ein bunter Falter in einen grauen Alltag flatterte, zwar seine Herkunft aus der Magazin-Tradition der zwanziger Jahre nicht verleugnen kann, aber doch in seinem Inhalt zunächst ein richtiges Kind eben der fünfziger Jahre in der DDR war. Die geistigen Auseinandersetzungen dieser Zeit, die politischen Gegensätze zwischen Ost und West, die Widersprüche beim Aufbau einer neuen Gesellschaft, das alles spiegelt sich auch in den ersten Jahrgängen dieser Zeitschrift wider.

Es waren die Jahre vor dem Mauerbau, als die Einheit Deutschlands noch in der DDR-Hymne besungen und in den Zeitungen mit der ständig wiederholten Losung »Deutsche an einen Tisch!« gepriesen wurde. Und es waren doch die Jahre der Spaltung, in denen die beiden Teile des Landes auseinandertrifteten.

Es war die Zeit, in der alle vom Frieden sprachen, aber in Ost und West neue Armeen aufgestellt und in mächtige Militärblöcke integriert wurden, die Zeit, als sich Frieden und Freiheit als unversöhnliche Schlagworte gegenüberstanden. Der Osten reklamierte für sich den Frieden, der Westen die Freiheit.

Es waren Jahre voller Widersprüche. Zugleich Aufbau-Jahre – der »Bau auf! Bau auf!«-Enthusiasmus spiegelte sich auch im »Magazin« wider – und Jahre der schlimmen Verfolgung. Die DDR damals war geprägt von großer geistiger Enge und war zugleich das Land bedeutender kultureller Leistungen, die Premieren im »Berliner Ensemble« oder in der »Komischen Oper«, um nur ein Beispiel zu nennen, zogen Kritiker aus der ganzen Welt an. Es waren Jahre der Angst und Jahre der Hoffnung, der Not und der Zuversicht, der Parteidoktrinen und der Preissenkungen, alter Vorbehalte und neuer Ideen. Und das alles wollte »Das Magazin« zeigen und »magazinieren«.

Aus der allgemeinen Auseinandersetzung zwischen den beiden deutschen Staaten, den feindlichen Brüdern in Ost und West, konnte (und wollte) sich auch das frühe »Magazin« nicht heraushalten. Von den alten Magazinen übernahm es die Form der gereimten Bildgeschichten, in denen ein besonderes Foto durch kleine Verse in seiner Aussage verändert wurde, und setzte es in der politischen Agitation ein. Auf einem dieser Fotos sieht man beispielsweise Bundeskanzler Konrad Adenauer mit einem Schaf an der Leine, und dazu die Verse:

»In Konrads Denkapparatur/ Spukt nur ein Traum ... der wäre:/ Das Volk marschierte stur zur Schur/ wie Schafe in die Schere.«

Ein anderes Foto zeigt den ehemaligen Wehrmachtsgeneral Adolf Heusinger, der seinerzeit wegen seiner Bemühungen um die Wiederaufrüstung der Bundesrepublik im besonderen Feuer der DDR-Medien stand. Dazu reimte die Redaktion:

»Doch Adolf zwo, dem fällt was ein,/ ›Fällt denn das Volk noch mal drauf rein/ Zum dritten Mal zu fallen?‹ – /Für alle und zu allen:/ ›Nein General! Das wird es nie!/Wenn einer fällt, dann fallen Sie!‹«

Es ist sicher nicht abwegig, in den ungezeichneten Versen den Chefredakteur Schmidt selbst zu erkennen. Von ihm kam vermutlich auch der Vorschlag, die in der DDR als amerikanische Unkultur stark bekämpften Comics für den politischen Kampf zu nutzen. Damit aber begibt sich »Das Magazin« auch auf das Niveau dieser Bildgeschichten, die unter seinem eigenen Anspruch liegen. In den von Herbert Reschke gezeichneten Folgen unter dem skurrilen Titel »Waputa, die Geierkralle« werden in »Conny, dem alten Skunk vom Stamm der Plattfüße« (Adenauer) und »Mr. Meck Carcinom« (McCarthy), dem »großen weißen Jäger in Washington«, die Hauptübeltäter benannt, gegen die der Sioux Waputa für seine roten Brüder kämpft.

Als Hilde Eisler Anfang 1956 die Leitung der Redaktion übernahm, ging Waputa, die Geierkralle in die ewigen Jagdgründe ein. Der Versuch, den politischen Gegner mit seinen eigenen Waffen zu bekämpfen und neuen Wein in alte Schläuche zu füllen, ging schließlich nicht auf. »Das Magazin« mußte seinen ganz eigenen Weg suchen und dabei auch seine nur ihm eigenen journalistischen Formen entwickeln. Dazu hatte der erste Chefredakteur Schmidt mehr als nur ein Fundament gelegt, auf dem Schmidts Nachfolgerin, Hilde Eisler, aufbauen konnte.

Sophisticated Hilde

Hilde Eisler brachte nahezu alle Voraussetzungen mit, die für die Chefredaktion des »Magazins« nötig waren. Sie war gebildet, kannte die Welt, sprach perfekt englisch und französisch, sie war befreundet mit Schriftstellern und Künstlern in Amerika, Frankreich, Österreich, Deutschland. Und sie kannte durch ihren Mann, einen bekannten Publizisten, die politische Führungsriege. Ein Vorteil, der bei der Leitung einer Zeitschrift in der DDR nicht gering zu veranschlagen war.

Als sie Heinz H. Schmidt in der Leitung des »Magazins« ablöste, war sie Mitte vierzig. 1912 als Brunhilde Rothstein im galizischen Tarnopol geboren, war sie in Frankfurt am Main aufgewachsen. Sie hatte Buchhändlerin gelernt, später in Berlin im Marx-Engels-Institut gearbeitet, dessen Bestände sie, gerade mal 20 Jahre alt und fast ganz auf sich allein gestellt, vor den Nazis retten konnte. Mit siebzehn Jahren war sie mit der kommunistischen Bewegung in Verbindung gekommen, das war 1929. Nach 1933 arbeitete sie illegal, als Kurierin im Widerstand. Bei einer der wagemutigen Reisen wurde sie 1935 in Berlin verhaftet, zu einem Jahr Gefängnis verurteilt und danach aus Deutschland ausgewiesen. Nach Jahren des Exils, zunächst in Frankreich, später in den USA, war sie 1948 nach Deutschland zurückgekommen, nach Berlin, wo ein Jahr später die DDR gegründet wurde.

Die Erlebnisse des Exils haben sie geprägt. Vor allem aber die Erziehung im jüdischen Elternhaus. Die Erinnerungen an die jüdischen Feste, an Traditionen und Sitten waren ihr sehr teuer. Besonders nach dem Holocaust, in dem sie fast ihre ganze Familie verlor, Eltern, Schwester, viele Verwandte. In unseren Gesprächen habe ich es immer wieder gemerkt: Zuerst war sie Jüdin. Ihre besondere Solidarität galt jüdischen Künstlern und Schriftstellern. Als viele von ihnen in osteuropäischen Ländern und leider auch in der DDR als Unpersonen galten, bot sie ihnen im »Magazin« ein Forum, was oft Mut und Zivilcourage erforderte.

Hilde Eisler war nur widerstrebend nach Deutschland zurückgekommen. Je mehr ich in den letzten Jahren über sie nachgedacht habe, desto klarer wurde mir, daß ein Mensch mit ihrer Geschichte wohl nie wieder in diesem Land sein konnte ohne ein gewisses Gefühl von Fremdheit und von Mißtrauen gegenüber denen, die die Nazijahre hier gelebt hatten.

Fast ein Vierteljahrhundert hat sie die Redaktion des »Magazins« geleitet, souverän, eigenwillig, kenntnisreich, mit Charme und Verstand und immer einem Schuß Doppelbödigkeit, den sie »sophisticated« nannte. Sie stellte hohe Ansprüche an Redakteure und Mitarbeiter, bewies Sinn für literarische

Qualität und künstlerisches Niveau, hatte ein Gespür für Neues und Unbekanntes in aller Welt, eine glückliche Hand bei der Auswahl der Autoren und Künstler. Und sie besaß Augenmaß für das politisch Machbare.

»Kinder«, sagte sie oft (sie nannte ihre meist jüngeren Redakteure gern »Kinder«), »denkt immer daran, daß wir ein Magazin machen.« Wie dieses Magazin aussehen sollte, daß es unverwechselbar zu diesem Land gehörte, ohne viel darüber zu reden und seine Fahne zu schwenken, davon hatte sie eine klare Vorstellung. Sie brauchte keine schriftliche Konzeption, wie sie immer gefordert wurde. »Die Konzeption habe ich im Kopf«, sagte sie. Langfristige Planungen und jede Art formaler Ausarbeitungen waren ihr zuwider. Selbst in den Plan der aktuellen Ausgabe griff sie unbedenklich ein, wenn sie einen besseren Beitrag gegen einen weniger guten austauschen konnte. Ihre »Jahresplanung« war frappierend einfach: Das Januarheft muß das beste sein, weil das neue Jahr beginnt, das Februarheft, weil Fasching ist, im März beginnt der Frühling, das muß man am »Magazin« merken. Der April ist oft verregnet, da müssen wir ein besonders heiteres Heft machen. Der Mai ist der Monat der Liebe, im Juni beginnt der Sommer, der Juli und August sind die Ferienmonate, in denen die Menschen etwas Gutes lesen möchten. Im September beginnt wieder die Arbeit, da brauchen die Leser etwas besonders Schönes. Der Oktober ist der Monat des Weins, das muß man auch im »Magazin« schmecken, im »grauen November« müssen wir die Leser mit einem bunten »Magazin« aufheitern und im Dezember legen wir ihnen das schönste Heft auf den Gabentisch.

Siebzehn Jahre war ich Hilde Eislers Stellvertreter – aber genau genommen brauchte sie keinen Stellvertreter. Wenn sie nicht gerade krank war oder im Urlaub, arbeitete ich so wie jeder Redakteur, in meinem Ressort. Denn von Teamarbeit, die damals kollektive Leitung genannt wurde, hielt Hilde Eisler wenig. Im Zweifelsfall regierte sie die Redaktion mit zwei Sätzen: »Ich bestehe darauf!« und »Ich bin nicht erbötig«. Das machte die Zusammenarbeit oft nicht leicht, weder für mich noch für die anderen Mitarbeiter des Blattes. Die verbreitete Meinung unter Kollegen aus anderen Redaktionen, die mich um eine so charmante, liebenswerte Chefin beneideten, konnte ich nicht immer teilen; manchmal habe ich sie fast als Hohn empfunden. Es ist oft schwer, mit einem Menschen zusammenzuarbeiten, der uneingeschränkte Autorität und grenzenloses Selbstvertrauen hat.

Aber, und das wiegt in der Erinnerung mehr als gelegentlicher Ärger und Verdruß: wichtiger ist mir, was ich ihr zu verdanken habe. Als ich in die Redaktion kam, war ich geprägt von meiner jahrelangen Arbeit im Jugendverband; ich war mit 18 für fünf Jahre in Kriegsgefangenschaft gekommen und hatte seither wenig Zeit gehabt, meine Bildung zu vertiefen. Mein Alltag war, bis ich ins »Magazin« kam, die Politik gewesen, und die war in den fünfziger Jahren vor allem geprägt von Dogmatismus und Engstirnigkeit. So habe ich in meiner ersten »Magazin«-Zeit vor allem viel gelernt. Nicht wenig auch von Hilde – von ihrer literarischen Bildung, ihrer Klugheit und Lebenserfahrung, ihren kulturvollen Umgangsformen, ihrer Disziplin und ihrem Arbeitsethos. Sie hat mir geholfen, einen neuen Zugang zu Literatur und Kunst zu finden, durch sie habe ich – für mich der größte Gewinn – bedeutende Literaten und Künstler kennengelernt, von denen einige mir im Laufe der Jahre Freunde wurden. Hilde hat mir geholfen, den Sozialismus in einem größeren, umfassenderen Sinn zu begreifen. Und sie hat mir ermöglicht, einen Teil der Welt kennenzulernen; mit ihrer Unterstützung konnte ich für Reportagen und Beiträge in Länder reisen, die DDR-Bürgern damals unerreichbar waren.

Dafür erwartete sie Engagement, Fleiß, Gewissenhaftigkeit und Ideen. Und die uneingeschränkte Anerkennung ihrer Autorität. Gegenüber Mittelmaß, geistiger Oberflächlichkeit, Sprachschluderei und Langeweile in Beiträgen war sie unduldsam, hart in ihrem Urteil bis zu persönlichen Verletzungen. Besonders allergisch reagierte sie auf Druckfehler. Sie hätte Pickel bekommen, wenn in ihrem »Magazin« mit der deutschen Sprache so geschludert worden wäre, wie das heute in den renommiertesten Blättern gang und gäbe ist. Gelegentlich hatte sie ihre eigene Rechtschreibung, die sie mit dem Satz erklärte: »Was schert mich der Duden? Der Duden ist ein Nazibuch.« (In der Tat gab es in der Redaktion auch eine Ausgabe von 1938).

Besonders achtete Hilde Eisler darauf, daß »Das Magazin« eine einfache, verständliche Sprache pflegte. Formulierungen und Sentenzen, die sich in der Presse immer wiederholten, standen auf dem Index und wurden erbarmungslos getilgt. Hilde haßte die Schlagwörter der Tagesagitation und die massenweisen Abkürzungen, die immer mehr in Mode kamen. Sie hatte dafür einen einfachen, oft belächelten Satz parat: »Kinder, denkt an unsere australischen Leser«, den wir in der Redaktion in den Singular übertrugen, denn es gab nur einen, den kommunistischen Schriftsteller Judah Waten, unseren Autor, der das Heft von der Redaktion direkt bekam. Aber auch andere Leser schätzten es, daß sich »Das Magazin« in seiner Sprache von dem allgemeinen Parteichinesisch jener Jahre abhob. Deutschlehrer aus der Sowjetunion, die das Heft von Freunden aus der DDR zugesandt bekamen, schrieben uns, daß sie die Zeitschrift als Lesestoff im Unterricht benutzten, und auch Leser im Lande selbst empfanden es als angenehm, von Worthülsen verschont zu bleiben.

Als ich 1979 von Hilde Eisler die Chefredaktion der Zeitschrift übernahm, sah ich es als eine große Herausforderung an, das Niveau und das Renommee ihres »Magazins« zu halten. Ich wollte alles das bewahren, was in ihrer Zeit »Das Magazin« zu einer der beliebtesten Zeitschriften gemacht hatte. Mit einer Ausnahme: Ihre Leitungsmethoden, ihren oft schroffen Umgang und ihr Mißtrauen gegenüber den Mitarbeitern wollte ich nicht übernehmen, auch wenn es meiner Autorität schaden sollte. Die Personalpolitik war nicht ihre starke Seite. Die Namen im Impressum wechselten häufig, der Verschleiß an Redakteuren war immens. Wer gestern noch als »wichtige Verstärkung der Redaktion« eingestellt worden war, konnte heute schon ihren Ansprüchen nicht mehr genügen. Darunter waren eine Reihe befähigter Journalisten, die in anderen Verlagen und Redaktionen aufstiegen. Ihr Ton im Umgang war oft scharf und verletzend, und manche Mitarbeiterin kam weinend aus ihrem Chefzimmer. In

Glückwunsch zum 70. Geburtstag von Hilde Eisler, Karikatur von Manfred Bofinger manchen Fällen war es einfach subjektive Abneigung – heute sagt man, daß »die Chemie nicht stimmt« –, die das Klima belastete. Auch mit privaten Freunden, die sie in die Redaktion holte, hatte sie wenig Glück. Im täglichen Umgang miteinander verschlissen sich die Freundschaften ziemlich schnell.

Nach außen aber stellte sie sich stets vor die Kollegen ihrer Redaktion. Sie allein hatte die Verantwortung und sie trug sie auch. Hilde Eisler war für alle Fragen, die die Redaktion und das Blatt betrafen, die einzige und die höchste Instanz. Und sie machte dabei ein so gutes Blatt, daß es in der Erinnerung vieler Leser bis heute mit ihrem Namen verbunden ist. Ein befreundeter Chefredakteur aus Kanada adressierte seine Briefe an die Redaktion immer »An Hilde Eislers Das Magazin«. Wie recht er hatte.

Als Hilde Eisler siebzig wurde, haben ihr die Redakteure mit einem »Magazin« gratuliert, das in einer Auflage von hundert Exemplaren erschien, und in dem – ganz allein für sie – alles wie in einem normalen Heft vertreten war. Klemke zeichnete den Titel, Schriftsteller schrieben, Illustratoren und Karikaturisten zeichneten ihre Glückwünsche und die Bildredakteure stellten auf einer Doppelseite die Mitglieder der Redaktion in Collagen vor. Da lebte Hilde Eisler schon seit über zwei Jahren als Rentnerin in der Berliner Karl-Marx-Allee und war mit der Redaktion nur mehr durch ihre Mitarbeit an der Modeseite verbunden. (Und niemals hat sie versucht, sich in meine Arbeit einzumischen, als sie nicht mehr der Chef war.) Wir haben über sie geflucht und haben sie doch irgendwie auch gemocht. Sie war etwas Besonderes, eine Ausnahme in der DDR-Presse, unverwechselbar und unvergeßlich, eine eigenwillige, zuweilen eigensinnige Persönlichkeit, schillernd, charmant und charismatisch, wie das Blatt, das sie über 25 Jahre geprägt hat.

Ihre Geburtstagsparty zum siebzigsten war das letzte große »Magazin«-Fest in Berlin. Ihre Gäste, an die hundert, waren im wesentlichen die Autoren und Mitarbeiter der Zeitschrift. In ihrem Leben waren die Arbeit am »Magazin« und das Private, Persönliche miteinander verschmolzen. Das eine war vom anderen nicht mehr zu trennen.

Hilde Eisler war »Das Magazin«. Sie formte das Blatt nach ihrem Bilde und ihren Maßstäben. Sie unterhielt ihre Leser mit Beiträgen, die sie unterhaltend fand, sie bildete sie nach ihrem Bildungsanspruch und ihrem Bildungsideal, die Geschmacksbildung war an ihrem persönlichen Geschmack orientiert. Einen anderen Maßstab gab es für sie nicht. Wo hätte er auch herkommen sollen?

Wenn sich dennoch Monat für Monat Millionen Leser darauf einließen, den Intentionen dieser Frau zu folgen, sich diesem Diktat zu unterwerfen, zu lesen, was sie für lesenswert hielt, ihren künstlerischen Anspruch zu akzeptieren und im Aktfoto wie in der Mode ihren Geschmack anzuerkennen, dann sprach das für ihre großen Fähigkeiten. Denn jedes Heft des »Magazins«, das so leicht und locker daherkam, war das Ergebnis harter Arbeit, die sie mit Enthusiasmus und mit einer bewundernswerten Selbstdisziplin, einer fast preußischen (das würde sie sicher nicht gern hören) Pflichtauffassung bis zum letzten Tag leistete.

Ihre antifaschistische Vergangenheit und ihre jüdische Herkunft umgaben sie mit einer schützenden Haut. Sie hatte manche Freiheiten, die anderen Chefredakteuren nicht zugestanden wurden. Sie durfte nach Frankreich und Österreich reisen und man überlegte sich »oben« jede Kritik an ihr genau. Doch das, was sie schützte, hatte, wie Siegfrieds Panzer aus Drachenblut, auch ein Lindenblatt, eine Stelle, an der sie verwundbar war: Westemigration, jüdische Freunde in aller Welt, darunter manche, die in der DDR nicht gut gelitten waren. Die Oberen kannten ihr Lindenblatt und Hilde Eisler wußte, daß sie es kannten.

Daß man Hilde Eisler 1956 die Chefredaktion des »Magazins« übergab, war ein Glücksfall für die Zeitschrift, aber auch ein Glück für sie.

Das Magazinische

Im Laufe der Jahre gab es etliche neue Mitarbeiter, die es nicht schafften, in unserer Redaktion Fuß zu fassen. Das waren oft gute Journalisten, die in Tageszeitungen hervorragende Arbeit geleistet hatten. Aber das war, so zeigte sich bald, etwas anderes. Wer bei uns arbeiten wollte, mußte lernen, »das Magazinische« an einem Beitrag, an der Konzeption eines Beitrages zu erfassen. Was das war, hatten wir, die wir Jahre dabei waren, irgendwann im Gefühl. Aber vermitteln ließ es sich nicht so einfach.

Erfahrungsgemäß reichte es nicht aus, alte Hefte zu lesen, es brauchte meist mehrere Monate Arbeit, um ein Gefühl für die Eigenart zu bekommen. »Das Magazin« veröffentlichte ja schließlich auch manchen Beitrag, der in anderen Zeitschriften hätte stehen können, Reportagen von renommierten Schriftstellern und Journalisten, wissenschaftliche Artikel von bekannten Fachleuten, Fotos der besten Fotografen und ähnliches mehr. Das alles und dazu eine regelmäßige Kolumne von bekannten Publizisten, Porträts von Schauspielern und Musikern, Krimis, Liebesgeschichten, heitere und ernste Erzählungen.

Und was war daran »das Magazinische«? Das war vielerlei. »Magazinisch« war der doppelte Boden, der eine Geschichte bei uns haben sollte, die Botschaft hinter dem, was da erzählt wurde, eine zweite und dritte Ebene, die sich nicht jedem Leser erschloß, die jeder aber spürte. »Magazinisch« waren die Reportagen in Versen von Berta Waterstradt mit den Zeichnungen von Elizabeth Shaw, die Reisen von Kahlow und seiner Kleo, der »Freche Zeichenstift« von Herbert Sandberg, der die Leser in der DDR mit Hunderten von Künstlern bekannt machte, die heiteren Verse zu Bildgeschichten über Verliebte von Peter Purzel bis Günter Kunert, die »Liebe, Phantasie und Kochkunst«-Seiten, die »Aktuellen Umfragen« zu Liebesleben, Arbeit und Freizeit. »Magazinisch« waren die Bildfeuilletons und die besonderen Bildideen: Visitenkarten der Liebe, beispielsweise. Oder erotische Lesezeichen und Exlibris, an deren Zusammenstellung sich oft mehr als ein Dutzend bekannter Maler und Grafiker beteiligten, von Wolfgang Mattheuer bis Manfred Bofinger.

Besonders beliebt waren bei den Lesern die Bildgegenüberstellungen. Zwei Fotos, die zunächst nichts miteinander

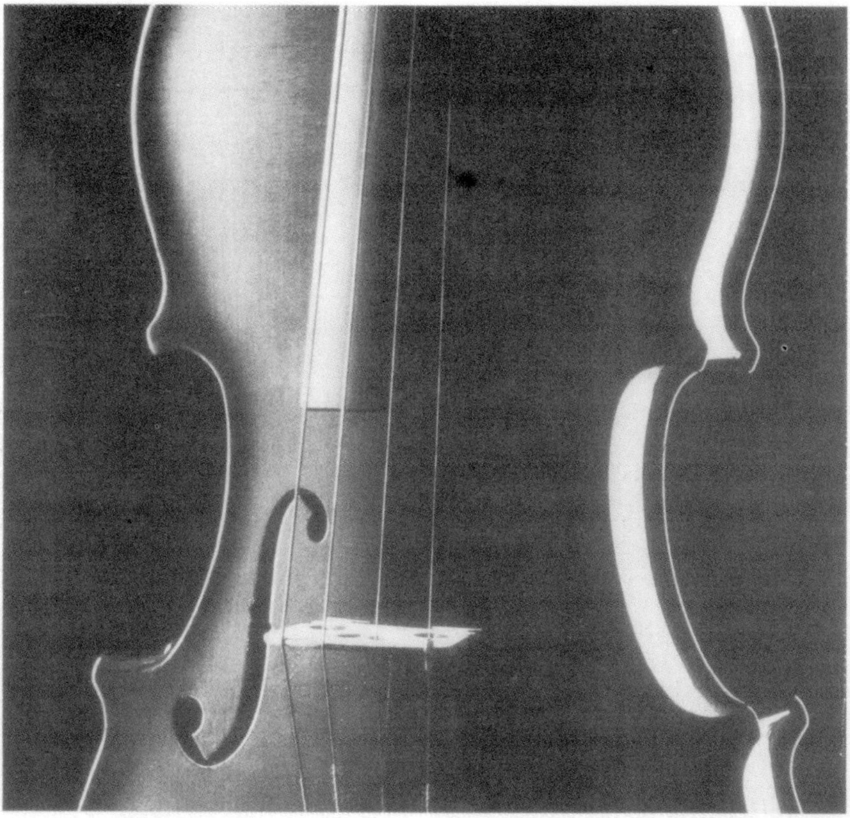

Viola *d'amore*

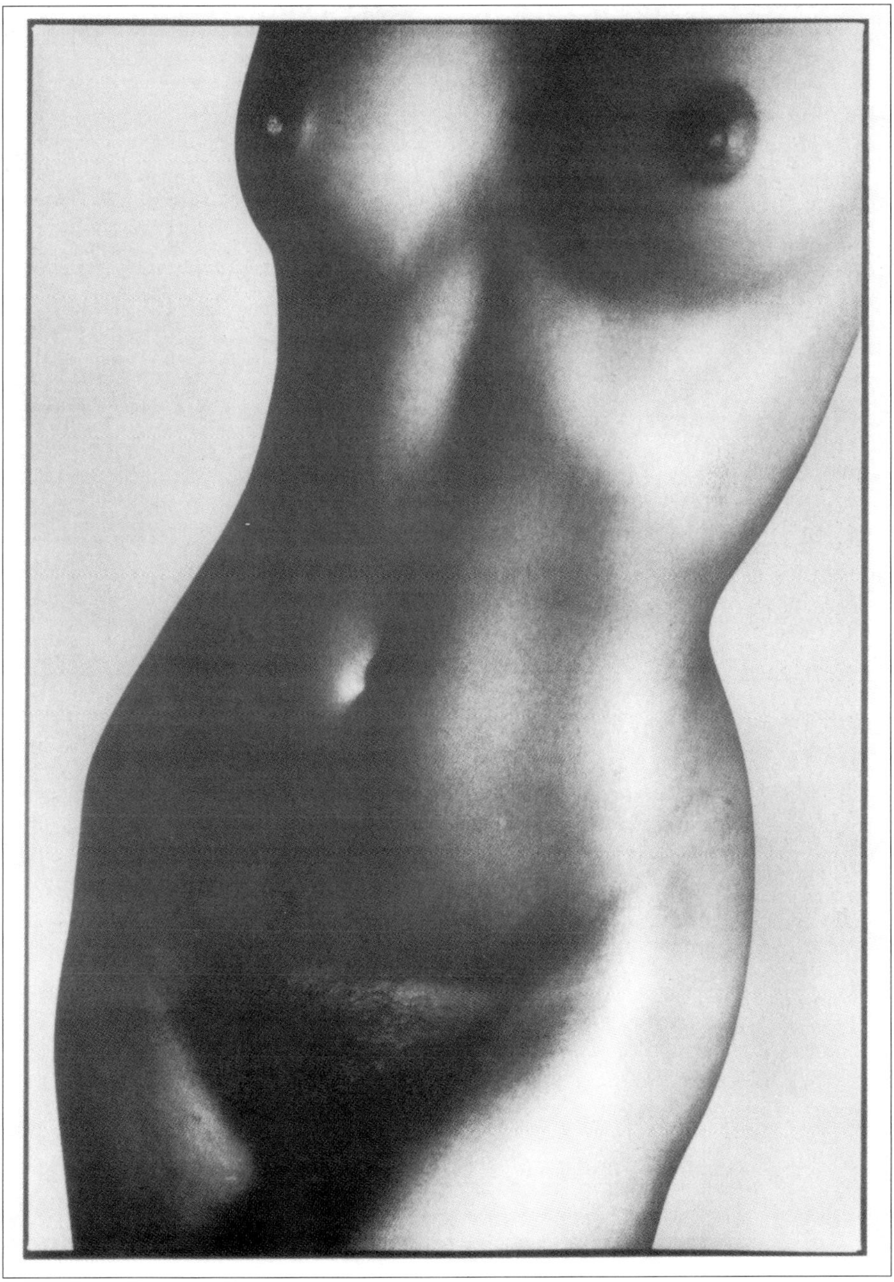

zu tun hatten, wurden auf zwei gegenüberliegenden Seiten abgebildet, sie hatten entweder eine gewisse optische Ähnlichkeit oder auch optische Gegensätzlichkeit, und durch eine witzige Unterschrift bekamen sie dann einen neuen Sinn. Die Ähnlichkeit einer Geige mit einem weiblichen Körper, gegenübergestellt auf zwei Fotos: »Viola – d'amore«. Ein Spinnennetz und ein Aktmodell, das an einem Vorhang strickt, hinter dem es sich versteckt: »Versponnen und verstrickt«. Eine Eisbärengruppe und eine Ballerina im weißen Kostüm wurde zu »Weiße – Flotte«. Auch Begriffe aus politischen Aktionen, die durch ständigen Gebrauch abgenutzt worden waren, wurden mit freundlichem Spott benutzt: Als alle Zeitungen vom »Balkonwettbewerb« schrieben, einer Aktion der Nationalen Front um die schönste Gestaltung der Häuserfronten, bot es sich an, einen geschmückten Balkon neben einen vollbusigen Akt zu stellen: als unsere Art von »Balkonwettbewerb«.

Das Schwierigste bei diesen Gegenüberstellungen war es, die Fotos überhaupt erst einmal zu finden. Unsere langjährige Bildredakteurin Brigitte Voigt verfügte nicht nur über ein überaus sicheres künstlerisches Urteil, auf das sich der Chefredakteur jederzeit verlassen konnte und über die für eine solche Zeitschrift unerläßlichen persönlichen Kontakte zu nahezu allen Künstlern von Rang; sie hatte auch ein ausgezeichnetes optisches Gedächtnis. Sie erinnerte sich noch nach Jahren an ein Bild, das sie einmal gesehen hatte. Und dennoch suchten sie und ihre Mitarbeiter in der Bildredaktion manchmal tagelang in den Archivkästen nach dem zweiten Bild für die Gegenüberstellung.

Manchmal konnte so ein harmloser Scherz zum politischen Problem werden: Wir stellten ein schön geschwungenes gußeisernes Gartentor, das eine optische Ähnlichkeit mit einem ebenso geschwungenen Gestell hatte, an dem, den Streben des Tores gleich, lange Würste herunter hingen, nebeneinander. Unser Text: »Porta bella – Mortadella«.

Das war im Juli 1962, und in der DDR hingen in den ersten Jahren nach der »genossenschaftlichen Umgestaltung der Landwirtschaft« die Würste keineswegs dicht an dicht in den Schaufenstern der Fleischerläden. Da standen meist Grünpflanzen und an der Wand mit den Fleischerhaken glänzten die Ornamente auf den weißen Kacheln. »Politische Blindheit«, lautete der Vorwurf aus der Presseabteilung für eine Sache, die nur ein Spaß hatte sein wollen. »Wir können den gestiegenen Fleischverbrauch nicht abdecken«, hieß es, »und ihr macht noch Reklame für Würste.« Wir gelobten, bis zur Besserung der Versorgungslage auf die bildliche Darstellung von Würsten jeglicher Art zu verzichten. Daran haben wir uns gehalten, schon, weil wir nicht wußten, wann dieser Zustand nach Meinung der Wirtschafts- und Landwirtschaftsfunktionäre wirklich erreicht sei.

Das wichtigste an jedem »Magazin« – um von der Politik zurück zum »Magazinischen« zu kommen –, das wichtigste war die Mischung, die Zusammenstellung jedes Heftes, die mit besonderer Sorgfalt geschah: die Abwechslung von Bild und Text, Foto und Zeichnung, Ernstem und Heiterem, längeren Beiträgen und kurzen Intermezzi, und immer alles an seinem Platz, da, wo es der Leser erwartete und doch immer und jeden Monat anders, unerwartet, überraschend.

»Das Magazin« hatte erstaunlich rasch an Popularität unter der DDR-Bevölkerung gewonnen. Bald zeigte sich, daß es mehr war als eine Zeitschrift. Es war eine kulturelle Institution in der DDR geworden. Es war stilbildend und tabubrechend. Es war auch eine moralische Anstalt, die Sitten und ethische Normen prägte. Seine Jubiläen waren in den fünfziger und sechziger Jahren gesellschaftliche Ereignisse, bei denen Künstler und Politiker, Journalisten, Regierungsvertreter und Models, die damals noch Mannequins hießen, Schauspieler, Schriftsteller und Freunde der Zeitschrift gemeinsam feierten (später hatten auch wir dafür kein Geld mehr). Da trafen sich der greise Dichter Arnold Zweig und Karl Eduard von Schnitzler, die noch ganz junge Angelica Domröse und die enge Freundin Brechts, Ruth Berlau. Sie alle kamen in den Club des Kulturbundes in der Taubenstraße, wenn »Das Magazin« seinen fünften, zehnten oder fünfzehnten Jahrestag feierte.

Auch diese Feste entsprachen unserer Vorstellung von einer sozialistischen Unterhaltungs-Zeitschrift, die das pralle Leben widerspiegelt, Liebe, Lust, Lachen, Arbeit, Freizeit und sogar Politik: unverklemmt, undogmatisch, universell.

Als die Redaktion 1959 ihr fünfjähriges Bestehen mit einem großen Fest feierte, schrieb Hilde Eisler in einem »Leitartikel« (Januar 1959) in der Dik-

Jedes Fest des »Magazins« war ein kulturelles Ereignis in Berlin, an dem neben Autoren und Mitarbeitern auch Künstler teilnahmen. Hier tanzt Angelica Domröse mit dem Schriftsteller Rudi Strahl. Januar 1964

tion jener Jahre, wovon sich die Redaktion in ihrer Arbeit leiten läßt: »Das Magazin« soll »leicht sein und amüsant, aber niemals seicht oder gar vulgär, es soll belehren, aber nicht schulmeisterlich und trocken«. Und sie bekennt sich zu der erzieherischen Funktion der Presse und ihrer Aufgabe, den neuen Menschen zu erschaffen: »Ein ganzer Mensch«, schreibt sie da, »ist erst einer, wenn er gut und tüchtig arbeitet und wenn er versteht, sich auch genügend zu entspannen.« Und dabei will ihm »Das Magazin« helfen.

Der Hauptdirektor der Deutschen Staatsbibliothek in Berlin, Prof. Dr. Horst Kunze, bestätigt das in einem im Juliheft 1959 veröffentlichten Brief: »Eine unterhaltende und belehrende Zeitschrift vom Typ Magazin, die in jedem Heft der Vernunft, dem Neuen und dem friedlichen Zusammenleben der Völker dient, – das hat es in Deutschland noch nie gegeben. Sicher ist daher der Beitrag, den Sie mit dem ›Magazin‹ für den Aufbau des Sozialismus leisten, ganz beträchtlich.«

Klemke, der Wundermann

Auf vier Seiten stellten sich im Januar 1959, im Jubiläumsheft, die wichtigsten Mitarbeiter der Redaktion persönlich vor. Fast alle, die hier am Ende der fünfziger Jahre das Gesicht und den Inhalt der Zeitschrift bestimmten, blieben dem »Magazin« über Jahre und Jahrzehnte verbunden, und mancher Name taucht noch in den Achtzigern im Blatt auf.

Als ersten in dieser Reihe wird man immer Werner Klemke nennen müssen, der im Januar 1955 angefangen hatte, jeden Monat das Titelbild zu gestalten und der damit das Gesicht der Zeitschrift und den ersten Eindruck bestimmte. 423 »Magazin«-Titel in 36 Jahren. Sein kleiner schwarzer Kater, der immer irgendwo auf dem Titel versteckt war, wurde zum Markenzeichen des »Magazins«.

Sein Schüler und Freund, der Grafiker Axel Bertram, bescheinigte ihm: »Werner Klemke hatte nur ein Thema, dem ›Magazin‹ angemessen, nämlich Liebe, Liebe himmlisch, Liebe irdisch, Liebe sofort und Liebe ewiglich. Mit einer geradezu enzyklopädischen Fülle breitet er Beobachtungen und Erfahrungen aus, soweit sie sich hinter dem vagen Umriß dieses Synonyms versammeln lassen. Was sich im Spannungsfeld der Geschlechter in unerschöpflichen Varianten der Anziehung auch abspielen mag, all die Taktiken des Verführens, des Überwältigens, des listigen Ausweichens, des koketten Verweigerns, Klemke setzt es ins Bild.«

Als Werner Klemke beim »Magazin« anfing, war er noch nicht der große Meister, kein Akademie-Mitglied, kein international bekannter Künstler. Daß die Redaktion – wer immer diesen Ruhm beanspruchen darf – dennoch gleich erkannte: Das ist er, unser Mann, der, den das Blatt braucht – das war eine Sternstunde für die Zeitschrift.

Klemke war, wie ihn Herbert Sandberg einmal nannte, »der Wundermann«, der es fertigbrachte, jeden Monat einen originellen, künstlerisch vollendeten Titel zu liefern. Klemke beherrschte alle Techniken vom Aquarell bis zur Kaltnadelradierung, von der Kohlezeichnung bis zu Schabblatt oder Holzplatte. Und vor allem war er ein Mensch voller Ideen. Jedes seiner Titelbilder war eine Überraschung, zuerst für die Redaktion und dann für die Leser. Da war künstlerische Qualität und, immer wieder, so viel Charme, so viel Witz und so viel heitere Erotik. Und dazu kam das monatliche Spiel mit dem Kater auf dem Titelbild, den zu suchen zum ersten Vergnügen der »Magazin«-Leser wurde. Dabei war der allgegenwärtige Kater fast ein Zufall: Klemke hatte ihn ein, zwei Mal auf den Titel gesetzt. Ein nächstes Blatt aber ohne den Kater gezeichnet. Schließlich sollte er keine Dauereinrichtung werden. Zum Markenzeichen des Blattes wurde er erst durch den Protest der Leser. Die forderten ihren Kater. Und Klemke ließ ihn von nun an sein Spiel auf den Titelseiten des Heftes treiben, Monat für Monat, jahrelang als immer neue Überraschung.

In all den Jahren bis Februar 1990 ist nicht ein einziges Heft ohne Klemke-Titel erschienen. Und nie hatte er auch nur ein Blatt im Schubfach als Vorrat für alle Fälle. Immer lieferte er kurz vor Redaktionsschluß. Er brauchte diesen Druck.

Jeden Monat überraschte er uns mit einer neuen Idee. Was er zeichnete, hatte er sich ausgedacht, auch dann, wenn er sich gelegentlich zu politischen Ereignissen im Lande äußerte, wie zu »runden« Geburtstagen der DDR oder der Sowjetunion oder zum 1. Mai. Wer hätte ihm die Ideen auch liefern sollen? Ich las kürzlich in einer Zeitschrift: »Um runde Geburtstage der alten Republik kam auch das ›Magazin‹ samt Kater nicht herum ...« Aber wer sagt, daß Klemke das gewollt hätte? Werner hätte sicher auf die heute in den Zeitungen so beliebte Frage, was für ihn Heimat bedeutet, immer »Berlin-Weißensee« geantwortet, aber die DDR war doch sein Staat, das Land, in dem er lebte und arbeitete und das er mit seinen Titelbildern so freundlich, menschlich, liebenswert und sympathisch darstellte wie kaum ein anderer. Zum 10. Jahrestag gratulieren ein junger Maurer (es war die Zeit des Aufbaus) und ein Mädchen vom Lande einander mit Blumensträußen und Küssen. Und der Kater reiht sich als Dritter mit einem bunten Strauß in die Gratulation ein. Klemkes Symbole waren nicht die wehenden roten Fahnen; er zeichnete fünfzehn rote Herzen auf ein Notenblatt, von dem ein verliebter Jüngling seiner Freundin, die auf einer Bank unter fünfzehn roten Rosen sitzt, ein Lied zum 15. Jahrestag der DDR spielt. Konnte man liebevoller gratulieren? Und wer außer Klemke hätte auf diese Idee kommen können?

Manchmal, aber das war selten, machte er für einen Titel mehrere Entwürfe, von denen wir dann gemeinsam einen auswählten. Einmal, ich glaube, es war zu einem 1. Mai, gefiel mir ein anderer Entwurf als ihm. Werner löste das Problem auf seine Weise: »Weißt du was,« sagte er, »ich schenk dir das Blatt, das dir gefällt. Und wir drucken meins.« Und so machten wir es dann auch.

Als Klemke in den achtziger Jahren einmal im Krankenhaus lag und operiert werden mußte, überlegten wir in der Redaktion, was wir nun machen sollten. Einen anderen Künstler bitten, an seiner Stelle den Titel zu gestalten oder ein altes Titelbild von ihm noch einmal veröffentlichen? Da, in letzter Minute, rief eine Krankenschwester an und sagte, jemand möge kommen und das Titelbild von Professor Klemke abholen. Der Meister, wie wir ihn nannten, hatte sich Zeichenbrett und -farben ans Bett bringen lassen und sein Titelbild pünktlich zum Termin fertiggestellt. Als ich ihn ein paar Tage später besuchte und mich dafür bedanken wollte, sagte er in seinem Berliner Tonfall: »Na, so viel preußische Pflichterfüllung wirste doch von deinen Mitarbeitern erwarten können.«

Auf der Zeichnung von Elizabeth Shaw im Heft zum fünfjährigen Jubiläum ist Werner Klemke noch ein junger Mann, schlank (das war er immer) und etwas schlaksig. Doch während Journalisten und Künstler in der Regel salopp in Pullover und weiter Hose in die Redaktion kamen, war Werner Klemke immer tip top gekleidet, im grauen Maßanzug mit weißem Hemd und Krawatte, er galt als bestangezogener Mann in Ostberlin. »Ein unordentlicher An- oder Aufzug«, schrieb er in einem Beitrag über Herrenmode im Februarheft 1963, »kündet nur in den allerseltensten Fällen von Genialität.« Das Oberhemd war für ihn »ein wichtiger Bestandteil männlicher Eleganz«.

Seine Wohnung in Weißensee, die eigentlich aus zwei Wohnungen bestand, die miteinander verbunden waren, stand voller Bücher, Klemke hatte eine riesige Bibliothek. Der Raum, in dem wir oft zusammensaßen, auch später, als es ihm gesundheitlich nicht mehr so gut ging und wir uns fast heimlich jeder eine Zigarette und einen Kognak gönnten, war er immer auf Besuch eingerichtet. Auf einem Tisch standen die umgedrehten Kaffeetassen und Teller, ein ganzes Service. Wir saßen dann an dem kleinen runden Tisch, und er konnte so wunderbar lebendig und bildhaft erzählen. Die Geschichte von einem Pfarrer ist mir in Erinnerung geblieben, der ihn mit dem Hinweis auf das Ende für seine Gemeinde gewinnen wollte. »Ach«, sagte Klemke, »Herr Pfarrer, ich habe vielleicht ein besseres Verhältnis zu dem da oben als viele Ihrer Christen.«

Als ihn seine Krankheit zwang, die Zusammenarbeit mit dem »Magazin« einzustellen, war das für ihn schmerzlich, wie er mir mehrmals sagte. Für die Zeitschrift aber war es ein Verlust, den sie nie überwunden hat. Und es ist ganz richtig, wenn sie im Bewußtsein der Leser auch als das Blatt mit dem Klemke-Kater in Erinnerung geblieben ist.

Und hier möchte ich noch einmal Axel Bertram zitieren: »Manchmal möchte man doch denjenigen empfehlen, die so sorgsam ihrer Wahrheit über die DDR nachforschen und sich durch die hinterbliebenen papiernen Ausscheidungen quälen, sie möchten doch mal die 423 ›Magazin‹-Titel zu ihren Akten nehmen, nur so zur Unterhaltung.«

Der freche Zeichenstift

In der Riege der Mitarbeiter nimmt Herbert Sandberg, später Prof. H. S., einen besonderen Platz ein. Über dreißig Jahre bereicherte er jedes Heft mit seiner Rubrik »Der freche Zeichenstift«. In seiner Sammlung internationaler Karikaturisten, die er später in mehreren dicken Büchern zusammenfaßte, gab er mit seinem heiteren, satirischen Blick über die Grenzen den Lesern des »Magazins« einen damals nicht gerade alltäglichen Einblick in das künstlerische Schaffen außerhalb des kleinen Landes. Und auch jungen Künstlern der DDR bot der »Freche Zeichenstift« ein Forum, in dem sie ihre Karikaturen einem Millionenpublikum vorstellen konnten.

Da Sandbergs Maßstäbe sehr hoch waren, galt eine Präsentation im »Frechen Zeichenstift« vielen jungen Künstlern als eine Auszeichnung, mit der man die höheren Weihen des Karikaturisten erhielt.

Herbert war nicht viel älter als Werner Klemke, aber die Jahre hatten ihn auf andere Weise geprägt. In der Weimarer Zeit war er bei einem expressionistischen Maler in die Lehre gegangen, hatte danach für Arbeiterzeitungen gearbeitet, auch dann noch, als die Braunen in Deutschland an die Macht gekommen waren. Das brachte ihn für zehn Jahre ins Konzentrationslager. »Was bist du?«, fragte der SS-Mann, bei dem er eingeliefert wurde. »Jude, Kommunist und Künstler? Hätte eins davon nicht gereicht, um hierher zu kommen?« Sein Zyklus »Der Weg«, siebzig Antiquaradierungen aus seinem Leben und seiner Zeit im Konzentrationslager Buchenwald, ist ein beeindruckendes Werk über das Leiden und den Kampf der Häftlinge.

Nach seiner Befreiung im April 1945 gründete Sandberg gemeinsam mit Günther Weißenborn in Berlin die satirische Zeitschrift »Uhlenspiegel«. Doch 1950, auf dem Höhepunkt der Verdammung des sogenannten »Formalismus« in Moskau und damit auch in Ostberlin, wurde die Zeitschrift eingestellt. Und auf Herbert Sandberg lag nun das Stigma, dem »Formalismus« anzuhängen; während alle vom »sozialistischen Realismus« sprachen, sprach Herbert Sandberg von der Kunst.

An Redaktionssitzungen nahm er fast regelmäßig teil, und immer waren seine Beiträge belebend: Oft war er aufbrausend, manchmal maßlos in seiner Kritik, selten zufrieden mit dem, was wir gemacht hatten, aber immer voller Ideen. Er entdeckte viele junge Künstler und empfahl sie für »Das Magazin«. Sein Haus in Berlin-Niederschönhausen, wo er direkt neben dem Architekten Hermann Henselmann (auch »Magazin«-Autor) und später dem ständigen Vertreter der Bonner Regierung in Berlin, Günter Gaus, lebte, glich einem kleinen Museum. An der Wand über dem Sofa, auf dem er saß, wenn wir Themen besprechen wollten (oder, was noch schwieriger war, etwas an seinem Text ändern) und in den Schubladen der Louis-Seize-Kommode hinter einem Vorhang bewahrte er Originale, Feder-, Tusch- und Bleistiftzeichnungen von Künstlern aus der ganzen Welt auf, deren Namen wir nur mit Ehrfurcht nannten, von Beckmann, Feininger und Kokoschka, Barlach, Chagall und Guttuso, Max Liebermann und Heinrich Zille, aber auch von Fritz Cremer, Hans und Lea Grundig, Nuria Quevedo und anderen Künstlern, die ihm zum guten Teil auch persönliche Freunde waren.

Herbert Sandberg war immer für eine Überraschung gut, seine Manuskripte steckten voller Fußangeln für eine DDR-Zeitschrift. So brachte er eines Tages, versteckt zwischen anderen, eine Zeichnung, in der Hitler und Stalin nebeneinander in der Hölle schmorten. Mir oblag es, ihm zu erklären, daß dieser Vergleich, obwohl die Verbrechen Stalins zu dieser Zeit schon allgemein bekannt waren, unpassend sei und die Veröffentlichung der Zeichnung das Ende des »Magazins« und damit auch seines »Frechen Zeichenstifts« bedeuten könnte. »Naja«, sagte er schließlich, »ich sehe das aber so, und es stimmt doch auch.«

Trotz seiner künstlerischen Leistung und seiner verdienstvollen Vergangenheit wurde Herbert Sandberg mit Auszeichnungen nicht verwöhnt. Da er auch eitel war, wie alle Künstler, hat er manchmal darunter gelitten, daß ihm Leute, die auf der Welle einer Konjunktur schwammen, vorgezogen wurden. Doch von seinem künstlerischen Credo ist er nie abgewichen. Als ihm, ich glaube, es war aus Anlaß seines sechzigsten Geburtstags, endlich der Titel »Professor« verliehen wurde, kam er auch in die Redaktion, um mit uns anzustoßen. Er packte eine Flasche Wodka aus, schenkte reihum jedem ein Gläschen ein – und verschloß die Flasche wieder: er wollte noch zur »Eulenspiegel«-Redaktion zwei Treppen höher. Sparsam war er auch.

Herbert Sandberg (Bildmitte) im Gespräch mit Ursula Winnington (links), Alan Winnington und seiner Frau, Lilo Sandberg, im Restaurant des Berliner Brecht-Hauses

Zwei Damen in Greiz, Schleiz und Zeitz

Zu den ständigen und äußerst beliebten Rubriken im »Magazin« gehörten seit den ersten Jahren der Zeitschrift kleine Bildgeschichten, in denen zwei ältere Damen, immer im Bild zu besichtigen, die DDR bereisten. Sie stellten Städte und Landschaften vor, mit humorvollen Zeichnungen und freundlich ironischen, bisweilen auch komischen Versen. In ihren Reisebildern beschrieben sie die Freundlichkeit der Schweriner, die Reiselust der Sachsen, die sommerlichen Ferienfreuden auf der Insel Hiddensee und was es sonst noch an Besonderheiten in den Städten und Dörfern des Landes zu sehen und zu entdecken gab. Das war ein sympathisches, manchmal fast skurriles Bild des Landes, so in der Art: »Im Sommer scheint die Sonne/ Im Winter da schneits/ auch in Greiz und in Schleiz und in Zeitz.«

Die beiden reisenden Damen waren die Malerin Elizabeth Shaw und die Schriftstellerin Berta Waterstradt, beide etwa gleich alt, aber von so schöner Gegensätzlichkeit, daß sie sich wohl bestens ergänzt haben mußten. So schien es mir zumindest, wenn ich sie betrachtete.

Die irische Zeichnerin Elizabeth Shaw war, wie sie schreibt, »nicht die Nichte von ihrem Landsmann George Bernard Shaw und auch nicht seine Tante«. Trotzdem habe ich sie immer mit ihrem Namensvetter in Verbindung gebracht. Sie hatte für mich etwas von seinem Geist und seinem Witz, eben irischen Humor.

Elizabeth war nach dem Krieg mit ihrem deutschen Mann, dem antifaschistischen Maler René Graetz, nach Berlin gekommen. Sie hatte in London die Kunstschule besucht und wollte eigentlich, wie sie gern sagte, eine ernsthafte Malerin werden. Doch ihre Neigungen gingen nun mal mehr in Richtung der Karikatur. Darüber hinaus war sie eine glänzende Illustratorin, für Kinderbücher wie für »Magazin«-Geschichten. Und sie war eine ungewöhnlich charmante Frau. Sie hatte etwas, was zumindest in Deutschland selten ist: sie konnte sich, wie Goethe sagt, »selbst zum besten halten«. Bestes Beispiel die Selbstbildnisse, die sie in den Reisebildern zu Berta Waterstradts Versen zeichnete. Wie sie da mit Berta durch Erfurt oder Stralsund läuft, eine dicke Frau mit spitzer Nase und vom Winde zerzaust – das sind Selbstkarikaturen, wie man sie sich schöner gar nicht denken kann. Dabei hat diese Elizabeth wenig Ähnlichkeit mit dem Porträt, das Sandberg von ihr im Jubiläumsheft 1959 gezeichnet hatte. Da ist sie eine mondäne Frau mit strengem Blick. Herbert hat sie sehr verehrt und geschätzt.

Berta Waterstradt sah auf Elizabeths Zeichnungen meist besser aus. Mir allerdings erschien sie neben ihrer eleganten Mitreisenden immer ein bißchen wie aus ihrem Film »Die Buntkarierten«, der sie als Autorin bekannt gemacht hatte. Sie sah aus wie eine einfache Frau aus dem Volk, wie die Arbeiterfrau aus der »heroischen Periode« der deutschen Sozialdemokratie am Ende des 19. Jahrhunderts. Berta war lebhaft, zupackend, sie nahm kein Blatt vor den Mund, und sie achtete nicht darauf, wie es bei dem anderen ankam; auch auf Kleidung oder Frisur legte sie wenig Wert. Die Beiden, die hier gemeinsam über viele Jahre an einer Rubrik arbeiteten, waren eben tatsächlich sehr verschieden.

Berta hatte in der Nazizeit viel durchgemacht. Als junge Kommunistin, die gerade begonnen hatte, Geschichten, Gedichte und Reportagen zu schreiben, war sie nach 1933 ins Frauengefängnis in Berlin gekommen, wo sie mit Hilde Eisler zusammen einsaß. Später lebte sie als Jüdin illegal in Berlin. Das alles hat Spuren hinterlassen, sie war manchmal bitter und sarkastisch, aber von einer heiteren Gelassenheit, der man anmerkte, daß Schlimmeres als das, was sie erlebt hatte, nicht kommen konnte.

Von ihr, die öfter zu Verwandten oder Freunden nach Israel fahren durfte, hörte ich zum ersten Mal vom Leben in den Kibbuzim und überhaupt von den Menschen in Israel.

Die »Wahre Begebenheit«

Haben wir manchmal auch tüchtig gelacht,/ so hat sie uns doch oft Freude gemacht.« So schrieb der Leser J. Braun aus Reichenbach im Vogtland zu einer der in den Anfangsjahren beliebtesten Rubriken der Zeitschrift, der »Wahren Begebenheit«. In den fünfziger und sechziger Jahren war sie fast in jedem Heft zu finden, sie gehörte neben dem Akt zu den Dingen, mit denen »Das Magazin« lange Zeit in der Öffentlichkeit identifiziert wurde. Diese »Geschichten, die das Leben schrieb« wurden von Lesern selbst eingesandt und waren der human interest story aus der englischsprachigen Literatur nachempfunden.

Im Januar 1955 hatte die Redaktion die Leser aufgerufen, wahre Begebenheiten aus ihrem Leben zu schildern. Jede, die gedruckt würde, sollte mit mindestens 100 Mark honoriert werden. Und die Leser schickten. Die literarische Qualität lag oft unter dem allgemeinen Anspruch der Zeitschrift, aber die naive Art, wie hier persönliche, meist erotische Erlebnisse erzählt wurden, erfreute sich großer Beliebtheit. Die Redaktion wurde überschüttet mit selbsterlebten Geschichten.

Da es sich fast immer um sehr persönliche, vorwiegend natürlich erotische Erlebnisse handelte, baten die meisten Einsenderinnen (es waren fast immer Frauen und Mädchen, die in dieser Rubrik schrieben), ihre Namen nicht zu nennen. Sie schrieben unter Pseudonym, das sie gleich mitlieferten, oder sie unterzeichneten nur mit Initialen. Gisela Z. berichtete im September 1965, wie der Vater ihrer Freundin vor einem Konzertbesuch versucht hatte, sich ihr unsittlich zu nähern, und, wie

Klopstocks Schlittschuhe oder Quedlinburger Miniaturen

Von Berta Waterstradt bedichtet und gezeichnet von Elizabeth Shaw

Wir fuhren ins schöne Quedlinburg
Auf eine Bildungsreise,
Und jede von uns sah die Stadt
Auf ihre eigne Weise.

Daß auf den Fachwerkbauten nun
Sich wiegen die Antennen,
Beweist nur, daß vom Alten man
Das Neue kann nicht trennen.

Sind Rathäuser zum Raten da
Und nicht zum Konterfei'n?
Der Pförtner gab uns keinen Rat,
Er ließ uns nur nicht 'rein.

Viel gastlicher bei Klopstock war's,
Nicht, wie man dacht, verstaubt,
Daß er so gerne Schlittschuh lief,
Wer hätte das geglaubt?

Die erste deutsche Ärztin war
Ein Kind aus dieser Stadt.
Bereits vor zwei Jahrhunderten
Macht' sie ihr Doktorat.

Heinrich, der Vogler auch genannt,
Saß still am Finkenherd,
Als man die deutsche Königskron
Ihm feierlich verehrt,

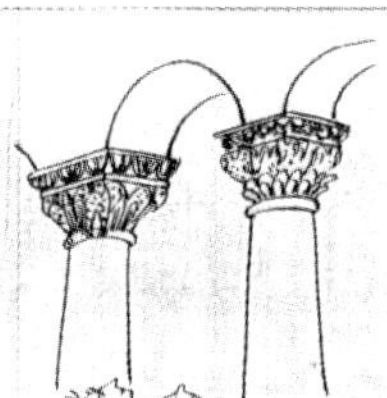

Und seine letzte Ruhestatt,
Die Kirche, hier im Bilde.
Nach seinem Tod ins Kloster ging
Sein Eheweib Mathilde.

Das tausendjährige Quedlinburg,
Von dem wir ungern scheiden,
Verjüngt sich selbst im Alter noch,
Wie ist es zu beneiden!

zum Glück, im letzten Moment die Freundin dazu kam. Eine G. G. schildert im Juliheft 1962 unter dem Titel »Liebe im Alltag« ihre »Liebe auf den ersten Blick« zu dem »schlanken blonden Rettungsschwimmer Michael«, die sich dann im Alltag bewähren mußte, und wie sie trotz Versuchungen und Tücken zusammenblieben.

In einem Leserbrief dazu schrieb uns Siegfried Spantig aus Hagenow: »Ihren ›Wahren Begebenheiten‹ habe ich nicht immer getraut. ›Liebe und Alltag‹ im Heft 7 hat mich aber nun überzeugt, daß sie echt und aus dem Leben gegriffen sind ... Die junge Frau G. G. gefällt mir sehr; ihr Mann natürlich auch. Sie haben den festen Willen zusammenzubleiben, schreibt sie. Darauf kann man aufbauen. Ich hatte heute wieder einen ähnlichen Fall. Der Richter, die zwei Schöffen, wir haben über eine Stunde geredet wie ein Buch. Noch sehen wir keinen Erfolg. Wir setzen Versammlungen in den Brigaden der Eheleute an. Ich werde den Beitrag ›Liebe und Alltag‹ zum Studium empfehlen. Sie sollen sich ein Beispiel nehmen.«

Wieso haben wir uns in der Redaktion eigentlich nicht gefragt, was ein Ehestreit in der Brigadeversammlung zu suchen hat und mit welchem Recht sich Richter und Schöffen in dieser Weise einmischen dürfen? Und warum haben wir dieses Eindringen in die Privatsphäre der Eheleute mit keinem Wort kommentiert? Da auch nach der Veröffentlichung des Briefes kein Leser diese Fragen stellte, scheint ein solcher Umgang mit ganz privaten Dingen allen, auch uns, als normal erschienen und im Sinne der »sozialistischen Moral« üblich gewesen zu sein.

Diesen Anspruch an sozialistische Moralvorstellungen erfüllte die Leserin F. T., die berichtete, wie sie im September 1962 auf einer Party einen Journalisten kennenlernte. Und »es blieb nicht aus, daß wir uns für den nächsten Abend verabredeten ... Ich kann nicht verhehlen, daß es die glücklichsten Tage meines Lebens waren ...«. Doch dann »erschien eines Tages eine junge gepflegte Frau in meinem Büro«. Es war – der Leser konnte es schon erraten – die Frau des Journalisten. Und unsere Leserin F. T. verzichtete daraufhin großmütig auf den geliebten Mann. »Ich bin seit dieser Zeit allein geblieben und hoffe, daß er den Weg zu seiner Frau zurückgefunden hat«, schließt der Bericht, und so war er auch überschrieben: »Ich blieb allein«.

»Ein kleines Spiel auf großer Wiese« erlebte I. B., als sie mit ihrem Verlobten in Mecklenburg zelten war. Auf einem einsamen Abendspaziergang am Meer traf sie plötzlich einen Bekannten vom Zeltplatz, der ihr schon manchmal »lange zugelächelt« hatte. Als sie an einer großen Wiese vorbeikamen, »zog Wolfgang mich hin und ich wehrte mich nicht ernsthaft ... Am nächsten Tag war es mir sehr peinlich, und seiner Frau konnte ich nicht in die Augen sehen ...« Der gute Mensch in seinem dunklen Drange ist sich des rechten Weges wohl bewußt. »Zum Glück blieben nur wenige Tage bis zu unserer Abreise.«

Daß Leser solche oder ähnliche Geschichten schon früher in alten Magazinen und dann in den bunten Zeitschriften aus dem Westen gesehen hatten, mag neben der Pikanterie der Erlebnisse zur Beliebtheit der Rubrik beigetragen haben. Da war von Verführungen die Rede, von Verwechslungen wie in der Operette, von Erfahrungen und Empfindungen. Am Ende stand immer ein happy end, eine Lösung im Sinne der allgemeinen Moralvorstellungen dieser Zeit, die wunderbarerweise auch noch mit den von Walter Ulbricht verkündeten »Zehn Geboten der sozialistischen Moral« übereinstimmten; eigentlich nur des einen: »Du sollst sauber und anständig leben und Deine Familie achten«. Aber sowieso kannte keiner ein anderes als dieses, das allgemein übersetzt wurde mit »Du darfst nicht fremdgehen.«

Die Geschichten endeten in der Regel mit einer moralischen Nutzanwendung: der Warnung junger Mädchen vor verheirateten Männern, der Rettung gefährdeter Ehen, der Verwerflichkeit von Seitensprüngen.

Es war die Zeit, als massenhaft Frauen zu arbeiten begannen, auch in Berufen, die bis dahin nur von Männern ausgeübt wurden, eine völlig neue Situation, denn nun verbrachte mancher Mann oft mehr Zeit mit der Kollegin am Arbeitsplatz als zu Hause mit der eigenen Frau.

Ich erinnere mich an keine einzige »Wahre Begebenheit«, an keine veröffentlichte und an keine, die wir nicht gebracht hätten, in der schließlich die Ehe aufgelöst und der Mann mit der Kollegin eine neue Partnerschaft begonnen hätte, obwohl das doch in der Realität so selten nicht war (übrigens auch an keine Geschichte, in der eine verheiratete Frau ein Verhältnis angefangen hätte – das kam erst viel später). Nein, diese Geschichte wurde erst gar nicht aufgeschrieben. Wer sie erlebte, glaubte nicht, daß sie in die Zeitung gehörte. Es entsprach nicht dem Moralverständnis der Zeit, dem auch »Das Magazin« unterlag.

Mancher Leser mag seine Geschichte auch so geschrieben haben, wie er es in früheren Heften gelesen hatte. Es waren regelrechte kleine Inszenierungen. Der erste Satz schlug das Thema an und beleuchtete schlaglichtartig die Szene: »Ich war damals 17 und er war mein erster Mann ...«. Im zweiten Akt des Dramas stellt sie fest, daß er verheiratet ist. Der Knoten ist geschürzt. Im dritten Akt der dramaturgische Höhepunkt: Sie lernt die Frau und die Kinder des Sünders kennen und leistet großmütig Verzicht. Und schließlich die Moral von der Geschicht, die Warnung an alle unschuldigen Mädchen: Hütet euch vor verheirateten Männern!

Wahrscheinlich ist es gerade die Banalität der Themen und die Naivität, mit der die Geschichten erzählt wurden, die sie zu einem Sittenbild der Gesellschaft machten. Sie geben Aufschluß über moralische Ansichten, über Prüderie und Heuchelei in den erotischen Beziehungen, über Denunziantentum und die Vorstellungen von Rechten und Pflichten des Kollektivs, in das Privatleben seiner Mitglieder einzugreifen. Prüderie und Heuchelei prägten in diesen Jahren auch ähnliche Beiträge in westlichen Illustrierten. Die Rolle aber, die der Gesellschaft, besonders dem Arbeits-Kollektiv, selbst von den Schreibern dieser Geschichten zugebilligt wird, ist das eigentlich Charakteristische für die DDR in dieser Zeit.

Im März 1967 schrieb eine junge Frau, die ihren Beitrag mit E. H. zeichnete, von ihrer Beziehung zu einem Studenten, der ihr verschwiegen hatte, daß er verheiratet ist. Ihre Nachforschungen an der Fachschule bestätigen ihren Verdacht, er hat zu Hause Frau und Kind. Bei ihrem nächsten Treffen stellt sie ihn vor eine Entscheidung:

Wahre Begebenheit

Die wahre Liebe war es nicht

Knapp siebzehn Jahre war ich damals alt. Mit der „mittleren Reife“ in der Tasche verließ ich glückstrahlend die Schule. Das Leben lag vor mir. Ich malte es mir so schön aus, wie man das eben nur als junges Mädchen kann.

In einem VEB fand ich als kaufmännischer Lehrling Anstellung. Abgesehen von kleinen Liebeleien während der Schulzeit, waren mir die Jungens ziemlich gleichgültig. Ich hatte aber eine genaue Vorstellung, wie „er“ einmal aussehen sollte: groß, schlank, schwarzhaarig, vor allen Dingen ein richtiger Mann.

Dieser Mann begegnete mir jetzt im Werk. Er war Ingenieur, fünfzehn Jahre älter als ich. Über sein Privatleben wußte ich so gut wie nichts. Mir war nur bekannt, daß er ein möbliertes Zimmer bewohnte. Auf den ersten Blick verliebte ich mich in ihn. Kurz danach wurde ich in die technische Abteilung versetzt und hatte nun unmittelbar mit ihm zu tun. Meine Verliebtheit steigerte sich noch. Heute weiß ich, daß es Verliebtheit und nicht Liebe war.

In seiner Abteilung zu arbeiten, fiel mir immer schwerer. Meine Gedanken waren nur bei ihm. Klagen von der Berufsschule, von Vorgesetzten, waren die Folge. Auch meinen Eltern fiel meine Zerstreutheit auf. Das wurde noch schlimmer, als ich merkte, daß auch ich ihm nicht gleichgültig war. Endlich erfüllte sich mein Traum. Am Vorabend zum „Tag der Aktivisten“, den wir in unserem Kulturhaus feierten, tanzte er nur mit mir. Und als er mir auf dem Nachhauseweg gestand, daß er mich liebe, war ich sehr glücklich.

Die folgenden Wochen und Monate waren die schönsten meines Lebens. Peter war genau so, wie ich „ihn“ mir immer ersehnt hatte. Nur, daß wir uns immer heimlich, an abgelegenen Orten, trafen, störte mich. Aber mit meinen achtzehn Jahren mußte ich noch Rücksicht auf Eltern, Betrieb und Schule nehmen. Trotz allem glaubte ich nicht, daß es ein noch größeres Glück geben könne.

Das glaubte ich bis zu jenem Abend, an den ich heute noch mit Grauen denke. Völlig aufgelöst sagte ich Peter, daß ich ein Kind erwarte. Es war abscheulich. Er warf mir vor, daß ich das gewünscht hätte, daß ich ihn damit bloß fangen wollte. Erst mein schreckensstarres Gesicht brachte ihn wieder zur Besinnung. Peter gestand mir, daß er verheiratet sei und ein Kind habe. Wie ich nach Hause gekommen bin, weiß ich nicht mehr. Auf meinem Bett fand ich die erlösenden Tränen. Was sollte nun werden? Die Eltern, denen ich bisher alles verschwiegen hatte, der Betrieb, die Lehre, der Mann, den ich liebte... Ich wollte ihn nie mehr wiedersehen.

Meine Eltern waren sehr verständnisvoll. Sie verlangten aber, daß ich den „Verführer“ heirate. Hätte ich nur nicht auf sie gehört, viel Leid wäre mir erspart geblieben. Als Peter am nächsten Tag kam, zerknirscht um Verzeihung bat, war der vergangene Abend wie ausgelöscht. Er wollte mich heiraten, er wollte sich scheiden lassen. Den Mut zu einer offenen Aussprache mit seiner Frau fand Peter nicht; er schrieb ihr einen Brief. Einen Satz daraus werde ich nie vergessen: „... daß ich Dich nicht mehr liebe und mich deswegen von Dir trennen muß.“ Damals machten diese Zeilen den Weg zum Glück für mich frei. Ich empfand keine Scham, spürte nicht, wie kränkend diese Worte für seine Frau sein mußten.

Mein Lehrverhältnis wurde gelöst. Bald darauf kam unser Sohn Michael. An seinem ersten Geburtstag heirateten wir. Ich glaubte, jetzt sei unser Glück vollkommen: Ich hatte einen Sohn, einen Mann, den ich liebte; alles Häßliche hatte ich ihm verziehen.

Jahre vergingen, Michael wuchs heran. Ich arbeitete wieder und hatte mich durch Abendkurse zum Hauptbuchhalter qualifiziert. Peter nahm am Fernstudium teil und war dann Technologe geworden. Er wurde nach einer entfernten Baustelle versetzt, um sich in der Praxis zu bewähren. Wir sahen uns nur noch selten. In den ersten Wochen kam er regelmäßig nach Hause, doch das ließ bald nach. „Dringende Arbeiten“, behauptete er. Unser Verhältnis wurde immer kühler. Ich litt sehr darunter und glaubte, wenn er erst wieder zu Hause ist, wird sich alles zum Guten wenden.

Ein halbes Jahr hatten wir uns nicht mehr gesehen. Der Abstand zwischen Peters Briefen wurde immer größer. Ich wurde mißtrauisch. Als zu Michaels sechstem Geburtstag wieder nur ein Absagetelegramm kam — Peter hatte fest versprochen, an diesem Tage bei uns zu sein —, hielt ich es nicht mehr aus. Ich nahm Urlaub, packte meinen Koffer und wollte gerade zu Peter fahren, als ich einen Brief von ihm bekam. Meine Hand zitterte, die Zeilen verschwammen vor meinen Augen... nur wenige Worte standen greifbar nahe vor mir: „... daß ich Dich nicht mehr liebe und mich deshalb von Dir trennen möchte!“

Nach fünfjähriger Ehe erschienen mir diese Worte, deren Tragweite ich erst langsam begriff, wie Hohn. Hatte ich nicht vor Jahren mit den gleichen Worten seiner Frau den Mann, seinem Kind den Vater genommen?

In die Scheidung willigte ich ein. Was sollte ich mit einem Mann, der mich nicht liebte. Mein Kind konnte ich alleine erziehen. In diesen schweren Wochen war mir meine Arbeit mein bester Helfer, sonst wäre ich verzweifelt. Nach einem Jahr wurden wir geschieden. Später erfuhr ich, daß Peter seine Sekretärin geheiratet hat, ein hübsches Mädchen, neunzehn Jahre alt. Wird es ihr anders ergehen?

Bis heute bin ich noch nicht ganz darüber hinweg. Aber ich will es schaffen. Michael und mein Beruf helfen mir dabei.

Jutta B.

»›Du kannst wählen‹, sagte ich, ›entweder erhält deine Frau oder die Schule Nachricht von mir.‹ ... Seine Entscheidung offenbarte neue interessante Charakterzüge. Ich solle doch lieber seiner Frau schreiben und nicht der Schule. Sie würde sich dann vielleicht scheiden lassen, jawohl, und dann wäre er wenigstens frei. Aber von der Schule gehen ohne Abschluß, das sei doch zu arg.« Niemand fragte, warum er eigentlich die Schule hätte verlassen müssen. Durfte er wegen einer neuen Liebe kein Ingenieur werden? Nicht nur die Leser, auch wir akzeptierten wie selbstverständlich diese Alternative.

Es war unvermeidlich, daß sich die Fälle im Laufe der Jahre wiederholten. Ende der sechziger Jahre stellten wir die Rubrik ein. Zum Bedauern vieler Leser. Doch als wir später versuchten, wieder eine »Wahre Begebenheit« zu veröffentlichen, scheiterten die Neuansätze allesamt, obwohl sie in den bunten Blättern der yellow press bis heute zum festen Repertoire gehören. In der DDR war die Zeit über die Moralvorstellungen der fünfziger und sechziger Jahre hinweggegangen. Ulbrichts »Gebote« waren längst vergessen, ebenso wie die allgemeine Empörung der Genossen auf dem 11. Plenum der SED über die Nackten auf dem Bildschirm und die erotischen Szenen in Filmen. Ein Seitensprung war längst kein Thema mehr für eine Parteiversammlung. Und die »Wahren Begebenheiten« verloren ihre Pikanterie in einer neuen, weniger verklemmten Zeit, in der offener über erotische Beziehungen gesprochen werden konnte – schließlich hatte »Das Magazin« selbst bei diesem Wandel in der DDR-Gesellschaft mitgeholfen, wenn auch mit anderen Beiträgen als der »Wahren Begebenheit«.

... und der Zukunft zugewandt

In den fünfziger Jahren, die noch geprägt waren vom Mangel und von der Not der Nachkriegszeit, richtete sich der Blick der Menschen voller Hoffnung und Zuversicht auf die Zukunft. Meine ersten Erinnerungen an die Arbeit im »Magazin« verbinden sich mit Beiträgen, die von der Zukunft träumten. Ich war damals verantwortlich für Reportagen und sogenannte Populärwissenschaft. Die Zukunft fiel in mein Ressort.

Es war die große Zeit der populärwissenschaftlichen Utopisten, jener Autoren, die die Planung und Prognose in die nächste Stufe des Ungewissen fortsetzten. In einer Reihe von spannenden spekulativen Beiträgen erklärte zum Beispiel Karl Böhm, Autor des damaligen Standardwerkes »Unsere Welt von morgen«, seinen Lesern, wie es sein wird, wenn ... Wenn wir mit Raketen zum Mond fliegen, wenn wir die Energie aus der Luft nehmen, wenn der öffentliche Nahverkehr die privaten Autos überflüssig macht und wenn alle Menschen in einer glücklichen Zukunft, und nur eine solche konnte man sich vorstellen, leben werden. So wurde der Blick immer weiter in die Ferne gelenkt. Unser ganzes Leben war gewissermaßen »der Zukunft zugewandt«. Jeder dieser Beiträge war ein Wechsel auf die Zukunft, ein ungedeckter natürlich, aber er half damals, mit den Schwierigkeiten des Alltags fertig zu werden.

Unser Autor Theo Balk, ein deutschsprachiger jüdischer Schriftsteller und Journalist, der in Prag lebte, berichtete Anfang der sechziger Jahre – es war zur Chruschtschow-Zeit – über die Neulandgebiete in Kasachstan, wo die Steppe fruchtbar gemacht werden sollte. (Diese Beiträge erschienen übrigens bald darauf auch als Buch beim Verlag »Neues Leben« unter dem schönen Titel: »Kein Wildwest in Wildost«.) Es waren interessante, lebendige Geschichten von literarischer Qualität über gewöhnliche Menschen in ungewöhnlichen Situationen. Ich war ihr erster und immer wieder beeindruckter Leser, wenn ich sie für den Druck vorbereitete.

Balks Bericht beginnt mit den Vorbereitungen: Er beschließt, keinen Fotoapparat mitzunehmen und wird deshalb von seinen Freunden beschimpft: So eine Reise, sagen die, macht man doch nicht alle Tage. Mit seiner Antwort schlägt Balk das Grundthema an, das für diese Serie und für nahezu alle folgenden Beiträge über die Sowjetunion bestimmend wird. »Für Rudni (so heißt die Stadt) ist nicht bezeichnend, was ist, sondern das, was wird.«

Alle Zeitungen brachten damals Berichte über das Neuland in Kasachstan. Und es war fast immer ein Muster, nach dem sie gestrickt waren. »Schlimm – schwer – schön. Gestern war es schlimm – heute ist es schwer – morgen wird es schön!«

Unser Autor sucht ein Entbindungsheim auf: Gestern war es in einer ebenerdigen Baracke, heute ist es ein schmucker einstöckiger Bau, weiß und hellgelb getüncht. Und morgen? »Haben Sie nebenan die Grundmauern gesehen? Unser neuestes Entbindungsheim. Dort ...«

Dort, das war nicht nur die Baugrube in der Neulandstadt. Dort..., das waren Weizenfelder in der Steppe, blühende Wüsten und Apfelplantagen am Eismeer. Dort ..., das war der Kommunismus, wie man ihn sich zu jener Zeit vorstellte. Dort ..., das war die Zukunft, von der wir träumten. Ganz in der Ferne wußten wir das Jahr 2000 wie eine Sonne, die noch hinter dem Horizont liegt, aber schon einen strahlenden Tag verspricht.

Auch für »Das Magazin« war das Jahr 2000 eine magische Zahl. Wir waren angesteckt von der allgemeinen Euphorie. Doch neben der großen Verheißung konnten wir die allgemeine Zukunftsgläubigkeit auch noch von der heiteren Seite betrachten. Im Jahr 2000, schrieben wir damals, würde »Das Magazin« in allen Sprachen erscheinen, es würde 800, statt 80 Seiten haben, mit der Rakete jeden Monat auf den Mars befördert und endlich pünktlich ausgeliefert werden. Und Werner Klemke würde immer noch seine Titelbilder malen.

Der wollte selbst in diesem Konzert der hochgestimmten Zukunftsmusik mitspielen. Er sah es – wie nicht anders zu erwarten – heiter und nahm das Ganze ein bißchen auf die Schippe, als er sein Titelbild für ein hypothetisches Januarheft 2000 zeichnete. Ein nackter Jüngling – der durch eine Frischzellentherapie jung gebliebene Klemke – und seine ebenfalls frischzellentherapierte Großmutter als verführerisches Aktmodell, beide auf einer grünen Wiese, mit dem »Magazin«-Kater spielend. Dazu schrieb er: »Das Titelbild veranschaulicht in schöner Weise den Fortschritt der ärztlichen Wissenschaft.«

Der frischzellentherapierte Klemke gefiel den Lesern. Nur der Preis von einer Mark, den Klemke wie immer dazugeschrieben hatte, erregte Unwillen. Karl-Heinz Thoss aus Zschopau schrieb: »In einem muß ich Herrn Klemke widersprechen. Im Jahre 2000 wird ›Das Magazin‹ wohl kostenlos zu erhalten sein.« Und Otto Kröner aus Zwickau findet: »Ich kann mir schlecht vorstellen, daß im Jahre 2000, wo wir doch bestimmt den Sozialismus haben und den Kommunismus anstreben, ›Das Magazin‹ noch immer 1 DM kosten soll.« Und Renate Lindner aus Prätenow hält es für pessimistisch, im Jahr 2000 überhaupt noch von Geld zu reden.

Nun ist das Jahr 2000 längst erreicht. Und es ist wie in dem alten Witz vom Sender Jerewan. Wir leben zwar nicht im Kommunismus, aber viele haben doch schon kein Geld mehr. Und »Das Magazin« kostet auch nicht mehr eine Mark. Aber – so könnte man mit dem Sender Jerewan sagen: Im Prinzip stimmts!

Der Republiksnackedei

Der Akt im »Magazin« erfreute sich von Anfang an besonderer Beliebtheit bei den Lesern, er war eine unversiegbare Quelle für Diskussionen und Leserzuschriften. Bei der Beurteilung des Aktfotos war jeder Leser ein Fachmann, hier fühlte er (aber auch sie) sich kompetent mitzureden und Kritik zu üben. Dem einen war das Modell zu füllig. »Da liegt sie nun die Venus von Kilo im Oktoberheft ...« (Uwe Köster, Torgelow). Dem anderen war sie oft zu mager, wie Günter Fleischmann (Zwickau), der zum gleichen Bild schrieb: »Endlich mal im Herbst ein Akt in voller Fülle, der nicht im Dunkeln versteckt ist. Eine gute Ernte. Macht weiter so.«

Aber den meisten Lesern gefiel das Foto, das wir jeden Monat aussuchten, wie dem Leser N. N., der im Januar 1973 dichtete:

Der amtlich zugelaßne Akt
hat sicher nicht nur mich gepackt.
Und mir gefällt nicht ohne Rührung,
die einwandfreie Linienführung.

Kabarettisten und Conférenciers liebten ihn, und noch heute spukt er in Filmchen über die Erotik in der DDR durch die Regionalprogramme des Fernsehens. Wo immer ich in den vergangenen Jahren von Fernsehredakteuren befragt wurde, stand – neben der Frage, ob ich Ärger mit dem ZK hatte – immer das Aktfoto im Mittelpunkt. Und ich begegnete den abenteuerlichsten Vorstellungen.

Wir wußten natürlich, daß diese Seite, für uns eine unter achtzig, für die Mehrzahl der Leser »die Seite«, »das Foto« war. Sie wurde als erste gesucht und betrachtet, begutachtet oder kritisiert. Der »Magazin«-Akt hing in den

Spinden der NVA-Soldaten, in den Umkleideräumen der Arbeitsbrigaden und in den Zimmern pubertierender Jugendlicher. Er wurde, versteckt zwischen Schulbüchern, heimlich herumgereicht und war in den Heften, die bei Zahnärzten und Friseuren auslagen, regelmäßig herausgerissen. Es war der Akt, der dem »Magazin« den Ruf eingetragen hatte, »die mit der Nackten« zu sein (Singular, denn über Jahrzehnte brachten wir jeweils nur ein Akt-Foto). Bis in die siebziger Jahre war und blieb »Das Magazin« auch die einzige Publikumszeitschrift in der DDR, die überhaupt ein Aktfoto veröffentlichte.

Es begann ganz harmlos. Im ersten Heft, im Januar 1954, war ein Modell hinter einer Riffelglastür zu sehen, fast nur zu ahnen. Das war so ungewohnt, daß selbst diese Andeutung einer nackten Frau nicht jeden Leser erfreute. Ursula Krause und Gudrun Frederick aus Genthin empörten sich: »Als junge Menschen sind wir durchaus nicht gegen Ungezwungenheit und Menschlichkeit, aber mit den Darbietungen auf Seiten 27/28 sind wir auf keinen Fall einverstanden. Wir stehen auf dem Standpunkt, daß man hier den Begriff Natürlichkeit etwas zu weit ausgedehnt hat.« Und auch Klaus Ackermann aus Berlin C 2 fand: »Die Dame hinter der Fensterscheibe in der ersten Nummer gefiel mir gar nicht.« Doch schon in den nächsten Heften verzichtet die Redaktion auf Milchglasscheiben und zeigt unverhüllte Busen.

Ein Jahr später, im Februarheft 1955, veröffentlicht »Das Magazin« ein Gedicht von Herbert Meinike aus Berlin-Köpenick über den »Magazin«-Akt, das im Laufe der Jahre bei jedem Anlaß immer wieder zitiert wurde:

Ob Flocken fallen, ob die Bäume blühn,
am Monatsanfang liefert prompt das Magazin
– von hinten oft, meist in verschwommnem Grau –
die amtlich zugelaßne nackte Frau.
Dir Schönen wird ein zwiegespaltnes Glück:
Du bist die einz'ge öffentliche Frau der Republik!
Man schaut Dich an und ahnt es grausend
mit Deinem Busen spielt der Wunsch von Tausend.
(...)
Du mild-frivoles retuschiertes Glück,
Du amtlich zugelaßne Nackte unsrer Republik.

Doch nicht bei allen Lehrern, Lehrausbildern und Vorgesetzten war das Aktfoto gut gelitten. So beschwerten sich die Kollegen der Kettenmacherei des VEB Gablona in Luckenwalde (im Sommer 1964): »Wir haben in unserer Werkstatt, in der Kollegen im Durchschnittsalter von 40 Jahren arbeiten, Akt- und Schauspielerfotos aus Ihrem Magazin aufgehängt. Wir finden diese weder anstößig noch unsittlich. Von der Leitung wurde uns verboten, diese Bilder aufzuhängen, mit dem Bemerken eines verantwortlichen Kollegen, Ihre Fotos wären Schweinereien. Wir sind jedoch der Meinung, daß diese Fotos niemanden verderben.

Wir meinen, daß man im zarten Alter von 40 Jahren wissen darf, wie der Mensch beschaffen ist, und übrigens: Hony soit qui mal y pense.« Das könnte man auch zu der folgenden Episode sagen.

Wiener Schmäh

Wer hätte geahnt, daß ein harmloses Akt-Foto aus der DDR zu internationalen Verwicklungen führen könnte? Es konnte. Im Märzheft 1959 druckten wir ein Foto, auf dem eine unbekleidete Dame, vom Betrachter abgewandt, in einem Badezimmer steht, offenbar im Begriff, Wäsche aufzuhängen. Und gerade dieser dezente Rückenakt erregte das Mißfallen der österreichischen Regierung. Auf amtlichem Briefbogen mit Wappen schrieb die »Republik Österreich, Bundesministerium für Inneres, Generaldirektion für die öffentliche Sicherheit« unter dem Zeichen Zl 55.243 – 4/59 an den »Herausgeber des Druckwerkes ›Das Magazin‹ Berlin W 8, Taubenstraße 1/2:

Spruch

Auf Grund der §§ 10 und 11 des Bundesgesetzes über die Bekämpfung unzüchtiger Veröffentlichungen und den Schutz der Jugend gegen sittliche Gefährdung vom 31. 3. 1950 BGBl. Nr. 97 wird im Einvernehmen mit dem Bundesministerium für Unterricht die Verbreitung des Heftes 3 des Druckwerkes ›Das Magazin‹ des laufenden Jahrgangs an Personen unter 16 Jahren ausgeschlossen und sein Vertrieb durch Straßenverkauf oder Zeitungsverschleißer sowie sein Ausstellen, Aushängen oder Anschlagen an Orten, wo es auch Personen unter 16 Jahren zugänglich ist, für das gesamte Bundesgebiet untersagt.

Begründung

Die Abbildung auf Seite 69, darstellend die Rückenansicht eines unbekleideten Frauenkörpers, ist durch den zweifellos beabsichtigten photographischen Effekt der Beleuchtung und die blickfängerische Betonung der unteren Partien des Körpers, insbesondere durch die provozierende Stellung der Beine geeignet, die sittliche Entwicklung jugendlicher Personen durch Reizung der Lüsternheit schädlich zu beeinflussen ... 24. April 1959, Für den Bundesminister i. V. Dr. Skarwada.«

Die »Magazin«-Leser wollten den Vorwurf nicht auf ihrer Zeitschrift sitzen lassen. Herbert Sch. aus Berlin 113 schrieb uns: »Bevor der Aktendeckel im Verlag ›Das Neue Berlin‹ über den Bescheid des österreichischen Bundesministeriums zugeklappt wird, möchte ich noch einige Bemerkungen dazu einheften.

Meiner Ansicht nach fällt vielmehr der Inhalt unseres Magazins dem Bundesministerium in Österreich auf die Nerven. Diese Herren sehen es nicht gern, wenn ihre Jugend über die Skandalaffären in den USA oder über die Atomrüstung in Westdeutschland die Wahrheit erfährt.«

Und Robert R. aus Buch wundert sich: »Liebes Magazin, daß unser kleiner Nackedei an der Wäscheleine das Mißfallen führender Größen in Wien erregt, ist mir unverständlich. Die Bilder der Wiener Illustrierten sind doch viel aufreizender.«

Immerhin wußten wir nun, daß unser Blatt auch in Wien gelesen wird.

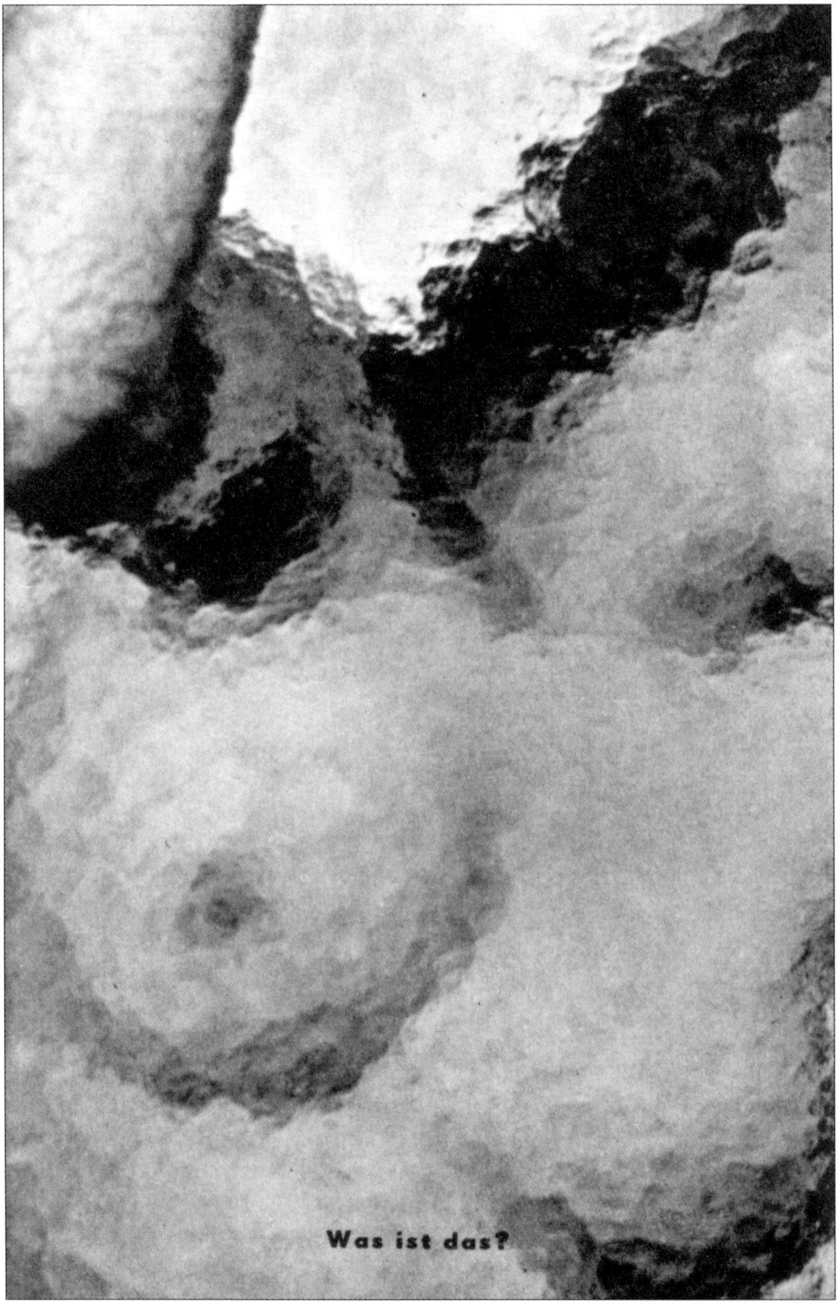

Der erste Akt im ersten Heft, Januar 1954

Blick über die Grenze oder »Das Mauerloch«

In den sechziger Jahren, unmittelbar nach dem Mauerbau, war die DDR von großen Teilen der Welt abgeschottet. Eine innere Konsolidierung ging mit einer äußeren Isolierung einher. Notgedrungen beschäftigten sich die Menschen in dieser Zeit zunehmend mit ihren eigenen Problemen und verloren zeitweilig den Blick auf die Welt. Die DDR wurde der Maßstab für alles. Für die Zeitungen bedeutete das eine zunehmende Beschäftigung mit der, wie es hieß, »Stärkung und Festigung der DDR«. Ich fand damals, daß die DDR-Berichterstattung im »Magazin« zu kurz käme und wollte meinen Beitrag dazu leisten, das zu ändern. Doch das, was ich damals als Manko ansah, war in Wirklichkeit wohl eher die große Stärke des Blattes. Es vermittelte seinen Lesern nämlich einen Blick über die Grenzen des kleinen Landes. Einen Blick, der mehr brachte als aktuelle Informationen und sich nicht nur auf das Elend in den kapitalistischen Ländern richtete. In einer Publikation über DDR-Zeitschriften wurde das ganze »Magazin« kürzlich mit diesem Teil seiner Arbeit identifiziert und die Autorin überschrieb ihren Beitrag mit dem schönen Titel: »Auf 80 Seiten um die Welt«.

In westlichen Medien wurde unser Blatt deshalb gelegentlich »ein Mauerloch« genannt, was wir natürlich entschieden zurückwiesen. Schon, um dem Blatt nicht zu schaden, aber auch, weil wir ganz andere Intentionen verfolgten. Sieht man davon ab, daß die USA als »Hauptfeind« des Kalten Krieges während der fünfziger und sechziger Jahre in allen DDR-Medien im Zentrum der politischen Anklage standen und deshalb auch im »Magazin« mit sogenannten »Tatsachenberichten« scharf attackiert wurden (vorwiegend übrigens von US-amerikanischen Autoren), dann zeichneten sich die »Magazin«-Auslandsbeiträge dadurch aus, daß sie Themen aufgriffen, die in anderen Zeitungen selten oder nie auftauchten, weil sie abseits der allgemeinen Propaganda lagen. Unser (immer sehr bescheidener) Devisenfonds erlaubte es sogar, daß Redakteure des »Magazins« gelegentlich in Länder fahren konnten, die DDR-Bürgern sonst verschlossen blieben.

Entscheidend für die Art und die Qualität der Auslandsberichte aber war die Tatsache, daß die Autoren der meisten dieser Beiträge in den Ländern lebten, über die sie schrieben, was für die Nähe zum Thema und die Authentizität der Artikel entscheidend war. Viele waren durch Bekanntschaft mit Hilde Eisler zum »Magazin« gekommen. Sie hatte sie in der Emigration in Paris oder New York kennengelernt, oder durch Kontakte zu anderen Emigranten aus Wien und Prag, Paris und Madrid. Viele waren Juden oder Afro-Amerikaner. Alle waren hervorragende Journalisten oder Schriftsteller, die mit ihren Beiträgen Glanzpunkte im Heft setzten und den Ruf der Zeitschrift als weltoffenes Blatt festigten, der bei vielen Lesern bis heute nachwirkt.

Marx und Mischka

Aus Moskau – das dem DDR-Protokoll entsprechend zuerst genannt werden soll – berichtete W. Slawutzkaja. Den vollen Namen, Wilhelmina, vermied sie meist. Alle Freunde kannten sie nur als »Mischka«. In meiner Erinnerung lebt sie als eine zierliche Person mit hoher Stimme, lebhaften Augen und flinken Bewegungen. Ihre kleine Wohnung in der »Straße der Gewerkschaften« stand jederzeit für Freunde und für die Freunde der Freunde offen. Immer wenn ich in Moskau war, saßen wir wenigstens einen Abend in ihrer Küche. Sie liebte Gespräche, war immer neugierig auf alles, was in der DDR vorging. Sie hatte viele Freunde hier. Sie konnte wunderbar lachen und lächelnd ihre kleinen Schwächen gestehen. Sie zog sich so gern chic an und liebte gutes Parfüm, ohne den süßlichen Duft von »Krasnaja Moskwa«. Sie hatte diesen kleinen Luxus lange entbehren müssen.

In jungen Jahren war Mischka Mitarbeiterin des italienischen Kommunisten Palmiro Togliatti in der Kommunistischen Internationale, in der Zeit der »großen Säuberung« wurde sie, wie viele Mitarbeiter der Komintern, verhaftet. Neunzehn Jahre, neunzehn eiskalte und lange Winter und neunzehn kurze, von Mückenplagen überschattete Sommer, hatte sie im Gulag in Sibirien Bäume gefällt und Holz transportiert. Ich habe mir nie vorstellen können, wie die grazile, fast zerbrechlich wirkende Frau diese Arbeit hatte tun können.

Erst nach dem XX. Parteitag, nach Chruschtschows Rede über die Verbrechen unter Stalin, war sie zurückgekommen, sie wie Tausende Unschuldiger, die überlebt hatten.

Mischka sprach kaum über diese Zeit. Nur eine kleine Geschichte ist mir in Erinnerung geblieben. »Ich war«, sagte sie, »in meinem ganzen Leben nur ein einziges Mal wirklich betrunken. Das war im März 1953, als wir erfuhren, daß Stalin tot ist.« Sie war zurückgekommen mit Narben, die man nicht sehen konnte, mit Erlebnissen, die man sich nicht ausmalen mochte und mit der gleichen politischen Überzeugung, mit der sie 19 Jahre zuvor verhaftet worden war. Und in keinem unserer Gespräche hat sie Haß, Verbitterung, Rachegefühle erkennen lassen. Ihr erster Beitrag im »Magazin« war wohl eine der ersten Arbeiten, die sie nach der Erlösung aus dem Gulag schrieb, es war ein mehrteiliger Artikel über das Marx/Engels-Museum in Moskau, über das Leben der beiden Menschen, die ihr Leben geprägt hatten und deren Ideen ihr kein Stalin und kein Gulag hatte nehmen können. Später schrieb sie dann auch über den Alltag in Moskau.

Der Zug der Nibelungen

In Wien lebte der Journalist Bruno Frei, der für mich zu einem großen Vorbild wurde. Manche der Beiträge, die ich in den folgenden Jahren für »Das Magazin« schrieb, folgten seinem Beispiel, seiner Art, Geschichte in die Gegenwart zu übertragen, und in der Gegenwart die Spuren der Vergangenheit zu finden.

Frei hatte vor der Nazizeit bei kommunistischen Blättern in Berlin gearbeitet, dann mußte er als doppelt Verfolgter, als Jude und Kommunist, nach Mittelamerika fliehen und lebte nun wieder in seiner Heimat Österreich. Doch über Wien und Österreich schrieb er wenig, dafür umso mehr über Reisen zu Orten der Weltgeschichte. Bruno Frei entwickelte einen Journalismus, der aus der Geschichte schöpft und Geschichten erzählt, der Antworten auf Fragen der Gegenwart in der Vergangenheit sucht. In seinen Beiträgen über den Zug der Nibelungen vom Rhein an die Donau gab er dem alten Lied eine aktuelle, teilweise überraschende Deutung. Er sah (im Septemberheft 1965) in dem »Sänger des Nibelungenliedes einen literarischen Werber für den neuen Gedanken des Ausgleichs zwischen Ost und West«. Der Österreicher Rüdiger von Pöchlarn soll die Brücke bauen. König Etzel ist hier ein milder, weiser König, an dessen Hof *was schwerlich sonst man sieht, daß christlicher Glaube und Heidbrauch geschieht nach welcher Lebensweis ein jeder sich betrug.*

Wie Frei die Geschichte erzählt, wird sie zu einem Traumbild vom Ende der Kriegszüge, »vom Ausgleich der Gegensätze im Tal der Donau, die an ihren Ufern gastliche Aufnahme bietet den Boten Etzels auf dem Wege vom Osten nach Westen und den Königen vom Rhein auf ihrer Fahrt vom Westen nach Osten«. Daß diese Fahrt im Tod endet, ist, so Frei, nicht die Schuld der Gastgeber. »Teutonische Gewalt schuf sich selbst den Untergang«, schrieb er.

Seine Artikelfolge auf den Spuren Homers durch Griechenland und die Türkei wie auch seine Schilderung der Schlacht von Solferino und die Gründung des Roten Kreuzes haben Leser bis heute nicht vergessen.

Im Februar 1965 schrieb er über eine Reise nach Israel. Das war zu dieser Zeit ein ungewöhnliches Thema und sein Artikel war gewiß einer der ganz wenigen, wenn nicht überhaupt der einzige, der in jener Zeit in der DDR ein freundliches Bild vom Staate Israel zeichnete. Es ging um Ausgrabungen in den Höhlen von Engedi in der Wüste von Judäa an der Grenze zu Jordanien. Frei macht die »Magazin«-Leser sowohl mit der ihnen weitgehend unbekannten jüdischen Geschichte bekannt als auch mit dem Staat Israel. Er berichtet über eine neue Autostraße, die seit kurzem quer durch Feld und Sand der Negev-Wüste führt, über eine neue Stadt, die hier entsteht und über die reifen Früchte in einem Kibbuz, der in einer verlassenen Oase angesiedelt wurde, von Datteln und Orangen, und von einer Jugendherberge mitten in der Wüste.

Brisant war nicht nur das Thema, zu einem Politikum wurde der Beitrag zusätzlich durch den Zeitpunkt seiner Veröffentlichung: Er erschien, als Walter Ulbricht zum Staatsbesuch nach Ägypten fuhr, das damals mit Israel verfeindet war. Daß diese Reise geplant war, wußten wir, nicht aber, wann sie stattfinden würde. »Gerade in dieser

Situation«, sagte Bruno Frei, als er den Beitrag brachte, »ist es wichtig für uns, auch darüber zu schreiben, was in Israel geschieht.«

Die Verantwortlichen in der Presseabteilung des ZK sahen das nicht ganz so. Sie nannten die Veröffentlichung »eine politische Instinktlosigkeit«. Hilde aber blieb, wie meist in derartigen Situationen, gelassen. Schließlich konnte sie nachweisen, daß dieser Besuch bei Präsident Nasser nicht nur vor der Öffentlichkeit geheim gehalten worden war, sondern daß auch »Das Magazin« offiziell erst etwas erfuhr, als das Heft längst gedruckt war.

Einmal, es war 1969, zum zwanzigsten Jahrestag der DDR, hätten wir gern einen Beitrag von Frei über ein Thema aus der DDR im Heft gehabt. Wir fanden, daß der Anlaß eine solche Ausnahme rechtfertigte. Frei war Kommunist und ein ehrlicher Freund der DDR, wenn auch nicht ohne kritische Vorbehalte. Wir schlugen ihm vor, über Eisenhüttenstadt und das dortige Kombinat, die beide zum Stolz der DDR gehörten, zu schreiben.

Frei kam nach Berlin, wie immer gut vorbereitet; er hatte alles gelesen, was für den Beitrag wichtig sein konnte. Wenn ich mich richtig erinnere, ging er schon mit dem Stock, aber das hinderte ihn wenig. Wir sprachen lange miteinander über den Auftrag. Frank Leuchte, ein sehr humorvoller junger Kollege, der später durch seine Karikaturen viel zur Belebung des »Magazins« beitrug, sollte ihn begleiten und bei den Recherchen behilflich sein. Sie blieben etwa eine Woche dort und danach begann Frei mit dem Schreiben. Wie er mir später sagte, hatte er mehrere Fassungen geschrieben, vergebliche Versuche, die Reportage so zu schreiben, daß »ich vor mir selbst und vor den Arbeitern in Eisenhüttenstadt bestehen kann, und daß zugleich die Redaktion keinen Ärger mit ihrem Herausgeber, dem ZK der SED, bekommt«. Wir diskutierten lange über die verschiedenen Versuche, bis Bruno Frei schließlich das erlösende Wort sprach: »Was ich schreibe, könnt ihr nicht drucken. Und was ihr drucken könnt, das kann ich nicht schreiben.« Es war einer der seltenen Fälle, daß in der Honorarkartei ein Ausfallhonorar vermerkt ist.

Sotheby's und die Beatles

Ob sie über eine Versteigerung bei Sotheby's schrieb oder der Frage nachging, warum die Engländerinnen so zarte Haut haben, ob sie über Jugendkulturen oder über die Heilsarmee und die Badegäste in Brighton berichtete – immer waren die Beiträge von Rose Grant und die dazugehörigen Fotos ihres Mannes, Henry Grant, für den Leser in der DDR interessant, neu, unterhaltsam.

Die Grants wohnten am Stadtrand von London. Sie waren, wie wohl alle Autoren des »Magazins« in diesen Jahren, Linke, Antifaschisten, Marxisten. Sie sahen auch »Die Lage der arbeitenden Klasse in England«, wie Engels es formulierte, die Armen im Londoner Eastend, die Lagerarbeiter auf den Docks, die unterprivilegierten Einwanderer aus den ehemaligen Kolonien, aber sie versanken nicht im Beschreiben des Elends, der Schilderung von Suppenküchen und Nissenhütten am Stadtrand, wie es zu dieser Zeit häufig in der DDR-Presse geschah. Sie hatten ein Gespür dafür, was die Leser hierzulande an London und England interessieren könnte, was sie wissen wollten über seine Menschen, die in zwei heißen Kriegen und einem Kalten Krieg als »perfide Feinde«, als »Plutokraten« und »Imperialisten« dargestellt worden waren. Die Beiträge der Grants waren frei von klassenkämpferischen Attitüden und politischen Vereinfachungen. Deshalb nahmen ihnen die Leser auch das ab, was sie kritisch über die Zustände in ihrem Land berichteten.

Im Sommer 1964 schrieben sie über die Beatles, die damals als neue Sterne am Himmel der Musikszene auftauchten und eine neue Jugendkultur schufen. Da waren die unter jungen Leuten hierzulande längst ebenso berühmt wie in England und auf der ganzen Welt. Nur: In der Kulturpolitik der DDR waren sie nicht gut gelitten.

Vom Generalsekretär der SED und Staatsratsvorsitzenden, Walter Ulbricht, erzählte man sich, daß er die Gruppe als westliche Unkultur verdammte, und im schönsten Sächsisch fragte: »Was soll das ewige Jäh jäh jäh?«

Die Bemühungen der SED-Führung, internationale Trends und Strömungen von der DDR-Jugend fernzuhalten, mußten in einer Zeit des grenzenlosen Rundfunk- und Fernsehempfangs einfach scheitern. Dennoch wurde jede modische Neuerung in der Jugendkultur als westlicher und damit verderblicher Einfluß auf »unsere« Jugend denunziert.

Örtliche Parteisekretäre verboten wie kleine Duodezfürsten die Auftritte bestimmter Gruppen in ihrem Territorium. So ließ der Leipziger SED-Bezirkssekretär Paul Fröhlich, der selbst von Kurt Hager in seinen Erinnerungen »ein amusischer, humorloser Mensch« genannt wurde, in selbstgefälliger Borniertheit eine Veranstaltung mit Anhängern der Beatles gewaltsam auflösen.

Viele neue Strömungen in der Jugendkultur und viele damit verbundene Modetrends wurden durch »Magazin«-Beiträge in der DDR bekannt. Wir berichteten über die Hula-Hopp-Welle, Klemke zeichnete Mädchen in Miniröcken und mit »Pferdeschwanz«, als diese noch als bedenklich galten. Und die Grants gaben mit ihrem Beitrag über die Beatles Antwort auf Fragen vieler Jugendlicher.

Die Leserin Marion Kallinautzki aus Vacha in der Rhön fragte an: »Ist es wirklich so, daß die Beatles nur Schreihälse und unzivilisierte Nichtskönner sind? Was meint ›Das Magazin‹ dazu?«

Darauf antwortete Rose Grant nun in ihrem Bericht aus London, der meines Wissens der erste informative Beitrag über die Gruppe mit den Pilzköpfen in der Massenpresse der DDR war. Im August 1964 konnte man im »Magazin« über John, Paul, Ringo und George lesen, »die aus einem bescheidenen Liverpooler Arbeitermilieu auf die schillernden Gipfel des Schaugeschäfts geschleudert wurden«. Die Autorin erklärt den »Magazin«-Lesern das Phänomen der »Gruppe volkstümlicher Sänger, die mit ihren elektrischen Gitarren und Trommeln ..., ihrem überschäumenden, ungebändigten jugendlichen Frohsinn jung und alt ansteckten«. Und sie zitiert – wie es immer gut ist in heiklen Fällen – eine unangreifbare Autorität, den Generalsekretär der Kommunistischen Partei Großbritanniens: »Wir haben keine Linie bezüglich der Beatles. Wer sie liebt, liebt sie ..., ein Politiker, der behauptet, es nicht zu tun, muß sehr kühn sein.« Ulbricht und seine Kulturpolitiker waren so kühn. Aber auch »Das Magazin« war kühn, wenn es behauptete, daß die Musik der Beatles »die Sehnsucht der Jugendlichen nach Fröhlichkeit, Farbe und Bewegung, die Freude, am Leben zu sein... widerspiegelt«.

Die Leser dankten es mit ihren Briefen. So Marlies Schildbach aus Zinnowitz auf den Leserbriefseiten im Oktoberheft 1964: »Am meisten gefiel mir der Artikel ›Wie verrückt kannst du werden?‹ (über die Beatles – M. G.). Oft habe ich von den Beatles gehört, aber nie wußte ich Rechtes mit ihnen anzufangen. Es gab und gibt verschiedene Meinungen über sie. Nachdem ich Deinen Artikel gelesen hatte, konnte ich mir selbst eine Meinung bilden.« Und Wilfried Zöllick: »Meine Gratulation für Ihren Bericht über die BEATLES. Endlich hat mal jemand den Mut gefunden und objektiv über diese Jungen berichtet.«

Florenz und schöne Frauen

Aus Rom schrieb für »Das Magazin« Phyllis Rosner, die Schwester unserer Londoner Mitarbeiterin Rose Grant. Und auch ihre Themen waren das ganz normale Leben der Römer und der Menschen in der italienischen Provinz. Was den Engländern das dunkle Guinness, ist den Italienern der Wein, Phyllis Rosner beschrieb die kleinen Weinstuben und die Hinwendung der Italiener zu den alltäglichen Freuden des Lebens. Die Schönheit der Italienerinnen mußte sie nicht beschreiben, die konnte sie zeigen in Beiträgen über Gina Lollobridgida oder Sophia Loren, über die italienische Mode, über die Frauen von Florenz und die »Scheidung auf italienisch«.

Als ich Phyllis kennenlernte, lebte sie mit ihrem Lebensgefährten Peter Gellert im sogenannten französischen Viertel hinter der Friedrichstraße in Berlin. Sie war die DDR-Korrespondentin der englischen kommunistischen Zeitung »Daily Worker« (dem späteren »Morning Star«) und Peter Gellert der Vertreter der österreichischen »Volksstimme«. Ihr Haar war schon graumeliert. Sie färbte es nicht, sie bekannte sich dazu, wie sie sich später zu ihrem Leiden bekannte. Phyllis Rosner starb sehr früh an Krebs.

Ich habe sie kennengelernt, als ich noch für die »Junge Welt« arbeitete. Gemeinsam fuhren wir im Journalisten-Pulk mit dem sowjetischen Parteichef Nikita Chruschtschow und seiner Begleitung durch die Republik, auf die Maisfelder der Börde und in die mitteldeutschen Betriebe. Da die offiziellen Informationen immer sehr spärlich flossen und zudem noch ziemlich spröde waren (meistens wurde nur der Wortlaut der Reden verteilt), versuchten wir immer etwas am Rande zu erfahren, ein paar interessante Details jenseits des Offiziellen. Und wenn wir etwas erfahren hatten, tauschten wir beide das untereinander aus, schließlich erschienen unsere Zeitungen in verschiedenen Ländern. Phyllis war nicht nur eine ausgezeichnete Journalistin, sie war zugleich eine jederzeit solidarische Kollegin und eine bezaubernde Frau.

Ein Indianer aus Petersburg

Vladimir Pozner war schon lange ein international bekannter Schriftsteller, als er im Sommer 1954, dem Gründungsjahr des »Magazins«, seinen ersten Beitrag für das Blatt schrieb. Als Kind russischer Eltern war er in Paris geboren und lebte auch dort. Aufgewachsen ist er in St. Petersburg. Zwischendurch arbeitete er in den Vereinigten Staaten, in Hollywood. Er kannte Schriftsteller, Musiker und Filmregisseure in der ganzen Welt. In seinem Elternhaus in St. Petersburg hatte er als Kind Maxim Gorki kennengelernt, der mit seinen Eltern befreundet war und bei dem er 1932 in Sorrent, wo Gorki zur Kur war, wohnte. Mit Schostakowitsch war er zusammen in die Schule gegangen, mit Joris Ivens drehte er Dokumentarfilme, er schrieb Bücher, Filmmanuskripte und Reportagen.

Mit seinem vollen Haar und den scharf geschnittenen Gesichtszügen sah er aus wie ein Indianer, jedenfalls behauptete er selbst das gern, nachdem er auf einer USA-Reise auch Indianer-Reservate besucht hatte. In unserer Redaktion war er fast schon eine Legende, als ich ihn kennenlernte. Volodia, wie er von seinen Freunden genannt wurde, hatte als Zwölfjähriger aus dem Fenster der elterlichen Wohnung in der Furchtadtskaja in Petrograd die Oktoberrevolution verfolgt, nun kehrte er, fünfzig Jahre später, an den Ort dieses Kindheitserlebnisses zurück. Mit seinem Beitrag »Ein Fenster öffnet sich auf 1967 in der Furchtadtskaja Nummer 9«, in dem er seine Erinnerungen, Erlebnisse und Eindrücke schildert, beginnt »Das Magazin« die Einstimmung der Leser auf den fünfzigsten Jahrestag dieser Revolution. Von Leningrad reiste Pozner weiter nach Sibirien, worüber er in den folgenden Heften berichtet. Seine Reportagen über Nowosibirsk und die Stadt der Wissenschaft, Akademgorodok, waren von hoher literarischer Qualität, und obwohl Pozner gut deutsch sprach, schrieb er sie in Französisch, der Schriftsteller Kurt Stern hat sie dann ins Deutsche übersetzt. Pozners Revolutionsgeschichte stand im Heft übrigens zwischen einem Krimi und einer Liebesgeschichte von Maupassant. So war »Das Magazin«.

Im Herbst des für Ost wie West schicksalhaften Jahres 1968 schrieb er eine mehrseitige Reportage über den Streik der französischen Bauarbeiter, die Stephan Hermlin ins Deutsche übersetzte. Es war übrigens der einzige Beitrag im »Magazin« zu den Ereignissen, nach denen sich bis heute eine Generation als »die Achtundsechziger« bezeichnet.

Ein Gespräch mit Vladimir Pozner ist mir besonders im Gedächtnis geblieben. Es war eine Art Schlüsselerlebnis für mich, über das ich immer wieder nachdenken mußte. Eines Tages brachte er einen Beitrag, den wir gern gedruckt hätten, denn er war, wie alle seine Manuskripte, brillant geschrieben. Aber es gab ein Problem. In einer Passage behandelte er die Verbrechen Stalins, unter denen auch enge Freunde von ihm gelitten hatten. Doch über dieses finstere Kapitel durfte in der DDR-Öffentlichkeit nicht gesprochen werden. Ich versuchte, dem berühmten Autor mein Problem zu erklären, was schwer genug war. Wir wußten beide, daß er mit seinen Feststellungen recht hatte, aber wir wußten auch: Der Verstoß gegen das Schweigegebot hätte das Ende des »Magazins«, zumindest das Ende meines Chefredakteur-Daseins, bedeuten können. Und das wollten wir beide nicht. »Du kannst die Stelle im Artikel streichen«, sagte Pozner, »aber ich muß dich darauf aufmerksam machen, daß der ganze Beitrag auch in einer Zeitung im Westen erscheinen wird. Und wenn du das jetzt streichst, kannst du sicher sein, daß gerade diese Sätze drüben zitiert werden.« Schließlich einigten wir uns darauf, daß der Artikel bei uns nicht erscheinen würde. Es tat uns beiden leid. Heute allerdings frage ich mich, was wäre wirklich geschehen, wenn wir ihn veröffentlicht hätten. Vielleicht hätte es den großen Krach gegeben. Vielleicht wäre auch gar nichts passiert. DDR-Pressepolitik war auch für die, die täglich mit ihr zu tun hatten, oft undurchsichtig. Immer noch würde ich mich gern bei Volodia entschuldigen. Aber dafür ist es zu spät.

Der Bücherjäger

Wenn er in die Redaktion kam, mit wallender grauer Mähne und offenem Mantel, hatte er immer viel zu erzählen. Er sprach schnell, lebhaft gestikulierend in einer Mischung aus Hochdeutsch und Schwyzerdütsch. Klein von Statur, aber von einer fast beängstigenden Lebendigkeit, immer in Eile und immer voller Neuigkeiten und Ideen, die er loswerden mußte. Theo Pinkus, der alte Bücherjäger aus Zürich, kam nie nach Berlin, ohne die Redaktion zu besuchen.

Wenn Theo ins Erzählen kam, wehte ein Hauch Geschichte durch den Raum. Ich glaube, es gab in seiner Zeit kaum einen deutschsprachigen Schriftsteller oder Dichter von Rang, den er nicht persönlich kannte, mit vielen war er befreundet. Wie viele »Magazin«-Autoren hatte auch Theo Pinkus vor 1933 in Berlin gearbeitet, beim Internationalen Arbeiter Verlag im Karl-Liebknecht-Haus und im »Neuen Deutschen Verlag«, der auch die »Arbeiter Illustrierte Zeitung« herausgab. Von den Nazis als unerwünschter Ausländer ausgewiesen, begann er in Zürich seinen Büchersuchdienst einzurichten: Theo Pinkus sammelte die Literatur, die von den Nazis verboten und vernichtet worden war. Schriftsteller, die verlorene Texte suchten, Bibliotheken, Verleger und Wissenschaftler wandten sich an den Büchersammler. Mit F. C. Weiskopf, Lion Feuchtwanger, Oskar Maria Graf und dem Malik-Verleger Wieland Herzfelde, die als Emigranten in New York lebten, stand er in Verbindung.

Für »Das Magazin« schrieb Theo Pinkus über Frans Masereel, mit dem ihn eine lange Freundschaft verband, und natürlich über Bücher und das Büchersammeln. Mehr als diese gewiß interessanten Beiträge aber sind mir die Gespräche mit ihm in Erinnerung geblieben, seine Weltsicht, die wiederum aus seiner Bekanntschaft mit Schriftstellern, Verlegern und Politikern in vielen Ländern gespeist wurde, seine anregende Art, seine Bescheidenheit. Wir verdankten ihm gute Beiträge und manchen Hinweis auf interessante Themen und Autoren.

Suspekte Autoren

Hilde Eisler war Jüdin nicht nur nach ihrer Herkunft; sie war es aus Überzeugung. Ihr Judentum bedeutete ihr sehr viel. Eine ihrer Maximen lautete: Wir müssen etwas tun für unsere Leut. So kamen hervorragende Autoren zu uns, die der Zeitschrift zu ihrer Einmaligkeit in der Presselandschaft der DDR verhalfen, weil Hilde Eisler jüdischen Schriftstellern, die den Regierenden in den Ostblockländern suspekt waren, eine Arbeitsmöglichkeit geben wollte. Etliche von ihnen lebten in der Stalinzeit und den ersten Jahren danach unter schwierigen ökonomischen Verhältnissen und zeitweilig nicht ohne Bedrohung durch die Geheimdienste. Sie waren in der Emigration mit Menschen zusammengekommen, die in den Stalinschen Prozessen angeklagt und verurteilt worden waren, manche waren selbst angeklagt, eingesperrt oder aus den Hauptstädten der sogenannten Volksdemokratien verbannt. Fast allen hafteten westliche Emigration und abweichende Ansichten von der »Linie«, die sie in vielen Jahren Parteizugehörigkeit irgendwann einmal vertreten hatten, wie ein Stigma an. Zionismus und Kosmopolitismus hießen Verdammungsurteile in den fünfziger Jahren, die für eine Verfolgung ausreichten.

Viele dieser Verfolgten fanden im »Magazin« eine Möglichkeit zu publizieren, die sie in anderen Blättern nicht mehr hatten. Hilde bewies in dieser Zeit Mut und Zivilcourage – und gewann zugleich dem »Magazin« die Mitarbeit von erfahrenen und hoch gebildeten Autoren.

Zu ihnen gehörten der Schriftsteller Theodor (Theo) Balk, der neben Reportagen, wie die schon erwähnte über Kasachstan, wissenschaftliche Beiträge aus Prag schickte, und seine Frau, die jüdische Schriftstellerin Lenka Reinerova. Sie berichtete damals als Lenka Reiner über Kultur und Mode an der Moldau. Balks Heimat war Jugoslawien. Dahin gingen er und Lenka nach den Emigrationsjahren in Mexiko zurück, dort wurde 1946 ihre Tochter geboren, die sie Anna nannten, nach der Freundin Anna Seghers. Als die Verdammung Titos durch Stalin und das Kommunistische Informationsbüro, »Kominform« (Nachfolger der Komintern), veröffentlicht wurde, befand Balk sich gerade zur Kur in Karlsbad. Er beschloß damals, nicht nach Jugoslawien zurückzukehren. Die spanische Nationalheldin La Passionaria bestärkte ihn in seinem Entschluß. Theo wollte nach Deutschland, wo er aus der Zeit vor 1933 und aus der Emigration viele Freunde hatte, darunter international bekannte Kommunisten wie Lex Ende und Walter Janka, die später selbst in der DDR schweren Verfolgungen ausgesetzt waren. Doch Lenka wollte nicht nach Deutschland. Sie fand, daß die Familie, wenn sie schon nicht in seiner Heimat, in Jugoslawien, leben könnte, dann in ihre Heimat, die Tschechoslowakei ziehen sollte. So gingen sie nach Prag.

Und in Prag wurde Lenka wenig später unter unsinnigen Anschuldigungen verhaftet. Theo entkam der Säuberung, weil er im Krankenhaus lag. Wie so viele hielt auch Lenka Reinerova ihre Verhaftung zunächst für ein Mißverständnis. Es waren schwere und oft auch kuriose Zeiten. Nach ihrer Entlassung wurde die Familie aus Prag ausgewiesen. Sie zogen in die Provinz, wo der Arzt Dr. Theodor Balk nun als Sanitäter arbeitete.

Als ich die beiden Anfang der sechziger Jahre zum erstenmal besuchte, wohnten sie wieder in Prag, in einer bescheidenen kleinen Wohnung in der Plzenska 219. Für mich verkörperte Theo Balk ein Stück der untergegangenen jüdischen Kultur, wie sie von den deutschsprachigen jüdischen Künstlern des alten Prag, von Kafka bis Kisch, geprägt worden war. Mit dem rasenden Reporter war Balk übrigens zusammen in der Emigration gewesen, und beide schienen mir auch literarisch verwandt zu sein. Theos Charme, seine Freundlichkeit, seine ganze Erscheinung hatte noch etwas vom Fluidum der untergegangenen Donau-Monarchie. Es war angenehm, mit ihm zu reden, ihm zuzuhören und er gab mir, der ich so viel jünger und unerfahrener war, ein Gefühl von Gleichberechtigung.

Auch unter den widrigsten und erniedrigendsten Bedingungen, der Verfolgung durch die eigenen Leute (wovon ich am Anfang unserer Bekanntschaft und auch lange danach noch nichts wußte), war Theo Balk seinen kommunistischen Überzeugungen treu geblieben. Eine Haltung, die mir immer wieder bei Menschen begegnete, die Schlimmes durchlitten hatten. Auch die Haltung von Theo und Lenka bestärkte mich in der Überzeugung, das große Ziel einer besseren Gesellschaft nicht wegen persönlicher Enttäuschungen, wegen der Unzulänglichkeiten und dem politischen und menschlichen Versagen vermeintlich unfehlbarer Führer aus den Augen zu verlieren. In vielen politisch belastenden Situationen der folgenden Jahre habe ich oft an den stillen, bescheidenen und liebenswerten Theo Balk und an seine lebhafte Frau Lenka gedacht.

In den sechziger Jahren bekam Theo eine Arbeit als Redakteur der Gewerkschaftspresse und der dem »Magazin« verwandten Monatszeitschrift »Im Herzen Europas«. Doch nach den Ereignissen von 1968 wurde er erneut entlassen. So hat uns der »Prager Frühling« in der Redaktion auch deshalb beschäftigt, weil wir so gute Freunde in der Moldaustadt hatten.

Wenn ich versuche, mich daran zu erinnern, wie wir in der Redaktion damals über die Ereignisse in Prag gesprochen haben, merke ich, daß mein Gedächtnis nicht klar auseinanderhält, was wir, was ich damals gedacht habe, und was spätere Einsichten sind über die Möglichkeiten der tschechischen Entwicklung für den gesamten Sozialismus. Am ehesten erinnere ich mich an widersprüchliche Gefühle – ich war zugleich voller Hoffnung auf Neues wie erschreckt wegen der zahllosen Tabubrüche dieser Bewegung.

Doch wie lebhaft wir immer 1968 über Dubcek und Prag diskutiert haben – in keinem der zwölf Hefte dieses Jahres findet sich auch nur eine Spur von den Diskussionen im Frühling oder von den Ereignissen im Sommer und Herbst. »Das Magazin« hat den Einmarsch der Truppen des Warschauer Paktes in Prag nicht als »friedenssichernde« Maßnahme begrüßt, es hat die Politik der Reformer nicht verurteilt, aber es hat auch keine Zeile für sie geschrieben. Das Ganze hat im »Magazin« einfach nicht stattgefunden. Und weder Redakteure noch Leser nahmen an dieser Haltung Anstoß. Ebenso wie ich mich an keinen einzigen Autor erinnere, der deshalb seine Mitarbeit an der Zeitschrift eingestellt hätte.

Nun hatte niemand erwartet, daß gerade »Das Magazin« gegen den Einmarsch in Prag protestiert – andererseits hat aber auch der Herausgeber nicht von uns gefordert, das Ereignis zu begrüßen. Immerhin erschienen in diesem Jahr bei uns mehrere Beiträge mit Themen über das ganz normale Leben in der Moldaustadt. Theo Balk schrieb über eine Einrichtung, die es in der DDR noch nicht gab, das »Telefon des Vertrauens«, das Menschen in Not und Bedrängnis anrufen konnten, er schrieb über Egon Erwin Kisch, dessen zwanzigster Todestag in dieses Jahr fiel, er schrieb über einen Kinoautomaten, der es den Zuschauern ermöglicht, in die Handlung selbst einzugreifen. Wer will, kann daraus eine Sympathie für die Menschen in Prag herauslesen, die Hilfe brauchten, oder eine Forderung einzugreifen, wie das bei dem Kinoautomaten möglich war. Wir hatten derartige Überlegungen nicht. Vielleicht hatte unser guter Theo Balk solche Gedanken im Hinterkopf. Wer weiß? Gewiß aber konnten (und sollten?) diese Beiträge den von der Politik geschürten Vorstellungen von Chaos und Anarchie im Nachbarland entgegenwirken.

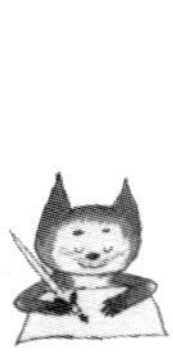

Die Lust in den Zeiten der Prüderie

Die Liebe, das schönste Thema der Literatur, stand von Anfang an im Mittelpunkt des »Magazins«. Und im Gegensatz zu den dominierenden Moralvorstellungen der prüden fünfziger und sechziger Jahre haben wir die Liebe nie von der Lust getrennt. So nahm »Das Magazin« in Fragen der Erotik bald eine Vorreiterrolle in der DDR-Gesellschaft ein. Wo immer man über Liebesleben sprach, sprach man auch vom »Magazin«. Im Bewußtsein der Leser war das Blatt für Liebe und Erotik prädestiniert.

Wie wir dieses Thema in den »aufgeklärteren« siebziger und achtziger Jahren behandelt haben, werde ich später erzählen. Hier will ich von den ersten Jahren berichten, als eine heuchlerische Prüderie im Lande DDR herrschte und sich mehr Parteiversammlungen mit »moralischen Verfehlungen« eines Genossen beschäftigten als mit politischen Problemen. Wohldosiert und mit gebotener Rücksicht auf die herrschenden Moralvorstellungen erschienen im »Magazin« jener Jahre neben dem obligatorischen Aktfoto kleine erotische Geschichten. Heute, wo man gewöhnt ist, ganz unverklemmt über Sexualität zu reden, ist es kaum noch vorstellbar, was für eine Wirkung eine alte chinesische Erzählung hatte, in der die Erotik in vielen verspielten Andeutungen im Mittelpunkt stand. Oder eine Geschichte »aus galanter Zeit«. Oder die – vorwiegend amerikanischen – Shortstories, die wir veröffentlichten. Es war eine kleine Revolution.

Und wie bei jeder Revolution wußten wir zunächst nicht, wie »die da oben« reagieren würden. Immerhin waren es die Jahre, in denen der siebzigjährige Walter Ulbricht seine »Zehn Gebote der sozialistischen Moral« verkündete. So hatten wir, für alle Fälle, eine ideologische Begründung parat. Sollte es Ärger geben, wollten wir unseren Stammvater Friedrich Engels zitieren. Denn der hatte uns ja ermuntert, »von Dingen, die die Menschen täglich und nächtlich selbst treiben, von natürlichen, unentbehrlichen und höchst vergnüglichen Dingen ebenso unbefangen zu sprechen wie die romanischen Völker, wie Homer und Plato, wie Horaz und Juvenal, wie das Alte Testament und die Neue Rheinische Zeitung.«

Das taten wir denn auch. Mit Geschichten der romanischen Völker, mit Horaz und Juvenal und allen, die ihnen auf diesem vergnüglichen Feld gefolgt waren. Und das Verwunderlichste daran: Wir haben manchen Ärger mit der gestrengen Presseabteilung bekommen, nie aber wegen dem Akt oder wegen einer erotischen Erzählung.

Gelegentlich brachten wir auch erotische Geschichten von jungen Schriftstellern der DDR. Es waren erste zaghafte Versuche, denn in den Gegenwartsromanen dieser Zeit kam die Liebe kaum vor. Das Neue wurde im Verhältnis zur Arbeit gesucht und nicht in den Liebes-Verhältnissen. So hatten es die sowjetischen Leitbilder wie »Fern von Moskau«, »Wie der Stahl gehärtet wurde« und andere Romane dieser Zeit vorgeprägt – verklemmte, geschlechtslose Wesen konnten »Fern von Moskau« oder beim Aufbau eines Stahlwerkes in Brandenburg ohne Liebe und ohne Lust leben. Die Frau war da der beste Kamerad des Mannes im Klassenkampf und bei den Arbeitsschlachten. Die körperliche Liebe blieb der Ehe vorbehalten. Es waren nahezu katholische Ideale, die der atheistische Staat propagierte.

Anders als die neuen Helden der Arbeit konnte »Das Magazin« ohne Erotik nicht existieren. Die Redakteure bemühten sich ständig, Schriftsteller des Landes zu ermutigen, über dieses Thema, über Liebe, Lust und Leidenschaft zu schreiben, die seit Jahrtausenden Dreh- und Angelpunkt jeder Poesie sind. In einer ihrer Versgeschichten, wie immer von Elizabeth Shaw gezeichnet, erinnert Berta Waterstradt ihre Schriftstellerkollegen an die Liebe: »Überall hat man sich lieb/ In den Dörfern, in den Städten/ Und auch im Chemiebetrieb./ – Darum bitten wir die Menschen/ Von der Rhön bis nach Schwerin/ Die ihr liebt und macht Geschichten/ Eine mehr fürs ›Magazin‹.«

Die fehlende Offenheit im Liebes- und Geschlechtsleben führte nicht nur zur Beschädigung der Literatur, sie erzeugte Ängste, schmälerte das Lebensglück vieler Menschen, erzog sie zu Heuchlern und machte manchen sogar erpressbar. Das alles stand im Widerspruch zu den Vorstellungen des »Magazins« von einer neuen sozialistischen Gesellschaft.

Wir hielten es mit dem russischen Dichter Jewtuschenko und seinen Versen:

Die Liebe darf nicht nur
vorüberkrauchen,
mit jedem Jahr
tut sie uns not wie nie.
Und weil wir sie, die Liebe, brauchen
so brauchen wir
auch Verse über sie!

PIETRO FORTINI

EINE FRAU VERTEIDIGT SICH SCHLAGFERTIG GEGEN DIE BEISSENDEN WORTE EINES JÜNGLINGS

Vor wenigen Tagen, als ich zufällig im Laden eines mir befreundeten Apothekers war und dort, da ich nichts zu tun hatte, mit einigen andern jungen Leuten die Stunden verschwatzte, kam zufällig eine Frau herein, die über die besten Jahre hinaus, vielleicht fünfundvierzig bis fünfzig Jahre alt war, wohlgebaut, freundlich von Gesicht und zum Scherz aufgelegt; als diese Frau also eingetreten war, fragte der Apotheker dem Brauch gemäß, was sie wünsche, und die wackere Frau forderte, ohne sich im geringsten zu genieren, von ihm für zwölf Soldi Sublimatschminke. Um etwas zu verdienen, nahm der Apotheker aus einem Schrank einen Kasten mit Bleiweiß, Salben, Federalaun, Alaunzucker, Alaun in Blättchen, Steinsalz, Salpeter, Quecksilber und gediegenes Silber, Moschus von der Levante und tausend andre Dinge, aus denen man Salben und Pflaster für Gesicht und Haare macht und die hier aufzuzählen zu weit führen würde. Aus diesem Kasten nahm er eine kleine Schachtel, in der das Sublimat sich befand.

Während der Apotheker das hervorsuchte, begann ich, der nichts zu tun hatte, lächelnd: „Das ist wirklich schön! Ihr solltet euch doch schämen, auf diese Weise die armen Jünglinge zu betrügen. Mit euren Schminken, da macht ihr aus einem Ding ein andres, denn wenn ihr geschminkt seid, seht ihr ganz anders aus, das ist doch gewiß wahr; gar viele Frauen, könnte man sie morgens ganz früh sehen, wenn sie aufstehen, ehe sie sich geschminkt haben, schauen doch gerade wie Zigeunerinnen aus oder, besser gesagt, wie die Weiber aus der Maremma. Aber das Schminken allein ist euch noch nicht genug, ihr betrügt sie auch sonst noch tausendfach, indem ihr ihnen falsche Zöpfe aufsteckt, Stirn und Brauen enthaart und sie von den Hüften aufwärts fest verschnürt und ihre Brüste hinaufbändigt, sie mit allen möglichen kleinen Kissen ausstopft und ihren Busen, der so schlaff ist wie zwei leere Schweinsblasen, rund und fest erscheinen laßt. Aus einem kleinen Mädchen, das kaum eine Brust hat, macht ihr eine Amme und aus einer Amme ein kleines Mädchen; denn wenn eine Frau zu viel Brust hat, preßt ihr sie in der Mitte zusammen und schnürt einen Teil davon unter den Armen fest, und wenn sie hängende Brüste hat, hebt ihr sie hoch und drückt sie zusammen, so daß sie fest und rund erscheinen. Aber damit noch nicht genug, ihr stopft euch hinten und vorn mit Filz und Baumwolle aus, um eine bessere Figur zu bekommen. Ist eine nicht groß und stattlich, so laßt ihr sie auf Schuhen gehen, die eine halbe Elle hoch sind, und wenn das noch nicht langt, dann legt ihr ihnen in die Schuhe Korksohlen, zwei Finger hoch, und wenn sie einen Zoll höher erscheinen sollen, laßt ihr ihnen Schuhe mit doppelten Sohlen machen, und wenn sie mager und dürr sind, dann polstert ihr sie gut aus mit Unterröcken, eingenähten Schnüren und was dergleichen Trug mehr ist!"

Die wackere Frau wechselte bei meinen Worten nicht die Farbe, zeigte auch ebensowenig Eile, den Laden zu verlassen; da sie mich aber hatte aussprechen lassen, mußte sie nun auch ihrer Meinung Ausdruck geben, zumal sie mehr vom Mann als vom Weibe an sich hatte, und sie begann mit offener Miene und in wohlgesetzten Worten: „Hört bitte auf mit diesen Räubergeschichten, denn ihr Männer seid es, die die Frauen betrügen und vor allem die armen Mädchen, indem ihr euch ihnen in diesen großmächtigen Hosenlätzen zeigt, eine halbe Elle lang, so daß man denkt, die ganze Welt stecke drin. Wenn man aber näher hinsieht, ist so gut wie nichts Brauchbares drin, und sie stecken voller Lappen und Plunder. Der Teufel hole den, der diese Auswüchse erfunden hat, die immer der reine Kramladen sind; denn außer dem Zeug, das der Schneider hineingestopft hat, sind noch zwei Sacktücher drin, der Geldbeutel und anderes mehr; das Wichtigste aber fehlt, nämlich das, wofür der Latz da ist und weswegen die Frauen darauf hinschauen; da ist keine Lanze, stets zum Turnier bereit, wie es den Anschein hat, da ist wenig oder nichts; und darum dürft ihr nicht sagen, daß wir Frauen die Männer betrügen. Wir Frauen sind vielmehr die Betrogenen, nicht ihr, denn wir finden nie, was wir möchten und was uns genügt, und meist fehlt uns das Nötige, denn es ist nicht unsere Art, mit wenig vorliebzunehmen; ihr aber findet stets genug und meist mehr, so daß ihr nicht so große Worte zu machen braucht."

(Deutsch von Alfred Semerau)

Und die druckten wir, jeden Monat neu und in neuen Varianten. Poetische, romantische und klassische Liebesgedichte, die zum Teil derben Verse Brechts, die freizügigen Geschichten aus dem Orient, aus Frankreich, aus Japan, aus Italien. Wir brachten kleine Anzüglichkeiten zu bunten Bildfolgen und nutzten überhaupt jede Möglichkeit, der Liebe in diesem Lande zu höherem Ansehen zu verhelfen. Besonders in den »Aktuellen Umfragen« bemühten wir uns, die Leser zu mehr Verständnis für das Sexualverhalten anderer zu gewinnen, zunehmend auch, sie zu einem lustvolleren Liebesleben zu verführen.

Wenn »Das Magazin« heute noch im Volksmund »die mit der Nackten« genannt wird und in keiner Geschichte über die Liebe in der DDR unerwähnt bleibt, dann bezieht sich das nicht nur auf das monatliche Aktfoto, dann ist damit das ganze Blatt gemeint, das mit Lust und Liebe für Lust und Liebe gemacht wurde.

In der von katholischer Sittenstrenge und protestantischer Lustfeindlichkeit geprägten Republik schrieb »Das Magazin« in der Umfrage »Wie liebt Ihr denn?« im März 1965 über Liebeskunst und Liebesspiele. Wenn das Politbüro-Mitglied Albert Norden auf dem berüchtigten 11. Plenum vom Dezember desselben Jahres »die Liebe zum Lied und vor allem zum sozialistischen Vaterland« propagierte, so meinte »Das Magazin« die Liebe zwischen zwei Menschen, die erotische und geschlechtliche Liebe, Vorspiel und Höhepunkt, Zärtlichkeit, Erotik (auch in der Ehe) und Gleichberechtigung im Bett.

Auch wenn manche unserer Umfragen zur Liebe – »Keine Zeit für die Liebe« – »Bändeln Sie auch so an?« – »Stirbt die Liebe an der Ehe?« – auf den ersten Blick einen unpolitischen Eindruck machen und sogar ein bißchen an die Seelenmassagen der bunten Illustrierten erinnern, waren sie doch von Bedeutung für diese Gesellschaft. So wie wir es verstanden – sogar Teil des erzieherischen Auftrags unserer Zeitschrift. Prominente Schriftsteller, vorwiegend Schriftstellerinnen wie Christa Wolf, Hedda Zinner und die Kinderbuchautorin Alex Wedding, schrieben diese Umfragen. Sie faßten die Meinungen der Leser zusammen und kommentierten sie so, wie sie sozialistische Ethik begriffen. Dabei war ihr Spielraum oft gering, denn meist gingen in jenen Jahren die Vorstellungen der Partei und das tatsächliche Liebesverhalten weit auseinander. Obwohl zwischen offiziellen und privaten Vorstellungen eine eigenartige Korrelation bestand.

Wenn Alex Wedding im April 1964 über die Frage nachdenkt, »Wo fängt die Untreue an?«, war schon das Thema eine Provokation. Und ganz und gar die Art, in der sie dieses heiße Eisen anfaßte, denn für Untreue gab es noch immer Parteistrafen. Doch Alex Wedding trat nicht nur der Meinung selbstzufriedener Ehefrauen entgegen, die mit dem Regenschirm auf ihre untreuen Männer losgehen wollten, sie stellte auch das Gebot »Du sollst nicht begehren deines Nächsten Weib!«, das in leicht abgewandelter Form auch von der SED propagiert wurde, infrage – und traf damit einen neuralgischen Punkt einer Gesellschaft, in der gegenseitige moralische Beschuldigungen den Alltag vergifteten.

Alex Wedding und »Das Magazin« zeigten Verständnis für die Frauen

MADONNA ISABELLA

Eine galante Geschichte von Giovanni Fiorentino

In Florenz lebte einst eine sehr schöne Frau, die Madonna Isabella hieß und mit einem sehr reichen Kaufmann namens Lapo verheiratet war. Sie war die gefeiertste Frau in ganz Florenz, denn es war dazumal in der Stadt keine schönere zu finden. Ja, ihr Ruf verbreitete sich durch die ganze Toskana, so schön, anmutig und wohlgesittet war sie. Als nun ein reicher junger Mann von Perugia namens Ceccolo von Cola Raspanti von ihrer Schönheit hörte und vernahm, daß oft ihr zuliebe Turniere veranstaltet werden, bekam er Lust, sie zu sehen und auch um sie zu turnieren. Er kaufte also Pferde und Ausrüstung, kleidete sich anständig und gut, nahm hinreichend Geld zu sich und ging nach Florenz, wo er im Umgang mit den jungen Männern viel Aufwand machte. Kurz, er wollte sie sehen, und sobald er sie sah, war er Hals über Kopf in sie verliebt und dachte: Sie ist wahrhaftig noch weit schöner, als ich glaubte. Und wie er sich vorgestellt, so geschah es; es gelang ihm, als Knecht bei Lapo, dem Gemahl jener Madonna Isabella, unterzukommen. Dieser benutzte ihn zu allem möglichen, er mußte ihn auf dem Land und in Florenz bei allen Gängen begleiten.

Ceccolo war nun fortwährend entflammt von der Liebe zu der Frau, und da er sie eines Tages allein fand, sprach er zu ihr: „Madonna, ich empfehle mich Euch. Es gibt kein Geschöpf auf dieser Welt, für das ich so viel Liebe und Verehrung geheget und noch hege, und Ihr habt schon früher bemerken können, ob das wahr ist oder nicht, denn aus Liebe zu Euch habe ich alles, was ich auf der Welt besaß, verschwendet und halte es für die größte Gnade, hier Euch als Knecht zu dienen; so habe ich Gelegenheit, Euch zu sehen."

„Glaube nicht", antwortete die Frau, „daß ich vergessen habe, was du alles schon für mich getan hast; ich meinte aber, du habest es vergessen, da du nie etwas zu mir gesagt noch irgendeine Andeutung gemacht hast."

„Madonna", erwiderte Ceccolo, „ich wollte nur die Zeit abwarten."

Die Frau sprach: „Richte es ein, daß du heute nacht zu mir ans Bett kommst!"

Als es Nacht war, ging Ceccolo um die bezeichnete Stunde hin, fand die Kammertür offen und das Licht gelöscht, schlich sich daher an die andere Seite des Bettes, ganz nach Isabellas Anweisung, und nahm sie bei der Hand. Die Frau erwachte nun, faßte ihn sachte beim Arm, hielt ihn fest und rief dann ihren Mann.

„Ich muß dir doch auch sagen", sprach sie, „was du für wackere Diener im Hause hast. Da kam heute der Ceccolo zu mir und ging mich um unkeusche Liebe an. Damit du ihn nun packen könntest, sagte ich zu ihm, ich wolle heute nacht zu ihm in die Laube kommen. Wenn du ihn also ertappen willst, so zieh meine Kleider an, nimm ein Handtuch, wickle es um den Kopf und geh hinab in die Laube. Du wirst sehen, er kommt hin, in der Meinung, mich zu treffen, und du wirst finden, ob ich die Wahrheit sage."

Lapo stand auf, zog die Kleider seiner Frau an und ging in die Laube, Ceccolo zu erwarten. Sobald der Mann weg war, umarmte die Frau Ceccolo und er sie; sie gaben sich der Lust hin, nach der sie sich so lange gesehnt hatten, und gaben sich vielmals die süßesten Küsse. Dann sprach die Frau zu ihm: „Du hast meine Einleitung gehört, geh nun hinunter, schilt ihn weidlich aus, nimm einen Stock mit und spiel ihm auf!"

Ceccolo sagte: „Laßt mich nur machen."

Er stand auf, nahm einen Prügel und ging in die Laube, wo er den guten Narren seiner harrend fand.

„Schnödes Weib", rief nun Ceccolo, „wie kannst du glauben, daß ich mich dazu verstehen würde, meinem Herrn eine solche Schmach anzutun? Was ich dir gestern sagte, tat ich nur, um dich auf die Probe zu stellen; aber wie hast du die Unverschämtheit, deinem Mann untreu zu sein? Schämst du dich nicht, da du den besten und rechtschaffensten Mann in der Stadt zum Gatten hast?"

Damit schwang er den Stock, den er in der Faust hielt, schlug ihm über die Arme und auf die Hüfte und rief: „Wenn ich nur wieder die geringste Kleinigkeit bemerke, die du jemand in der Welt antust, so sage ich es Lapo und mache, daß er dir die Gurgel abschneidet. Und wenn er's nicht tut, so tue ich es."

Am folgenden Morgen ließ Lapo den Ceccolo rufen und sagte: „Ich will, daß du dies als dein Haus betrachtest. Verlaß dich darauf, hier zu leben und zu sterben, und du magst in allen Zimmern aus und ein gehen nach deinem Belieben, denn ich hatte nie einen Diener, dem ich mehr zugetan war als dir."

„Messere", antwortete Ceccolo, „in allem, was ich getan habe oder tun werde, soll Liebe und Treue mich leiten."

Lapo versetzte: „Dessen bin ich gewiß."

Nun blieb Ceccolo lange Zeit im Haus, er und die Frau pflogen größter Lust und Freude zusammen, und Lapo hegte nie den mindesten Verdacht. So genossen Ceccolo und die Frau ihr Glück ihr Leben lang und hatten die Freude und Wonne dieser Welt.

(Deutsch von Adelbert Keller. Leicht gekürzt)

»in unserem männerarmen Lande Deutschland, (in dem) viele junge, reizende, kluge Frauen gezwungen (sind), allein zu leben« und fragt: »Wohin mit den Gefühlen? Da sind alle guten Ratschläge blasse Theorie wie die Lektüre eines raffinierten Kochbuches in Zeiten von Hungersnöten. Man nehme ...«

Einige Monate später antwortet die Schriftstellerin Hedda Zinner auf den Brief einer Leserin, der sich fast wie eine wahre Begebenheit liest und viel über die damaligen Verhältnisse im Lande aussagt. (Auch hier ist ein Stück Alltag »magaziniert« worden.)

Die junge Frau schreibt dem »Magazin«: »Ich liebe einen verheirateten Mann. Ich bin schon fast ein Jahr mit ihm zusammen. Er hat sich vor zwei Jahren von seiner Frau getrennt und bezahlt Unterhalt für sie. Das wurde durch ein Gerichtsverfahren entschieden.

Als die Ehefrau von meinen Beziehungen zu ihrem Mann erfuhr, wandte sie sich an meinen Betrieb und verlangte, daß man mich entlasse. Daraufhin nahm sich der Betrieb, wie man so schön sagt, meiner Sache an, obwohl der Mann gar nicht im selben Betrieb arbeitet. Ich wurde zwar nicht entlassen, doch als wir im Sommer in Urlaub fahren wollten – mein Urlaub war mit dem Betrieb laut Urlaubsplan abgesprochen –, kam mein Chef zwei Tage vorher zu mir und verlangte, daß ich meinen Urlaub verschiebe, weil der Betrieb es nicht verantworten könne, daß ich mit einem verheirateten Mann in Urlaub fahre. Wenn ich es nicht täte, müßte ich die Folgen tragen. Da ich diese Anweisung für unrechtmäßig hielt, fuhr ich trotzdem. Folgen gab es nicht, aber man sagte mir, mit Auszeichnungen sei es nun vorbei. Sie müssen wissen, daß ich im Betrieb als gute Arbeiterin gelte und schon mehrfach ausgezeichnet wurde.

Ich frage Sie nun, ist so etwas zulässig? Und weiter, hat mein Betrieb das Recht, mein Verhältnis zu unterbinden? Ich weiß nicht, wie ich mich zu verhalten habe, ich liebe den Mann sehr. Vielleicht können Sie mir helfen.«

Wie sah es aus mit der Bevormundung der Menschen? Was galt als normal? Und wie wurde darüber gesprochen, auch öffentlich? Sollen, dürfen, müssen sich Kollektiv, Betrieb, Staat in die privaten, intimen Beziehungen der Menschen einmischen? Wie war das mit dem »vormundschaftlichen Staat«, wie die DDR später in einem bekannten Buch genannt wurde? Die Meinungen prallten aufeinander. Der Kraftfahrer Werner G., 42 Jahre alt, besteht darauf: »Jeder Mensch hat doch das Recht, sein Privatleben so zu führen, wie es ihm gefällt.« Sollte man meinen. Doch da kam er bei der Sekretärin Susanne M., 27, schlecht an: »Selbstverständlich müssen sich die Kollegen einmischen. Es kann doch nicht jede mit jedem ...« Und Abteilungsleiter Klaus S., 27, weiß es ganz genau: »Ein klassenbewußter Sozialist kann nur eine Moral kennen: das ist die sozialistische Moral, die in den zehn sozialistischen Geboten verankert ist.« Auch Elsbeth W., 40, hat »kein Verständnis dafür, daß solche Probleme überhaupt auftreten und man sie aufgreift (das geht wohl gegen die Redaktion – M. G.). Es zeugt doch von charakterlicher Schwäche, wenn man sich in einen verheirateten Mann verliebt.« Und die Wicklerin Grete M., 46, ist überzeugt: »Jeder im Betrieb, besonders in der Brigade (ist) aus gesellschaftlichem Verantwortungsgefühl verpflichtet, ... einzugreifen.«

»Das Magazin« versucht in dieser hitzig und öffentlich geführten Debatte vorsichtig ein Resümee zu ziehen: »Es hieße, unsere sozialistische Demokratie und die Sorge um den Menschen gründlich mißverstehen, wenn in jedem Falle gleich ein ganzes Kollektiv – Wissende und Unwissende, Taktvolle und Plumpe, Verantwortungsbewußte und Phrasendrescher, Erfahrene und Unerfahrene – ›eingreift‹, schmutzige Wäsche wäscht, ehrliche Gefühle beleidigt und statt zu helfen, verbockt.«

Themen wie diese waren es, die »Das Magazin« bei den Lesern populär machten, mit denen es sich von anderen Zeitschriften abhob. Und allmählich begann sich, auch unter Mithilfe unseres Blattes, die moralische Verkrümmung und Verklemmung der frühen DDR-Zeit zu lockern. Schritt für Schritt wurden kleine Freiheiten auf diesem Gebiet geschaffen. Was in den fünfziger Jahren noch Aufsehen erregte, eine erotische Geschichte oder ein Aktfoto mit retuschiertem Schamhaar, das konnte man in den achtziger Jahren im Jugendmagazin und in der Zeitschrift für Soldaten finden. Themen, die »Das Magazin« zuerst und lange Zeit allein aufgriff, besetzten später auch andere Zeitungen und Zeitschriften.

Denn auch die Gesellschaft hat sich im Laufe der 37 Jahre, die »Das Magazin« in der DDR erschien, weitgehend gewandelt. Das gilt nicht nur für die Nacktbadestrände, die unter dem Wortmonstrum »Freikörperkulturgelände« schon früh in unserem Blatt eine Rolle spielten. Das gilt vor allem für die Offenheit in den sexuellen Beziehungen und für Toleranz gegenüber sexuellen Minderheiten wie Schwulen und Lesben.

Ethik und Erotik waren die Domäne des »Magazins«. In diese Beiträge brachte die Redaktion ihre eigenen Überzeugungen am stärksten ein. Als eines Tages ein Parteisekretär der Chefredakteurin eröffnete, daß in ihrer Redaktion ein verheirateter Mitarbeiter ein Verhältnis mit einer Kollegin hätte und sie aufforderte, hier, wie es damals hieß, »klare Verhältnisse« zu schaffen, sagte Hilde Eisler spitz und scharf, wie sie sein konnte: »Mein lieber Genosse, ich bin hier Chefredakteurin, und es ist nicht meine Aufgabe, unter den Betten herum zu kriechen.«

Ulbricht tanzt

Das Sprichwort sagt: Wer das Gute vergißt, wird böse; wer das Böse vergißt, wird dumm. Doch wir neigen nun mal dazu, unsere eigenen Fehler, Schwächen und Dummheiten schneller zu vergessen als Erlebnisse, in denen wir klug, mutig und richtig handelten.

Ich erinnere mich beispielsweise gern an eine Anekdote, die ich schon öfter erzählt habe. Im Juniheft 1973 veröffentlichten wir ein ganzseitiges Foto von Walter Ulbricht, auf dem er mit der sowjetischen Kosmonautin Tereschkowa tanzt – dazu ein Glückwunsch der Redaktion zu seinem 80. Geburtstag. Damals war Ulbricht nicht mehr der allmächtige Generalsekretär. Erich Honecker hatte ihn in der Führung abgelöst, sein Bild, das mal in jedem Dienstzimmer hing, war fast über Nacht überall abgenommen worden; der vormals Mächtige war zu einer Unperson mutiert. Vor seinem 80. Geburtstag war an alle Zeitungen eine Weisung ergangen: nichts sollte veröffentlicht werden als die äußerst karge Verlautbarung der Parteiführung. Der zu dieser Zeit als Abteilungsleiter für Agitation verantwortliche Hans Modrow (der spätere Nachwende-Ministerpräsident der DDR) erinnert sich in seinem Buch »Ich wollte ein neues Deutschland« an »knallharte Zensur« von Seiten Honeckers in allem, was Ulbricht betraf.

Hilde Eisler allerdings war nicht bereit, sich dieser Anweisung zu fügen. Sie empfand die Unredlichkeit, die dahinter stand und brachte das schöne Foto vom tanzenden Ulbricht mit der sowjetischen Kosmonautin Tereschkowa. Natürlich bewies sie damit Charakter und Mut. Es war eine schöne Geschichte, die man gern immer mal wieder erzählt.

Nun, wo ich über »Das Magazin« schreibe, habe ich mir das Foto noch einmal angesehen, und weiter in den Heften geblättert. Und dabei Dinge entdeckt, die meinem Gedächtnis ganz entschwunden waren. Zum Beispiel unsere Beiträge zu vorhergehenden Geburtstagen von Ulbricht, aus Zeiten, wo es kein Verbot sondern eine Aufforderung gab, den großen Mann zu würdigen. Und das haben wir getan, 1963 zum 70. Geburtstag und 1968 zum 75. Da stand Ulbricht auf der Höhe seiner Macht und wir haben nicht nur ein Foto gebracht. Keineswegs. Ein Mitglied des Politbüros, der seinerzeit für Kultur zuständige Alfred Kurella, wurde zum 70. und die ehemalige Moskau-Emigrantin Hedda Zinner zum 75. Geburtstag bemüht, um Ulbricht als den »großen Sportsmann und Staatsmann«, den »kollegialen Leiter« und »theoretischen Denker« in langen Elogen zu rühmen.

Und niemand hatte uns zu diesen Lobhudeleien gezwungen. Kurella selbst bescheinigte dem »Magazin«, daß es »eine Zeitschrift (ist), die sich nur selten in die Gefilde begibt, wo die großen Männer gedeihen und wirken«. Und warum haben wir es hier getan, freiwillig? Weil es alle taten? Im »vorauseilenden Gehorsam«? Es war uns damals offensichtlich selbstverständlich, Ulbricht derart überschwenglich zu lobpreisen.

Noch interessanter ist für mich eine andere Frage: Wieso habe ich mich so genau an die Geschichte mit dem Tereschkowa-Bild, wo wir mutig waren, erinnert, und wieso habe ich die viel größeren Artikel, die mehrere Druckseiten umfassenden Beiträge zum 70. und 75. Geburtstag von Ulbricht, vollkommen vergessen?

Ein anderes Beispiel: »Das Magazin« kann mit Recht von sich sagen, daß es nie ein Foto von Honecker gebracht hat. Und bei allen Beiträgen über unser »Magazin«, die in den letzten Jahren in Zeitungen oder im Fernsehen erschienen, haben wir auch nie vergessen, das zu betonen. Auch ich habe oft davon gesprochen; denn es stimmt wirklich. Es stimmt aber ebenso, daß wir nach dem Erscheinen seiner Autobiografie »Aus meinem Leben« eine Eloge von Harald Wessel druckten, für die ich heute im Boden versinken möchte.

So, wie Wessel den großen Generalsekretär in seinem Beitrag schildert, sah der sich wohl inzwischen selbst: »sachlich, menschlich, offen, geradlinig, ohne Effekthascherei ...« Wessel nannte das Buch »klar, deutlich und informativ«. Hätte dieser Wust von Adjektiven, hinter denen das tatsächliche Leben des Gepriesenen verschwand, nicht meine Skepsis wecken müssen? Hat er aber nicht.

Was empfand ich damals? Ich habe versucht, mich zu erinnern. Aber das Gedächtnis ist ein unzuverlässiger Zeuge. Ich weiß es nicht mehr. Es war für mich, für uns alle wohl, damals so selbstverständlich, daß es nicht im Gedächtnis haften blieb. Hätte ich dem Autor sagen sollen, daß ich diese Anbiederung nicht drucke oder hätte ich nicht? Überwog in mir Feigheit oder mangelnde Einsicht?

Dabei wußte ich manches viel besser. Im Sommer 1950, als junger Redakteur, hatte ich die erste Biografie des damaligen FDJ-Vorsitzenden E. H. für das Handbuch der DDR-Volkskammer geschrieben, ich kannte ihn aus der Arbeit in der FDJ und hatte damals wie heute höchste Achtung für seine Standhaftigkeit in zehnjähriger Haft. Doch inzwischen versperrten Legenden, Phrasen und Theorismen die Sicht auf den Menschen Honecker. Der Verlust an Realitätssinn, seine Eitelkeit, die zu verhängnisvollen Fehlentscheidungen führte, bestätigten den damals kursierenden Witz »Das ZK ist auch nur ein Mensch«. Und wir, das muß ich auf meine Verantwortung nehmen, haben mitgespielt bei dieser Lobhudelei.

Wohl alle Ereignisse, die man heute als Meilensteine auf dem Weg zum Untergang der DDR ansieht, fanden im »Magazin« keine Erwähnung. Nicht der 13. August 1961, nicht das 11. Plenum 1965, nicht der Einmarsch in die ČSSR 1968, nicht die Ausweisung Biermanns 1976, nicht das Sputnikverbot 1988. Und unsere Leser nahmen im allgemeinen Lärm der Parteipropaganda dieses Schweigen oft dankbar auf.

Wir selbst zählten diese Zurückhaltung gelegentlich zu unseren Tugenden. Wir konnten später darauf hinweisen, daß sich »Das Magazin« nach dem Mauerbau nicht an der Zustimmungskampagne für den »antifaschistischen Schutzwall« beteiligt hat. Das stimmt: Das Blatt rechtfertigte mit keinem Wort die für viele Menschen schmerzlichen Maßnahmen. Aber es stimmt eben auch, daß der Leser kein Wort des Bedauerns fand und keine Kritik, nicht einmal Nachdenklichkeit angesichts der Tatsache, daß Millionen Menschen, besonders in Berlin, dem Erscheinungsort der Zeitschrift, über Nacht von Eltern und Kindern, Freunden und Verwandten getrennt worden waren. »Das Magazin« machte auch im Herbst 1961 weiter bussiness as usual.

Um es deutlich zu sagen: 1961 hätte keine Zeitung der DDR ungestraft eine andere Meinung zur Mauer vertreten können als die offizielle. Da war es ganz gut, gar keine zu veröffentlichen.

Der erste Beitrag zum Bau der Mauer erschien zehn Jahre später, im Augustheft 1971. Unser Kolumnist Eberhard Heinrich nennt in seinem Beitrag »Die Linie des August« den 13. August 1961 den Tag, »an dem in Berlin die Grenzen des sozialistischen deutschen Staates zuverlässig geschützt wurden«. Er schreibt: »In den zehn Jahren hat sich nicht nur die Notwendigkeit dieser Maßnahme bestätigt, sondern sind auch nützliche Wirkungen und gute Resultate hervorgebracht worden, die jedermann in Augenschein nehmen kann. Aber niemand sollte darüber vergessen, daß vor 10 Jahren hier in Berlin der Friede gerettet wurde ...«

Weitere zehn Jahre später, im Augustheft 1981, schildert der Leiter der Berliner Verkehrsbetriebe im Stile einer Kriegsberichterstattung die Nacht vor dem Mauerbau, die Umstellung aller Fahrpläne, der S-Bahn, U-Bahn, die Schließung zahlreicher Bahnhöfe, die Absperrung des S-Bahnverkehrs von und nach Westberlin – und alles lief wie am Schnürchen.

Das war die Sprache der »Sieger der Geschichte«, die Sprache der Arroganz der Macht, der sich auch »Das Magazin« nicht verschließen wollte oder konnte. Aber es entsprach auch unserer und speziell meiner Überzeugung, daß wir uns in einem Krieg befanden, einem »Kalten Krieg« zwar, aber einem Krieg, in dem es um die Existenz dieses Staates ging, den ich als meine Heimat empfand.

Alle (vermutlich gut gemeinten) Versuche, die es in den Jahren nach der sogenannten Wende auch gegeben hat, dem »Magazin« die Rolle eines am politischen Leben unbeteiligten Spaßmachers zuzuweisen, ihm gar eine heimliche Gegnerschaft zum politischen System der DDR nachzusagen, gehen am Selbstverständnis der Zeitschrift vorbei. Die Geschichte unserer Zeitschrift, alles, was wir im Laufe der Jahre getan oder unterlassen haben, ist lückenlos dokumentiert. Von dem, was einmal gedruckt ist, läßt sich nichts mehr korrigieren, schwärzen oder ausradieren. Die Verantwortung dafür im Guten wie im Bösen, kann uns, kann mir niemand abnehmen.

Die Nackten und die Roten

Wenn man heute die Hefte ansieht, die unmittelbar nach dem Dezember 1965 erschienen, als das 11. Plenum des Zentralkomitees alles verdammte, was nach Sexualität und Erotik aussah, wird man kein Anzeichen dafür finden, mit welcher Spannung wir die Ereignisse verfolgt hatten. Wir distanzierten uns nicht von den gemaßregelten Schriftstellern, die zum Teil auch unsere Autoren waren, aber wir legten auch kein Wort für sie ein. Wir schwiegen.

Dabei fühlten wir uns in hohem Maße angesprochen. Ich erinnere mich noch ziemlich gut an diese frühen Dezembertage 1965, in denen wir häufiger als sonst in der Redaktion zusammensaßen. Für uns wie für alle anderen kam das Strafgericht wie aus heiterem Himmel. Wir versuchten, möglichst schnell herauszufinden, woher der Wind weht, und was es für uns und unser Blatt bedeutet, wenn die oberste Führung plötzlich hinter jeder erotischen Geschichte und jedem freizügigen Bild einen Angriff auf die Staatsmacht wittert. Ich weiß noch, mit welchen Befürchtungen für unser Blatt wir die Reden verfolgten, die da gegen Nackte gehalten wurden, gegen Sinnlichkeit und Erotik. Was bedeutete es für »Das Magazin«, wenn die im Politbüro für Frauenfragen zuständige Inge Lange schilderte, daß sie sich vor ihren erwachsenen Töchtern schämte, wenn eine Nackte im Fernsehen über den Bildschirm hüpft? Wir brachten jeden Monat eine Nackte, wenn's ging sogar in Farbe. Und das sollte nun die Jugend verderben und dem Sozialismus schaden?

Das alles war so plötzlich über uns hereingebrochen wie der erste Schnee, der in der Nacht vor dem Plenum gefallen war. In unserem Januarheft, das gerade gedruckt wurde, standen freche erotische Epigramme, und was hatten wir in den zurückliegenden Monaten nicht alles gebracht, was plötzlich als verfemt galt. Einen längeren Auszug aus dem nun als staatsfeindlich eingestuften Roman von Manfred Bieler »Das Kaninchen bin ich«. Eine Aktuelle Umfrage von demselben Bieler über »die Vor-Spiel-Regeln« des Flirts. Und niemand hatte sich etwas dabei gedacht.

Auch der wegen seines Tasso-Stücks auf dem Plenum beschimpfte Peter Hacks gehörte zu unseren Autoren. Im Juni erst hatte er über sein Theaterstück »Polly oder Die Bataille am Bluewatercreek« geschrieben, und wir hatten daraus seinen Song über »Die Mädchen im grünen Leguan« abgedruckt.

Kam der Bauer mit der Rübe,
War die Rüb zu groß dem König.
Sprach des Königs junge Tochter:
Nein, ich find sie nicht zu groß.
Aber die Mädchen vom grünen Leguan,
sind die Schönsten von Peru.
Bei Ines, der Pflaume, und Conchita Affenhaar
Kommt meine wandernde Seele zur Ruh.

Der Literatur-Redakteur wurde losgeschickt, die Reden im Wortlaut zu besorgen. Wir lasen alles und wußten immer noch nicht, was wir tun sollten. Dann beschlossen wir, uns für nicht betroffen zu erklären. In aller Stille machten wir weiter, wie bisher. Oder doch nicht wie bisher? Auf den ersten Blick sah man den folgenden Heften nicht an, daß manches anders war. Einige Autoren fehlten: Peter Huchel, Manfred Bieler, Christa Wolf, Sarah Kirsch ... Als die Redaktion in den neunziger Jahren eine Auswahl von erotischen Zeichnungen, Karikaturen und Geschichten für eine Ausstellung zusammenstellte, blieben die Hefte unmittelbar nach dem Plenum merklich blaß. Offensichtlich hatte uns der Mut in höherem Maße verlassen, als wir uns damals eingestanden. Zwar schrieb Günter Kuhnert weiter seine heiteren Verse zu Bildgeschichten, übersetzte Stephan Hermlin französische Autoren und in jedem Heft erschienen auch weiterhin der obligatorische Akt und eine erotische Geschichte, doch alles ein bißchen dezenter, ein bißchen braver.

Jeden Monatsanfang, wenn die ersten Exemplare des neuen Heftes an das ZK geliefert werden mußten, warteten wir gespannt auf die Reaktion. Was würden sie sagen zu dieser Geschichte, jenem Foto? Aber es geschah nichts. Keine Reaktion. Keine Kritik, keine »Empfehlungen«. Bis wir begriffen, daß es überhaupt nicht um die Nackten, um ein paar anzügliche Verse auf dem Theater oder eine schlüpfrige Stelle in einem Roman-Manuskript, nicht um Sex und sogenannte Pornografie gegangen war, sondern um das Ende einer nach dem Mauerbau entstandenen größeren Freizügigkeit in der Kunst und um die Disziplinierung aufmüpfiger Künstler. Und selbst das war, wie wir heute wissen, nicht alles. Es ging um Machtfragen und Grabenkämpfe in der Führung. Und dabei spielte unser Blättchen nun wirklich keine Rolle.

Nur ein Hotel in Leipzig?

Als ich 1962 in die Redaktion kam, lebten wir im Jahr eins nach dem Mauerbau. Die perfekte Abschottung hinderte nicht nur ihre Bürger am Verlassen des Landes, sie beendete auch endgültig eine Deutschlandpolitik, die in der Losung »Deutsche an einen Tisch« ihren bildhaften Ausdruck gefunden hatte. Die Berichterstattung über die DDR bekam nunmehr in den Medien wie in der Politik des Landes eine völlig neue Bedeutung. Hatten Zeitschriften und Kulturfilme bis dahin bevorzugt Bilder von der »schönen deutschen Heimat« gebracht, die – zumindest propagandistisch – das Zusammengehörigkeitsgefühl der Ost- und Westdeutschen stärken sollten, waren nun Aufnahmen aus »unserer Heimat DDR« gefragt, denn von »Deutschland, einig Vaterland«, wie es bei Becher in der Nationalhymne hieß, konnte keine Rede mehr sein. »So wie die Dinge jetzt liegen«, schrieb »Das Magazin«, »ist Deutschland nur ein großes Hotel in Leipzig«.

So wurde meine erste Aufgabe im »Magazin« die Erweiterung und Qualifizierung der Beiträge über die DDR. Und Reportagen und Umfragen zu Problemen des kleinen Landes blieben bis zur Wende eines meiner engeren Arbeitsgebiete. Denn als stellvertretender Chefredakteur hatte ich zugleich ein eigenes Ressort zu übernehmen. Das war in einer so kleinen Redaktion selbstverständlich. Dazu gehörten Reportagen, Aktuelle Umfragen und populärwissenschaftliche Beiträge.

Schon vor dem Bau der Mauer war die Politik der DDR zunehmend darauf konzentriert, den Staat rundum politisch, militärisch und wirtschaftlich abzusichern, und genau genommen blieb es ein Schwerpunkt der Politik bis zum Ende des Landes, die DDR unabhängig und »störfrei« gegenüber den Importen aus dem Westen zu machen, unangreifbar für jeden Feind und dabei eine Heimat seiner Bürger. Und die Menschen, die sechzehn Jahre lang, bis 1961, hatten entscheiden können, ob sie hier bleiben oder »rüber machen« (nach »drüben« gehen) sollten, die Arbeiter, die Ärzte und selbst die Oberschüler, die diskutiert hatten, ob sie vor oder nach dem Abitur das Land verlassen – sie alle waren jetzt der Entscheidung enthoben. Der Satz: »Der Letzte macht das Licht aus!«, der die Situation vor dem 13. August 1961 treffend beschrieb, galt nicht mehr. Wer jetzt noch hier war, würde lange bleiben.

Er mußte sich auf seine Weise in diesem Land einrichten, sich mit der Macht so oder so arrangieren. Die Medien sollten ihm dabei helfen und ein neues Heimatgefühl vermitteln, was nur zu bald in der Forderung gipfelte, sich nicht mehr in erster Linie als Deutsche sondern als DDR-Bürger zu sehen. »Das Magazin« erhielt eine wichtige politische Funktion, dafür zu sorgen, daß sich die Menschen in der DDR wohl fühlten; heute würde man sagen, ein Wellness-Programm.

So wie nach jedem politischen Großereignis die Redakteure zusammensaßen, um notwendige Schlußfolgerungen für die Zeitschrift zu ziehen, so waren die Jahre nach dem Mauerbau ausgefüllt mit Überlegungen und Diskussionen, wie wir die allgemeine Forderung an die Presse nach stärkerer Beachtung der DDR mit dem Auftrag, ein unterhaltendes Magazin herauszugeben, verbinden könnten. Ich habe mich, als ich ein Jahr später in die Redaktion kam, sehr dafür eingesetzt, daß auch »Das Magazin« stärker als in der Vergangenheit seinen Lesern das freundliche Gesicht des Landes zeigte, emotionale Nähe zur DDR herstellte und Sympathie für den Staat verbreitete. Für mich war es damals ein wichtiges Anliegen, zu dem auch »Das Magazin« seinen Beitrag leisten sollte, daß sich die Bewohner des Landstrichs zwischen Elbe und Oder, Werra und Warnow in diesem Land zu Hause fühlen. Das war nicht einfach, und – wie sich 1989 zeigte – ein letztendlich unlösbares Problem. So richtig lieb haben die meisten die DDR erst postum gewonnen.

Ich zumindest hielt dieses Problem damals für lösbar und meinte, daß die Herausbildung eines DDR-Bewußtseins nur eine Frage der Zeit sei. Es waren die Jahre des Optimismus und der Hoffnung auf schnelle Erfolge. Und die Tatsache, daß der stellvertretende Chefredakteur das Ressort übernahm, spricht dafür, daß sich meine Intentionen mit denen von Hilde Eisler deckten, wenn sie auch immer mal wieder mahnte, »Kinder, denkt daran, daß wir ein Magazin machen«. Doch das schien uns mehr eine Frage der rechten Form, die wir finden mußten, keine des Inhalts. Denn natürlich wußten wir, daß es für das Gros der Leser andere Gründe gab, sich morgens um sieben am Zeitungskiosk anzustellen, um ein Exemplar unserer Zeitschrift zu bekommen, als unsere Beiträge über den Aufbau in Neustrelitz, Kamenz oder Frankfurt an der Oder. Also, so unsere Schlußfolgerung, mußten unsere Beiträge so geschrieben sein, daß sie aus dem Mainstream der Erfolgspropaganda, der Planerfüllungen und Ernterekorde ausscherten, ohne von der großen Zielstellung abzuweichen. Wir mußten Formen finden, um das Land liebenswert und menschlich, freundlich und fröhlich zu zeigen, und dabei seine Politik mit zu tragen, aber eben auf unsere Weise.

Ich liebte dieses Land; und alles, was ich daran ändern wollte, und das war nicht wenig, sollte es besser, schöner und stärker machen. Das Bild, das »Das Magazin« zu unterschiedlichen Zeiten in unterschiedlicher Weise von der DDR vermittelte, war aus Sympathie, aus Verantwortung und aus innerer Überzeugung ein positives Bild. Seine Farben waren vielleicht bunter, seine Töne heller, sein Rahmen schöner als in Wirklichkeit, wir zwangen manchmal, wie es in einer Waschmittelreklame hieß, grau raus und weiß rein. Wir umgingen Tabus, kratzten nicht an Wunden und rührten nicht an allergischen Punkten; unsere Beiträge sollten originell sein, aber keine schlafenden Hunde wecken. Und ganz und gar nicht ging es uns darum, den Aufstand zu proben. Wir begnügten uns mit den kleinen Unbotmäßigkeiten, die viele unserer Kollegen versuchten, hier ein ungewöhnliches Wort, dort ein Thema, das noch keiner aufgegriffen hatte, und freuten uns über Erfolge, die man heute kaum noch einem Uneingeweihten erklären kann. Wir ließen kleine Versuchsballons fliegen, teilten freundlich formulierte Spitzen aus oder übten maßvoll gehaltene Kritik. Und hielten uns manchmal aus gar zu plumpen Aktionen heraus. Aber auch das geschah aus der Überzeugung, so und nicht anders dem Sozialismus und dem Land zu nutzen und nicht etwa, um ihm zu schaden.

Die Leser folgten uns auf diesem

Wege, auch die, die unsere Absichten und Intentionen nicht teilten. Sie spürten auch, wo und wann wir uns zurückhielten, und honorierten das, was wir nicht druckten, mit Wohlwollen.

Großen Anteil daran, daß unsere Beiträge über den Alltag in der DDR von den Lesern angenommen wurden, hatten natürlich die Autoren, die wir für Reportagen, Aktuelle Umfragen und Erzählungen gewannen. Sie erweiterten den Gesichtskreis der Zeitschrift, brachten eine eigene Sprache, neue Sichten, Gedanken und Töne in das Blatt.

Denn mit berühmten Autoren war es in der DDR nicht anders als anderswo: Man kann sie zwar für ein Thema gewinnen, aber dann produzieren sie natürlich nicht auf Kommando. Je besser ein Autor war, um so mehr schrieb er, was ihm an einer Sache wichtig erschien, und das war oft nicht deckungsgleich mit den Wünschen der Presseabteilung und oft auch nicht mit den Wünschen der Redaktion. Aus diesem Spannungsverhältnis aber sind die besten Arbeiten entstanden.

Und natürlich war es nicht selbstverständlich, daß es uns gelang, die besten Leute fürs Blatt zu gewinnen, denn Artikel über die DDR von literarischer Qualität suchten auch andere gut redigierte Zeitschriften wie die »Wochenpost« und die »Weltbühne«. Da sie ähnliche Qualitätskriterien hatten wie wir, erschienen gelegentlich bei ihnen Beiträge, um die wir sie beneideten und umgekehrt hätten sie wohl gern die eine oder andere Reportage gedruckt, die bei uns erschien. Mit DDR-Darstellungen in lesbarer Form taten sich alle schwer, die Tabus waren zahlreich, und natürlich war es interessanter, über Frankreich, Feuerland oder den Fernen Osten zu schreiben als über Nossen und Zossen.

Wir waren also ständig auf der Suche nach guten Autoren, Schriftstellern und Reportern. Sie kamen nicht zu uns; wir gingen zu ihnen. Gemeinsam suchten wir nach einem Thema, das sie reizte und für das sie die Arbeit an größeren literarischen Arbeiten zu unterbrechen bereit waren. Manchmal war einer auch ganz froh, etwas zwischendurch zu machen, das gleich bezahlt wurde. Die größere Motivation aber war wohl die Popularität, die »Das Magazin« dem Schriftsteller geben konnte.

Wir fuhren am Wochenende bis in ein kleines Dorf hinter Prenzlau, in das sich der Schweizer Schriftsteller Jean Villain (Pseudonym von Marcel Brun) zurückgezogen hatte, wir besuchten Sarah Kirsch in Halle, wo sie in einer kleinen Seitenstraße vom Markt wohnte. Ich besprach mit Christa Wolf eine Aktuelle Umfrage über Komplimente und moderne Umgangsformen, sprach mit der charmanten Kinderbuch-Autorin Alex Wedding (Pseudonym von Grete Weiskopf) in ihrer Wohnung in der Berliner Karl-Marx-Allee und mit Wolfgang Schreyer in Magdeburg, dessen Bücher in den sechziger Jahren alle einen Stammplatz auf der Bestsellerliste bekommen hätten, wenn es denn in der DDR eine gegeben hätte. In Leipzig besuchte ich die Schriftstellerin Hildegard Maria Rauchfuß und am Rahmersee bei Berlin Harald Hauser, den ich und meine Kollegin an einem warmen Sommertag antrafen, wie er splitternackt hinter seiner Schreibmaschine saß und gerade die letzten Zeilen an einer Aktuellen Umfrage schrieb, die wir dringend brauchten. Die Autorin Ingeborg Kretschmar besuchte ich für einen Beitrag sogar im Krankenhaus in Dresden. Jedes dieser Gespräche kostete Zeit. Aber es war immer ein doppelter Gewinn: »Das Magazin« gewann einen neuen Autor oder ermutigte einen, der schon für uns geschrieben hatte, zur weiteren Mitarbeit – und ich empfand jedes dieser Gespräche mit interessanten klugen Menschen als eine Bereicherung.

Manchen dieser einst berühmten Leute findet man heute nur noch im Lexikon, ihre Bücher stehen nicht mehr in den Schaufenstern der Buchläden und der Name des Autors taucht vielleicht nur irgendwann noch einmal in einem kurzen Nachruf auf der Kulturseite auf. Aber damals waren sie allesamt bekannte Persönlichkeiten, ihr Stern leuchtete weithin sichtbar auf dem Büchermarkt, ihr Wort galt etwas im Lande. Wir waren stolz und glücklich, sie zu unseren Autoren zählen zu können.

Und so erschienen in diesen Jahren nach dem Mauerbau zunehmend Beiträge über Betriebe und Dörfer, die etwas herzeigen konnten, in denen etwas Ungewöhnliches, Herausgehobenes geschah. Wie aber machte ein »Magazin« Betriebsreportagen, die doch zum täglichen Brot aller Zeitungen gehörten, anders als alle anderen? Wie konnte es Interesse wecken für Themen, die den DDR-Bürgern zu den Ohren herauskamen? Wir bemühten uns. Um eine verständliche Sprache ohne unnötige Fachausdrücke, ohne Abkürzungen, ohne Parteichinesisch, und versuchten, schwer verständliche Vorgänge sinnlich faßbar zu machen. Ein Meister dieser Form von Reportagen war der Reporter und Schriftsteller Jean Villain. Er war, als ich ihn kennenlernte, ein gutaussehender junger Mann von Mitte dreißig, groß gewachsen, dunkles, fast schwarzes lockiges Haar, und mit einer etwas langsamen, Wort für Wort betonenden Schweizer Aussprache, der man gern zuhörte. Er lebte damals noch in Berlin-Niederschönhausen, bevor er sich in ein kleines Dorf in Vorpommern zurückzog. Villain war so etwas wie ein Kisch der DDR; seine Reportagen waren Lehrstoff für junge Kollegen.

Für uns war er bald ein wichtiger Autor. Seine Reportagen zeichneten sich durch sprachliche Genauigkeit, durch Hintergrundkenntnisse und einen dramaturgischen Aufbau aus. Er verstand es, komplizierte technologische Vorgänge allgemeinverständlich und nachvollziehbar zu beschreiben. Vor allem konnte er Menschen und ihre Motive lebendig werden lassen. Er kannte das Land, in dem er seit vielen Jahren lebte und arbeitete (Villain war Berliner Korrespondent der Zeitung der Schweizer Partei der Arbeit), aber er sah die DDR doch immer wieder neu, gewissermaßen von außen. Er war neugierig geblieben und ständig auf Entdeckungen aus. Er beherrschte die Komposition und den Kontrapunkt. Wenn er über den Aufbau des Berliner Fernsehturms schrieb (»Nachtschicht auf Höhe 221«), dann stand der Leser mit auf der Plattform und sah mit ihm auf die nächtliche Stadt mit ihren Lichtern und Schatten. Er berichtete über das Rechenzentrum des Instituts für Datenverarbeitung in Dresden und erlebte dort den Alltag eines Computers, er informierte sich über automatische Analyseeinrichtungen im Klinikum Berlin Buch (»Roboter im Klinikum«) – und immer hatte der Leser ein doppeltes Vergnügen: Er erfuhr Neues und unterhielt sich dabei noch gut. Jeder dieser Beiträge erfüllte auf seine Weise die Forderung der Zeitschrift, zu unterhalten und zu bilden.

Marcel hatte noch einen, für unsere damaligen Verhältnisse nicht hoch genug zu schätzenden Vorzug: Er war im Besitz eines Schweizer Passes, mit dem er in Länder und Regionen reisen konnte, die dem DDR-Journalisten verschlossen waren. Seine Reisereportagen aus Marokko, Israel und anderen für uns unerreichbaren Ländern erweiterten die Weltsicht unserer Leser auf bildende und zugleich vergnügliche Weise.

So klein auch die Redaktion des »Magazins« im Vergleich zu allen anderen Zeitschriften im Haus des Berliner Verlages war, so groß war die Zahl ihrer Mitarbeiter. Das galt für alle Gebiete, für den Text, die Fotos und die Illustrationen. Die Zusammenarbeit mit ihnen war das wichtigste in der Tätigkeit jedes Redakteurs, sie stand weit vor der Aufgabe, selber zu schreiben.

Eine Zeitlang gehörte der Leipziger Schriftsteller Erich Loest zu unseren Autoren. Zunächst hatten wir kleine Kriminalgeschichten gedruckt, die unter dem Namen Hans Walldorf erschienen (einem Pseudonym, das er nach seiner Haft in Bautzen benutzen wollte, sollte oder mußte?). Im Dezemberheft 1978 schrieb er dann über eine Sylvesternacht auf dem Trümmerberg im Süden der Messestadt, für mich einer seiner besten kurzen Texte. Wie Loest die Stadt, seine Stadt, in jener Nacht schildert, als er gemeinsam mit dem Maler Wolfgang Mattheuer und dessen Familie den Berg besteigt – Mattheuer lieferte auch die Illustrationen dazu –, das kam schon dem nahe, wie wir uns einen guten DDR-Beitrag dachten, ein sympathisches Bild, nicht ohne Ironie und doppelten Boden, voller Atmosphäre. Ich weiß heute nicht mehr, ob Loest uns den Beitrag angeboten hat oder ob er ihn auf Wunsch der Redaktion schrieb. Die Reise jedenfalls, die er wenig später durch die Masuren unternahm und über die er ausführlich im Heft berichtete, machte er in unserem Auftrag.

Schwierigkeiten von Reportagemenschen

Die Mitarbeit bekannter Schriftsteller und Lyriker ermöglichte es uns, der großen Linie der Politik zu folgen, ohne uns in Tagesfragen zu verzetteln und an penetranten Kampagnen wie die alljährliche »Ernteschlacht«, die Zahlenspielerei der »Planübererfüllung« oder den Erfolgsberichten über die ständig zitierten »Errungenschaften« zu beteiligen. Und selbst wenn wir uns an Kampagnen beteiligten, taten wir es auf unsere Weise. Als das »Chemieprogramm« (»Chemie bringt Wohlstand, Brot und Schönheit«, hatte Ulbricht verkündet) beschlossen wurde und die chemische Industrie der DDR in den Mittelpunkt der Aufmerksamkeit rückte, schrieb Heinz Kahlow über seine zweite Reise mit Kleo nach Schwedt (die erste war 1961, die zweite erschien im Januar 1969), und die beiden begutachteten und besprachen, was sich nun inzwischen getan hatte. (Es wäre interessant, heute eine dritte Reise nach Schwedt zu machen.)

Der Schriftsteller Armin Stolper, damals am Theater in Halle als Chefdramaturg, fuhr für uns nach Leuna. Ich hatte ihn dazu in einem langen Gespräch überredet, das wir in der Kantine des Theaters führten. Ich versuchte, ihm einen Beitrag über das Chemieprogramm schmackhaft zu machen und Stolper fürchtete, daß er in wenigen Besuchen im Werk die wirklichen Probleme nicht erfahren und die Zusammenhänge nicht durchschauen würde.

So läßt er denn in seiner Reportage über den Caprolactam-Betrieb einen alten Arbeiter »über einen Reportagemenschen und seine Schwierigkeiten« (so der Titel) nachdenken. Dreimal war der Mann, so denkt der Arbeiter, für einige Stunden in den Betrieb gekommen, hatte mit ein paar Leuten gesprochen, sich im Schnellverfahren die Technologie erläutern lassen und sich dann angeschickt, eine Reportage über die schwierige Problematik zu schreiben, die er, der Chemiearbeiter, viel besser kennt.

Stolper hatte also mit seinen Bedenken recht behalten. Und eigentlich hätte mich das gar nicht verwundern dürfen. Denn seine Probleme waren unser aller Probleme. Was er erlebte, erlebte jeder, der in der DDR eine Betriebsreportage machen wollte: Schwierigkeiten, die man ihm nannte, waren entweder schon überwunden oder doch von minderer Schwere. Über die tatsächlichen Probleme dagegen sprach niemand (und wenn wir sie von uns aus fanden, waren wir nur zu schnell bereit, auf die Mahnung der Werkleitung zu hören: »Aber, Genosse, das bleibt unter uns«).

Jeder Betrieb und jede Institution hielt peinlichst darauf, daß Probleme nicht an die Öffentlichkeit gelangten. Man sprach erst darüber, wenn die Schwierigkeiten behoben waren und jede Spannung verloren hatten. Auf diese Weise wurde die DDR-Berichterstattung in allen Zeitungen immer wieder zur Erfolgsstory mit einem happy end. Zum Schluß resümiert Stolper: »Konflikte? Krisen? ... traurig oder rosig? Das kommt darauf an, wie man zum Realismus steht.«

So ähnlich ging es offensichtlich auch der Lyrikerin Sarah Kirsch, als sie im Frühling 1969 im Auftrag des »Magazins« in ein kleines Dorf hinter Greifswald am Bodden fuhr. Hier trifft sie eine Genossenschaftsbäuerin, eine Mutter von acht Kindern, die sich, wie die Autorin schreibt, gegenseitig erziehen. »Das Haus ist klein und blank, der Stall hat Platz unterm Dach und die Zimmer. Erst die Küche, viele Schuhe, große und winzige ...« So beginnt die Geschichte, und so endet sie, mit den Schuhen von zehn Personen, großen und kleinen und Gummistiefeln in allen Farben. Eine Bauersfrau mit acht Kindern, die dem DFD (Demokratischer Frauenbund Deutschlands) in fünf Orten vorsteht, nebenher noch ein Fernstudium absolviert, um die Verwaltung ihrer LPG zu leiten und die noch Zeit findet zum Lesen, Stricken und gelegentlich sogar für eine Theaterfahrt. Wieder blieben die wahren Probleme ungesagt, und doch ist mir die Geschichte über die vielen Jahre in Erinnerung geblieben, wegen der Autorin und – wegen der vielen Schuhe in der Küche.

Auch die runden Jahrestage der DDR-Gründung waren im politischen Kalender der Redaktion rot angestrichen. Zum XXX. Jahrestag der DDR 1979, der offiziell in römischen Ziffern geschrieben wurde, was zu der Bemerkung verführte, daß alle im Lande »drei Kreuze« machten, suchte ich im

5000-Einwohner-Städtchen Harzgerode nach Geschichten, die dem Staats-Ereignis angemessen waren. Wir berichteten über die Selketal-Bahn, deren Lokomotiven und Waggons noch immer aussahen wie zur Jahrhundertwende und einen erfreulichen Kontrast bildeten zu den neuen (wesentlich weniger schönen) Ferienhotels und Siedlungen im Ortsteil Alexisbad, über die ersten Anfänge einer Automatisierung im staatlich ausgezeichneten Druckguß- und Kolbenwerk. Ein Beitrag also, wie er damals gern gesehen wurde. Seinen magazinischen Charakter erhielt er durch kulturelle Besonderheiten, die keineswegs überall anzutreffen waren, mir aber als die Vorboten einer sozialistischen Kulturentwicklung erschienen. Das Kolbenwerk leistete sich nämlich nicht nur ein eigenes Kulturensemble, das taten damals viele, es veranstaltete auch regelmäßig einen »Kolbenwerker-Konzert-Winter« (das hieß wirklich so), und gerade als wir da waren, spielte vor den Arbeitern des Werks der damals schon berühmte Trompeter Ludwig Güttler auf. Zwischen Auftritten in Berlin und Oslo war er in das kleine Harzstädtchen gekommen.

Zur gleichen Zeit präsentierte die Redaktion im Kolbenwerk ihre Ausstellung »25 Jahre Magazin«, die mit einem lebensgroßen Akt von Jane Fonda begann und Klemke-Titel, Sandberg-Zeichnungen und Rössler-Aktfotos zeigte. Unvergeßlich aber ist mir ein Erlebnis bei der Ankunft in unserem Quartier. Es war gegen Abend, als Christa, unsere Fotografin, Heinz, unser Kraftfahrer und ich in Harzgerode ankamen. Damals (wie heute auch) hatte Harzgerode kein Hotel. Wir sollten bei der Gemeindeschwester schlafen. Und die empfing uns mit sorgenvoller Miene. »Sie sind ja drei«, sagte sie erschrocken, »ich habe doch nur ein Zimmer frei.« Und nach kurzem Zögern: »Sind Sie denn verheiratet?« Jetzt mußten wir alle vier lachen. Wir sagten ihr, daß wir unseren Besuch mit drei Personen angekündigt hätten. »Ja, ja«, sagte sie, sie wisse das, aber auf dem Rathaus habe man ihr gesagt, »das mit dem Zimmer ist kein Problem, das ist ein Team vom ›Magazin‹ in Berlin, die machen sowieso alles zusammen«. Es war offensichtlich, daß die »Magazin«-Mitarbeiter hier einigermaßen verkannt wurden. Das wurde uns ganz und gar klar, als wir am nächsten Tag in eine der großen Werkhallen kamen. Wir waren mit einer jungen Arbeiterin verabredet und als wir uns noch suchend nach ihr umsahen, brachen schon die lieben Kollegen in den Ruf aus: »Heidi, zieh dich aus, das ›Magazin‹ kommt«.

Heinrich und Kleo auf Reisen

Über viele Jahre schrieb der Schriftsteller Heinz Kahlow Reportagen über Städte und Landschaften der DDR. Er hatte eine Form gefunden, den sozialistischen Aufbau in der DDR für einen breiten Leserkreis auf unterhaltsame Weise darzustellen. Seine Reisereportagen waren vergnüglich zu lesen, er begleitete die Entwicklung des Landes mit Sympathie, freundlicher Kritik und einem Humor, der gelegentlich an Tucholsky denken ließ.

In jedem Beitrag trat eine Kunstfigur auf, Kleo, das kluge Kind. In der Realität war es seine Frau, die ihn auf allen Reisen begleitete, und ihm mit scheinbar naiven Fragen die Stichworte für seine Beobachtungen gab und die Übergänge von einer Episode zur nächsten vorbereitete. Plötzlich fiel dem klugen Kind etwas auf: »Sag mal, Heinrich, wie ist das mit ...« Sie stellte die Fragen, die der Leser hätte stellen wollen. Sie konnte so wunderbar naiv staunen, lachen, loben und Volkes Stimme spielen. »Mit Kind und Kegel in Erfurt« – »Mit Kleo in...« – »Kleo, Kleist und kleine Kobolde«. Den Lesern gefielen diese Beiträge, Draufsichten, Stippvisiten aus der Sicht eines Besuchers, der in eine fremde Stadt kommt oder eine alte Bekannte nach vielen Jahren wiedersieht. Da werden Geschichten und Geschichte im Vorübergehen erzählt, Betriebe vorgestellt, touristische Besonderheiten besucht und Typisches für die jeweilige Stadt beschrieben. »Neubrandenburg ist rötlich, ins Grüne verlaufend« – »Erfurt liegt im Tal, ringsum ist die Landschaft höher, und man muß sagen, es ist eine schöne Stadt« – »Bad Doberan liegt inmitten hoher Wälder und besteht eigentlich aus zwei Teilen, das rote und das weiße Doberan, nämlich die mächtigen mittelalterlichen, aus roten Backsteinen erbauten Klosteranlagen – und die weißgetünchten Häuser und Palais, die um 1800 hier entstanden«.

Fast dreißig Jahre reiste das Duo durchs Land, kaum eine Stadt, die sie nicht besuchten. Kahlow war eigentlich Kabarettist, er verstand Dialoge zu schreiben und Pointen zu setzen. (Später tingelte er, mit Kleo am Klavier und einem eigenen Programm, durch die Ferienorte an der Ostsee, wo er ursprünglich zu Hause war.)

Das Anliegen Kahlows (und damit des »Magazins«) in diesen Beiträgen war nicht die Analyse, die Aufdeckung von ungelösten Problemen; seine Beiträge lebten von der Impression, vom Kaleidoskop. Das, was man heute investigativen Journalismus nennt, gab es in der gesamten DDR-Presse auch nicht in Ansätzen. Wir bemühten uns in unseren Reportagen um eine möglichst originelle Sicht – nicht um eine Erkundung von Problemen und deren Ursachen. So blieben auch bei uns die wirklichen Probleme in Wirtschaft wie Gesellschaft weitgehend ausgespart. Die Ursachen für diesen Mangel waren vielfältig. Die zahlreichen Tabus, die die Politik aufgestellt hatte, waren sicherlich die Hauptursache, es durfte keine Kritik am Wohnungsbauprogramm geben, keine Kritik an der Volksbildung, keine Kritik an den Volkswirtschaftsplänen ... Hinzu kamen Erklärungen, die auch mich heute eigenartig anmuten, die uns damals aber zumindest teilweise überzeugten: Was, so sagten die Pressegewaltigen, was nützt es dem Lande, wenn Ihr über ein Problem schreibt – das Land aber nicht in der Lage ist, es zu lösen, weil uns das Geld fehlt, weil wir dazu Devisen brauchten, weil anderes vordringlicher zu lösen ist. Das war ein Argument, das schwer zu widerlegen war, wenn man als Zeitungsmacher die Interessen des gesamten Landes vertreten wollte. Und es war gerade deshalb falsch. Sage ich heute.

Kahlow und Kleo suchten nicht die Probleme, sie beschrieben den Alltag. Daß sie mit ihren heiteren Geschichten dennoch gelegentlich in Fettnäpfe traten, zeigt nur, wie eng die Grenzen gezogen waren, wenn es sich um reale Vorgänge in der DDR handelte. Bei einer Reise im Herbst 1964 stellten sie in Frankfurt an der Oder fest, daß es in der ganzen Stadt kein anständiges Hotel gab. Ein Hotel war zwar mal geplant gewesen, dann aber – auf Beschluß der Bezirksleitung der SED – war eins in Schwedt gebaut worden und eins in Eisenhüttenstadt, die als Symbole der neuen sozialistischen Städte galten. Kahlow und Kleo fanden trotzdem, daß eine Bezirksstadt ein vernünftiges Hotel brauchte. Und sie drückten das in ihrer Art aus:

»Wenn man hier ein modernes großes Hotel und ein paar elegante Gaststätten baute«, sagte Kleo.

»Du hast doch gehört«, sagte ich, »Frankfurt ist so etwas wie eine Mutter für Schwedt und Eisenhüttenstadt!«

»Aha, und weißt du, daß um 1500 im Lebuser Tor eine Keule hing, und daneben stand auf einer Tafel: Wer seinen Kindern gibt das Brot / und leidet dabei selber Not / den soll man schlagen mit dieser Keule tot?«

»Weißt du, was mir gestern der junge Lehrer in der Tanzdingsbums gesagt hat? – Man lebt hier schon sehr schön, man darf nur noch nicht zu Besuch kommen.«

So stand es im »Magazin«, und die Bezirksleitung mit ihrem ersten Sekretär an der Spitze, der war zugleich Politbüro-Mitglied, tobte vor Zorn. Die hatten nämlich gerade beschlossen, daß das einzige Hotel, das für dieses Jahr im Plan war, wieder nicht in Frankfurt gebaut werden sollte. Und so kam die Keule vom Lebuser Tor über uns, die wir – unbewußt zwar, aber immerhin – die Beschlüsse der Partei unterlaufen hatten.

Das Ergebnis war ein zweifaches: Die Redaktion übte Selbstkritik. Und Frankfurt bekam schließlich doch ein Hotel.

Treffpunkt: »Magazin«

Im Juli 1965 veröffentlichte »Das Magazin« einen Leserbrief, der mit »Prof. Dr. W. K., Berlin« gezeichnet war. Ich kann heute nicht mehr sagen, ob es ein echter Brief war oder ob die Redaktion ihn erfunden hatte, um eine Diskussion über die »Treffpunkt«-Inserate in Gang zu setzen.

Der Professor schrieb: »Jedesmal, wenn ich ›Das Magazin‹ erhalte, beginne ich erst mit dem Kreuzworträtsel. Danach folgen die Heiratsanzeigen. Ich muß sagen: Es ist doch schrecklich wie viele junge Menschen mangels Gelegenheit oder infolge Einsamkeit hier einen Partner suchen. Da stimmt doch irgend etwas nicht. Vor allem: Nach den Anzeigen zu schließen gibt es anscheinend nur hübsche, charmante und gebildete Menschen. Nur ab und zu findet sich ein schüchterner Hinweis auf irgendeine Schwäche ... Ich bitte Sie deshalb, folgende Annonce in Ihre Zeitschrift aufzunehmen:

> Wer wagt es?
> Bin angeblich egoistisch, unfreundlich und von nicht attraktivem Äußeren, kinderlos, aber nicht unvermögend. Erbitte Zuschriften unter Angabe des Alters, Berufes und Heimatortes.«

Die Redaktion sah den Zuschriften mit Spannung entgegen. Und sie hatte sich nicht getäuscht. Sie kamen zuhauf.

O. W. aus Weimar: Ihre Anzeige könnte man »fishing« nennen. Originalität, Humor, Ehrlichkeit, welche Vorzüge! Ich habe daraufhin gleich noch einmal die Annoncen durchstudiert. Wenn 19-23jährige keine andere Gelegenhcit haben, da muß doch etwas nicht stimmen.

Annemarie Grundt, Berlin: Ich find,e es stimmt, daß manchmal auch junge Menschen keinen Anschluß finden. Warum sollen sie nicht eine Anzeige aufgeben?

Ruth Reuter, Stralsund: Für einen jungen im Leben stehenden Menschen dürfte es keine Schwierigkeit bedeuten, einen Partner zu finden. Schwerer ist das schon für ältere Leute, die sich einsam fühlen.

R. M., Berlin: Gibt es denn gar keinen anderen Weg als die Beschreibung von Personen bei den Heiratsanzeigen?

E. St., Ballenstadt/ Harz: Auch bei der Anzeige des Professors ist ein Pferdefuß: »... nicht unvermögend«. Und wenn Sie noch so egoistisch und gar nicht gutaussehend sind, lieber Herr, daraufhin werden Sie unter den Zuschriften ersticken. Die meisten sehen doch nur den Geldbeutel.

Hätten wir alle Zuschriften veröffentlichen wollen, sie hätten ein ganzes Heft gefüllt. Warum bewegte die Frage die Leser in so hohem Maße? Heiratsanzeigen hatten ja in deutschen Zeitungen eine lange Tradition. In der bürgerlichen Gesellschaft bestätigten sie den alten Spruch

> Landleute heiraten nach Land,
> Edelleute nach Stand;
> Hofleute nach Welt,
> Kaufleute nach Geld.

Doch das alles war in der DDR kaum durch Heirat zu erwerben – selbst die Möglichkeiten reich zu werden, hielten sich in Grenzen (und in DM Ost). Die Tradition der Heiratsanzeige war von unseren Lesern also als Überbleibsel aus einer Zeit geortet worden, in der Geld und Macht, Land und Stand das Leben bestimmten. Dennoch zeigte die Zahl der monatlich aufgegebenen Anzeigen, daß es auch in der DDR-Gesellschaft ein echtes Bedürfnis dafür gab. Und wir in der Redaktion wußten, daß mehr Anzeigen kamen, als wir auf den dafür vorgesehenen Seiten drucken konnten, so daß Inserenten oft Monate auf eine Veröffentlichung warten mußten.

Und es waren nicht nur die einsamen Alten, die inserierten, Frauen, die nach dem Krieg allein geblieben waren, geschiedene Mütter, die einen Vater für ihr Kind suchten, und deren Anzeigen meist mit der Floskel »Nach schwerer Enttäuschung ...« begannen. Es waren, wie der Professor schrieb, erschreckend viele junge Menschen, die mangels Gelegenheit oder infolge von Einsamkeit einen Partner suchten. Welche Art von Einsamkeit hinter diesen Anzeigen stand, wollte »Das Magazin« herausfinden. Lotte Ulbricht, die Frau des Staatsratsvorsitzenden, hatte verkündet: »Es gibt bei uns keine einsamen Menschen!« Ein Satz, über den sie später – viel später – wohl noch manchmal nachgedacht haben wird. Damals aber galt er als verbindlich, als Axiom. Der Brief des Professors, und damit »Das Magazin«, stellten ihn infrage.

Es war in der DDR der sechziger Jahre noch ziemlich ungewohnt, daß Menschen durch Anzeigen einen Partner suchten, obwohl auch die »Wochenpost« und einige andere Zeitungen solche Inserate veröffentlichten. Dennoch rief es bei vielen unserer Leser Erstaunen und Befremden hervor, daß Menschen sich selbst anboten, ihre Vorzüge priesen und ihre Wünsche an einen Partner in der Öffentlichkeit äußerten. Was man sonst nicht sagte, tat man hier – man nannte sich selbst in aller Bescheidenheit klug, schön, charmant und liebenswert.

Wie sah es nun in der Gesellschaft aus? War sie eine »sozialistische Menschengemeinschaft« oder gab es, wie »Das Magazin« schrieb, auch »Menschen, die trotz unseres regen gesellschaftlichen Lebens einsam sind«? Die Diskussion, die der Brief des Berliner Professors in Gang gesetzt hatte, reichte weit über die »Treffpunkt«-Inserate hinaus und machte Probleme der Gesellschaft sichtbar. Aus einem scheinbar harmlosen Leserbrief ergab sich so eine Diskussion über Einsamkeit in einer kollektiven Gesellschaft. Unser Kolumnist, Prof. Budzislawski, griff die Frage als erster auf. Wenn er auch versuchte, das Problem auf eine philosophische Ebene zu heben und ihm dadurch etwas von seiner politischen Sprengkraft zu nehmen. Doch ungeachtet seiner eher abwiegelnden Worte bestätigte er ein gesellschaftliches Bedürfnis. Budzislawski schrieb, daß »die Heiratsanzeigen auch in der DDR eine soziale Funktion haben; denn es gibt speziell unter den Älteren einen gewissen Prozentsatz von Menschen, der von unseren gesellschaftlichen Einrichtungen noch unzureichend erfaßt wird ... Das Heiratsinserat ist freilich historisch und in unserem Bewußtsein dadurch beschmutzt, daß es früher ein Instrument der Kapitalsuche und damit der Entehrung der ehelichen Liebe gewesen ist. Heute aber, da diese Schande nicht mehr besteht, beseitigt die freilich verbesserungsbedürftige Annonce manches Gefühl des Verlassenseins am Rande einer Gesellschaft, die die Einsamkeit im Prinzip überwunden hat.«

In den »Treffpunkt«-Anzeigen wurde ein Thema berührt, das in der DDR-Öffentlichkeit, in den Medien und auch in der Literatur weitgehend ausgespart worden war. Das allein erregte Aufsehen.

Für den heutigen Betrachter gestatten die »Treffpunkt«-Inserate einen Blick auf die Wünsche, Träume und Sehnsüchte junger Leute in der DDR, die sonst nirgends öffentlich gemacht wurden und die bei weitem nicht immer mit den offiziellen Normen übereinstimmten. Wie überall in der Welt wandelten sich auch in der DDR die Vorstellungen von Vorzügen und Tugenden zwischen den frühen fünfziger und den späten achtziger Jahren erheblich. Die Wünsche an den Partner veränderten sich, manche Werte traten zurück, andere traten in den Vordergrund. Frauen entwickelten neue Vorstellungen von ihrem Wunschpartner, und bei Männern wie Frauen vollzog sich ein besonders auffallender Wandel in ihrer Einstellung zur Erotik (an dem »Das Magazin« seinen Anteil hatte).

In den Inseraten der ersten Jahre suchten die »nette Krankenschwester«, die »treue Kameradin«, das »natürliche Mädel« einen »treuen, fortschrittlichen« Mann, der »klug, einfühlsam, treu« und manchmal »kinderlieb« sein sollte; und der junge Mann wünschte sich ein »anständiges, einfaches, solides Mädel«, »liebevoll, anhänglich, anmutig und warmherzig«, mit »fraulichem Herzenstakt«. Das änderte sich bald beachtlich. Aus den »natürlichen, soliden Mädels« wurden selbstbewußte junge Frauen, die Ansprüche stellten, die in den Anzeigen auf ihren Beruf hinwiesen, auf Selbständigkeit, schließlich hatten immer mehr von ihnen, was sich hinter den Kürzeln HSA oder FSA verbarg, Hochschul- oder Fachschulabschlüsse. »Anspruchsvolle Frau sucht Mann für zärtliche Stunden«, hieß es dann ganz selbstbewußt in den Achtzigern. Gelegentlich konnte man auch die Abkürzung mlW lesen, was marxistisch-leninistische Weltanschauung bedeutete. Häufiger waren NR (Nichtraucher) und NT (Nichttrinker) gewünscht. Eine richtige Geheimsprache hatte sich hier aus Gründen des Platzsparens herausgebildet: »Jg. Mann (32) s. n. schw. Ent. schlk. sen. opti. NR u. NT«. Zu deutsch: Junger Mann (32 Jahre alt) sucht nach schwerer Enttäuschung eine schlanke, sensible optimistische Nichtraucherin und Nichttrinkerin. Die männlichen Inserenten

Frank Leuchte persifliert die Treffpunkt-Inserate

suchten nicht mehr so sehr nach »fraulichem Herzenstakt«; vielmehr waren »Blondinen bevorzugt!« Es galten nun körperliche Vorzüge, Figur und Körpermaße (»Gut proportioniert mit Herz und Oberweite«). Viele wollten gar nicht mehr einen Partner zum Heiraten kennenlernen, man suchte eine Reisebekanntschaft oder ein Fotomodell. Tugenden wie Klugheit, Toleranz, Aufgeschlossenheit, Interesse an Kultur, Theater, Literatur und immer stärker auch an der Natur waren gefordert, besonders in den Inseraten der Frauen. Nur das »Interesse für alles Schöne«, was immer der Inserent darunter verstand, war aus dem alten Wunschkatalog erhalten geblieben.

Auffallend ist seit den siebziger Jahren ein wachsender Drang zu originellen Formulierungen. Aus der »Alleinstehenden« wird ein »Biest«, eine »Herbstzeitlose, die Frühblüher« sucht oder eine »Fröhliche Kräuterhexe« auf der Suche nach einem »kultivierten Waldschrat«.

So ändert sich die Sprache der Anzeigen und die Offenheit, mit der erotische und sexuelle Wünsche vorgetragen werden. »Seriös, unseriöser junger Mann sucht attraktives, lady-heißes Girl für Spaß, Liebe und mehr«. Eine »junge Frau mit außergewöhnlicher Sinnlichkeit« sucht einen entsprechenden Partner. Vokabeln wie »unkompliziert«, »sinnlich«, »tabulos«, Forderungen nach »fraulicher Figur«, »gut ausgeprägten weiblichen Attributen« und »Sinn für Sex und Erotik« treten in den Vordergrund.

So spiegeln die Inserate etwas vom Wandel der Gesellschaft wider, die sich von der Prüderie der ersten Jahre gelöst hatte. Die Inserate im »Magazin« unterschieden sich in dieser Hinsicht von den »Heiratsanzeigen« anderer Presseorgane. Sie waren freimütiger, offenherziger und manchmal auch ungewöhnlicher. Sie waren Unterhaltungsstoff für die Leser, und sie zeigten ein realistisches Bild von der individuellen, privaten Seite der Gesellschaft.

In der zweiten Hälfte der achtziger Jahre reduzierten sich die Tabus in den »Treffpunkt«-Anzeigen auf ein Minimum. Nun suchte ein »Fotoamateur ein Modell für Aktaufnahmen«, ein »junger Mann einen männlichen Partner« und ein »tolerantes Ehepaar« wünschte sich »Gleichgesinnte für gemeinsame Freizeitgestaltung«. Manche Anzeigenannahmestellen machten dann ihre eigenen Gesetze, in denen sie festlegten, was moralisch ist. Oft aber waren sie auch einfach überfordert, wenn die Absichten der Inserenten gar zu offensichtlich gegen die moralischen Grundsätze verstießen, in denen sie selbst erzogen waren. Wenn ein »tolerantes Ehepaar Ihn zu gemeinsamer Freizeitgestaltung« sucht, oder »Zwei Mädchen mit toleranten Auffassungen über Liebe neugierig auf Überraschungen« sind, oder wenn ein »tabuloser junger Mann Frau mit Lust auf Sex« sucht und dazu schreibt »Alter unwichtig. Diskretion zugesichert«. Schließlich mußte auch hier die Redaktion entscheiden, und das heißt: der Chefredakteur, der nach dem Statut für alles verantwortlich war, was gedruckt wurde.

Zunächst einmal aber verletzte jede dieser Anzeigen, wenn sie zum erstenmal erschien, ein Tabu, das über Jahrzehnte oder vielleicht noch länger als unantastbar gegolten hatte. Und natürlich wurde in der Redaktion darüber hitzig debattiert, soll man oder soll man nicht? Jede dieser Anzeigen war zumindest beim ersten Mal ein Ballon, den wir steigen ließen, um zu erkunden, wie der Wind weht. Doch es ist keiner abgestürzt. Und mit der Zeit wurden auch diese Anzeigen Alltäglichkeit, Gewohnheit, Normalität. Schließlich hieß die Rubrik von Anfang an nicht »Heiratsanzeigen« sondern »Treffpunkt«. Und man trifft sich ja nicht nur zum Heiraten.

Trotzdem: Immer wieder schrieben uns über die Jahre glückliche Paare, die sich durch »Das Magazin« fürs Leben gefunden hatten. Unter der Überschrift »Suche Mann, bin 29 Jahre« baten wir die Leser, uns ihre Erfahrungen mit »Magazin«-Treffpunktanzeigen mitzuteilen. Unter all den Zuschriften war die Mappe mit denen, die über die Anzeige im »Magazin« ihren Partner fürs Leben gefunden hatten, die dickste. Sicher waren die, bei denen es geklappt hatte, eher bereit zu schreiben, als die anderen, die leer ausgegangen waren. Ganze Ehegeschichten, richtige »Wahre Begebenheiten« wurden uns mitgeteilt.

Interessant war für uns, daß die meisten trotz glücklichen Ehelebens, oft seit vielen Jahren, unerkannt bleiben wollten und darum baten, keine Namen zu nennen. Noch immer galt es, wie ein Ehepaar schrieb (es schrieben fast immer Ehepaare) als »liebes- und lebensdumm, seinen Partner per Inserat zu suchen«. Selbst die eigenen Kinder sollten es oft nicht wissen, daß sich die Eltern durch ein »Magazin«-Inserat gefunden hatten.

»Das Magazin« übt Kritik

Allgemein ist die Vorstellung verbreitet, daß den Zeitungen der DDR keine Kritik gestattet war. Das ist so generell keineswegs richtig. Kritik war nicht nur erlaubt, sie war sogar erwünscht. Wir wurden immer wieder dazu aufgerufen. Die Kunst dabei war nur, das Richtige auf die richtige Art zu kritisieren. Harald Wessel drückte einmal die sozialistische Vorstellung von Kritik sehr präzise und zutreffend aus: »Wir brauchen die Kritik wie die Luft zum Atmen. Wir brauchen mehr Kritik: unter vier Augen, im Kollektiv, an der Wandzeitung und auch in der öffentlichen Meinung der ganzen Republik. Selbstverständlich haben wir bei öffentlicher Kritik auch zu beachten, daß wir jenen imperialistischen Kräften, die unsere Lebensordnung nach wie vor beseitigen möchten, keine Munition für ihren psychologischen Krieg gegen uns liefern. Beim Meinungsstreit in der Familie schließt man eben die Fenster.«

Öffentliche Kritik bei geschlossenen Fenstern zu üben war schon eine hohe Kunst. Der Chefredakteur der einzigen satirischen Zeitschrift des Landes, des »Eulenspiegel«, war um seinen Job nicht zu beneiden. Er sollte den Pelz waschen ohne ihn naß zu machen. Wir alle sollten kritisieren – das, was die Partei für kritikwürdig hielt. Es versteht sich von selbst, daß das nicht identisch sein konnte mit dem, was kritikwürdig war an der Partei und ihrer Politik.

Im Gegensatz zu anderen Zeitungen war »Das Magazin« frei von der Verpflichtung, das zu kritisieren, was die Partei zu bestimmten Zeiten gern kritisiert sehen wollte, herzlose Beamte, der Arbeiterklasse entfremdete Leiter, schlampige Verkäuferinnen. So konnten auch wir das meiste von dem, was uns nicht gefiel, nicht attackieren, aber immerhin mißfiel uns selbst all das, was wir dann kritisch unter die Lupe nahmen. Wenn wir etwas monierten, geschah es immer ohne Auftrag und immer auf die Gefahr hin, unbewußt einen allergischen Punkt zu berühren. (Bewußt taten auch wir das nie.)

Ich muß nicht sagen, daß sich auch die Kritik im »Magazin« nie auf Grundsätzliches richtete, nie auf Dinge, die das System des Staates berühren konnten. Wir hielten uns an unsere Themen. Dazu gehörte Mode und mit ihr die Konfektionsindustrie, die nicht nur den internationalen Trends hinterher hinkte sondern auch weit entfernt war von den Entwürfen der eigenen Modegestalter. Leser schrieben uns dazu, häufig auch Modegestalter, die mit den Wirkungen ihrer Arbeit unzufrieden waren. Das war ein Gebiet, das unter unseren Auftrag fiel, geschmacksbildend zu wirken. Hier kritisierten wir, oft und gern.

Anfang der sechziger Jahre gab es viele Klagen von Lesern über die Schmuckblatt-Telegramme, mehrfach nahm »Das Magazin« die Ideenlosigkeit und den Kitsch auf den Telegramm-Formularen aufs Korn. Und das nicht ohne Erfolg. Im Märzheft 1965 konnten wir eine Mitteilung der »Pressestelle beim Ministerium für Post und Fernmeldewesen« drucken: »Ihre Kritik wie auch die anderer Redaktionen haben wir uns zu Herzen genommen. Gemeinsam mit zahlreichen Grafikern waren und sind wir bemüht, neue Schmuckblätter herauszugeben und die bisherigen ›Schmuckstücke‹ systematisch zurückzuziehen. Erste Ergebnisse unserer Arbeit liegen vor.«

Eines der ersten neuen, geschmackvolleren Schmuckblatt-Telegramme war ein Blumenstilleben aus dem Juniheft des »Magazins« von 1964. Andere »Magazin«-Farbseiten folgten, so daß die Schmuckblätter der Post zu einem beachtlichen Teil aus unserer Zeitschrift oder von unseren Grafikern stammten.

Das war die andere Seite der relativ kritiklosen DDR-Gesellschaft: Gelangte eine Kritik erst mal in die Öffentlichkeit, mußten die Kritisierten reagieren. Sie mußten nachweisen, daß die Kritik unberechtigt war – oder sie mußten etwas ändern. Öffentlich geäußerte Kritik blieb selten ohne Folgen.

Diese Gepflogenheit hatte, nebenbei gesagt, dann ihre Kehrseite in der Unterdrückung von Kritik in der Öffentlichkeit.

Der nach dem XX. Parteitag der sowjetischen Kommunisten ins Politbüro aufgerückte und für die Presse zuständige Sekretär Albert Norden verkündete auf einer Beratung mit den Medien-Verantwortlichen: »Unsere Presseorgane« seien nicht geschaffen worden, »um den aufopferungsvollen Kampf unserer schaffenden Bevölkerung mit hämischen Glossen zu begleiten. ... Die jüngste Erfahrung zeigt, daß man mit unterschiedslosen Angriffen auf Funktionäre der Partei und des Staates und auf alle Erscheinungen des gesellschaftlichen Lebens der Konterrevolution direkt ideologisch das Bett bereiten kann.«

»Das Magazin« allerdings durfte man kritisieren und die Leser machten von diesem Recht auch immer regen Gebrauch. Sie kritisierten unsere Beiträge, besonders gern die Aktfotos. Was der eine lobte, erschien dem anderen als Platzverschwendung. Und bei ideologischen Fragen war es durchaus nicht immer so, daß die Leser Freizügigkeit forderten und wir sie dabei bremsten. Manche Geschichte, die wir veröffentlichten, stieß auf scharfe ideologische Zurechtweisung. Beispielsweise schrieb uns Roland K. aus Annaberg 1965: »Soviel Unsittlichkeit wie in Deinem Maiheft, liebes Magazin, haben wir auch noch nicht gelesen. Die Geschichte ›Warum bin ich noch keine Frau?‹ untergräbt doch geradezu die Moral unserer Jugend. Wir sollen sie zu sauberen und anständigen Menschen erziehen, und eine solche öffentlich verbreitete Literatur führt sie wieder aufs schiefe Gleis.«

Ich verhehle nicht, daß wir solche Briefe sehr gern veröffentlichten, weil sie uns einmal gegen die Leser in Schutz nahmen, denen es nicht freizügig genug zugehen konnte und weil sie mit Gewißheit neue Briefe provozieren würden. Generell haben wir die meisten der kritischen Leserbriefe gedruckt, haben manche Kritik verworfen, manchmal auch etwas geändert. Wie das jede Zeitung so macht.

Typisch für die DDR-Presse war eine andere Form der Kritik. Im Aprilheft 1966 hatte »Hil« (Chefredakteurin Hilde Eisler) geschrieben: »Nicht nur bei uns, der Hut setzt sich sehr zum Schaden der Putzmacherinnen und der Eleganz nicht so recht durch. Irgendwie paßt er nicht mehr zu unserem Lebensstil.«

Damit nun war der VEB Dresdner Hutfabriken, Erzeugnis-Untergruppe für Damenhüte, überhaupt nicht einverstanden. Die Putzmacherinnen schrieben einen wütenden Brief: »Mit dieser Feststellung ohne weiteren Kommentar tragen Sie nicht nur zum Schaden der Putzmacherinnen, sondern vieler tausend Werktätiger der volkseigenen, halbstaatlichen und privaten Hutindustrie bei und stellen dabei gleichzeitig die Frage der Existenz, bzw. weiteren Perspektive dieser Branche auf die Tagesordnung. Sie agitieren damit gegen die großen Anstrengungen unserer Werktätigen durch eine hohe Qualität, neueste Modegestaltung und Entwicklung neuer Sortimente aus Chemiefasern, der Hutmode wieder zum Durchbruch zu verhelfen ...« So konnte eine Kritik an der Hutmode zur Staatsaktion hochstilisiert werden. Schädigung des Ansehens der Volkseigenen Betriebe, Negierung der Anstrengungen der Werktätigen – das waren schon harte Bandagen, mit denen da gearbeitet wurde.

Als »Hil« ein paar Monate später schrieb, daß die Spitzen und Rüschen an der Damenunterwäsche anderen Stoffen weichen müßten und zu hoffen sei, daß die Einkäufer Sinn für das Neue und ein Flair für Mode beweisen, kamen böse Briefe aus der Konfektionsbranche. Die Kollegen und Kolleginnen der PGH Plauener Spitzen und Strickereien befürchteten, wir könnten Spitzen in ein »falsches Licht bringen, im In- sowie im Ausland«. Und die PGH (Produktionsgenossenschaft des Handwerks) Goldspitze in Rebersgrün/Vogtland befürchtete gar, daß durch unseren Artikel »ganze Industriezweige lahmgelegt« würden. »Wollen Sie mit Ihrem Artikel Ihr Gewissen belasten? Wir als Hersteller ... sind von jeher stets bemüht, unsere Erzeugnisse modisch, ja sogar in einem bestimmten Umfang hochmodisch zu entwickeln, wobei eine bewußte Marktforschung im Binnenhandel vorausging.«

Die Redaktion schrieb dazu: »Auch wir haben eine bewußte Marktforschung betrieben und festgestellt, daß es zwar viele Spitzenwäsche gibt, aber ein ungenügendes Angebot an sportlicher Wäsche ohne Spitzen. Man sollte es mit den Spitzen auch nicht überspitzen.«

Wir waren uns natürlich darüber im klaren, daß das nicht die Haupt-Probleme waren, die Menschen im Lande bedrückten und über die überall diskutiert wurde. Aber: Auch darüber wurde diskutiert. Und der Mangel an modischen Dingen beeinflußte das Lebensgefühl vieler junger Leute im Lande nicht unwesentlich. Trotzdem: Die Beispiele, die ich hier für »Kritik im ›Magazin‹« gebracht habe, entsprechen genau dem, was in der Presse des Landes üblich war – Kritik an einzelnen Erscheinungen, die den Kriterien für eine »konstruktive, konkrete und kollegiale Kritik« genügten. Sie war verbunden mit Lösungsvorschlägen, die möglichst bald realisiert werden konnten, wie an den Telegramm-Formularen gezeigt. Das schloß von vornherein aus, daß über Lösungswege diskutiert wurde, daß gar ein Problem zur Diskussion kam, für das es noch keine Lösung gab.

Nur in wenigen Ausnahmen kritisierten bekannte Autoren Erscheinungen, die über die Hutmode und die Telegramm-Bilder hinaus gingen. Im Juliheft 1966 beschäftigte sich der bekannte Architekt Professor Hermann Henselmann, der zu dieser Zeit im »Magazin« eine Serie über die Wohnungseinrichtung Prominenter schrieb, mit den Neubauten in DDR-Großstädten. Unter der Überschrift »Gebaute Langeweile« setzte er sich mit der Einfallslosigkeit der neuen Wohngebiete auseinander. Neben dem Foto einer Plattenbau-Fassade, die eher einem Zigaretten- oder Getränke-Automaten ähnlich sah als einem Haus, in dem man wohnen möchte, stand: »Was wünschen Sie bitte, Zigaretten, Schokolade, belegte Brötchen oder – Müller, Meier, Krause?« Henselmann schrieb: »Das phantasielose Nebeneinanderstellen von Wohnblökken erzeugt eine gähnende Verdrossenheit und Langeweile, die völlig im Gegensatz steht zu der Entdeckerfreude des modernen Menschen ... Wir alle müssen uns darüber klar werden, daß wir mit dem Aufbau und der Umgestaltung unserer Wohngebiete jenes Milieu schaffen, in welchem wir miteinander und nicht gegeneinander leben wollen. Doch das gleichgültige Nebeneinander von Wohnblöcken behindert das Miteinanderleben.« Das war noch vor der Zeit, als das Wohnungsbauprogramm der SED zum Eckpfeiler der Wirtschafts- und Sozialpolitik erklärt und jede, auch die vorsichtigste Kritik daran unmöglich wurde. Dennoch zählten die Neubauten auch schon in dieser Zeit zu den großen Errungenschaften des Sozialismus und entzogen sich so der Kritik. Nach Auslieferung des Heftes warteten wir also gespannt, wie die Oberste Abteilung reagieren würde. Doch niemand meldete sich, und die Sache wurde vergessen.

Jahre danach: Ein wütender Anruf von der Presseabteilung. »Was habt ihr euch dabei gedacht, das Wohnungsbauprogramm mies zu machen?« Ich wurde einbestellt zum Rapport. Auf dem Weg ins Große Haus grübelte ich über den Vorwurf. In Gedanken ging ich unsere letzten Hefte durch. In welchem Beitrag hatten wir das Wohnungsbauprogramm überhaupt behandelt? Mir fiel nichts ein. Als ich vor dem wütenden Hein Geggel stand, erfuhr ich des Rätsels Lösung: Eine westdeutsche Zeitung hatte einen Artikel über die Plattenbauten in der DDR veröffentlicht. Und der Autor hatte altes Material aus DDR-Zeitschriften verwandt. Auch Henselmanns Beitrag, dessen Veröffentlichung inzwischen Jahre zurücklag. Das allerdings hatte der westdeutsche Kollege verschwiegen, bei ihm las es sich, als hätten wir die Kritik gerade gestern gebracht. Es hatte keinen Sinn darauf hinzuweisen, daß niemand an dem Beitrag Anstoß genommen hatte, als er aktuell war. Es war wie immer: Erst, wenn etwas von uns in der »Westpresse« nachgedruckt worden war, wurde es für die Presseabteilung zum Politikum. Besonders, wenn es sich um Kritik handelte, die immer im Verdacht stand, »dem Gegner Munition« zu liefern.

Ein paradoxes Kapitel

Der Erwerb eines neuen »Magazins« gehörte zu den Erfolgserlebnissen eines DDR-Bürgers. Und nicht immer ging es dabei ganz legal zu. So schrieb uns der Oberschüler Gerhard Riedel aus Halle an der Saale: »Als meine Eltern vor einiger Zeit in Berlin waren, stellten sie ihr Auto auf einen unbewachten Parkplatz. Im Auto lagen einige Wolldecken, Notizbücher, ein Autoatlas und drei ›Magazine‹. Als sie am nächsten Tag ins Auto steigen wollten, war es aufgebrochen, der Kofferraum war völlig zerwühlt. Aber was fehlte? Kein Werkzeug, kein Autoreifen, keine Wolldecken – ›nur‹ die drei ›Magazine‹. Diese Geschichte ereignete sich tatsächlich in der Nacht vom 15. zum 16. Dezember 1962 in Berlin auf dem Parkplatz Reinhardtstraße.«

Ein anderes Erlebnis erzählt die bekannte Schauspielerin Friedel Nowak, ebenfalls aus Berlin: »Magazin, du vielbegehrtes, schon lange wollte ich Dich fragen: Sag doch mal, wo gibt es Dich. Bei uns in Niederschönhausen Ecke Dietzgen- und Beuthstraße ist ein Zeitungskiosk – da sah ich vor einigen Wochen einen Mann stehen. Der Mann starrte so gebannt durch die Scheiben auf einen Fleck, daß es auch mich hinzog: und siehe da, da lagst Du! Wir beide, der Mann und ich, sahen Dich begehrlich an, aber am Kiosk prangte ein Zettelchen: VORÜBERGEHEND GESCHLOSSEN. ›Ich bin von auswärts‹, erklärte der Mann. ›Wir kriegen »Das Magazin« nie.‹ – ›Trösten Sie sich, wir in Berlin auch nicht‹, hab ich ihm gesagt. Nur bei meinem Friseur darf ich Dich von Zeit zu Zeit lesen und betrachten.«

35 Jahre lang, von 1954 bis 1989, gehörte »Das Magazin« zu den Mangelerzeugnissen der DDR-Wirtschaft, für die das Volk den Ausdruck »Bückware« erfunden hatte. Obwohl die Auflage, angefangen mit 100000 Exemplaren für das erste Heft im Januar 1954, im Laufe der Jahre ständig gesteigert worden war und Ende 1989 in dem kleinen Land immerhin auf monatlich 570 000 Exemplare stieg, reichte sie niemals aus.

Das war frustrierend für die Redaktion, ein ständiges Ärgernis für Bürger, die gern Leser geworden wären, und ein Schlag gegen die einfachsten Regeln der Betriebswirtschaft, dem Gesetz von Angebot und Nachfrage. Doch das Paradoxe hatte Ursachen und Gründe.

Die lagen nicht beim staatlichen Postzeitungsvertrieb, der als einziger Großhändler sämtliche Zeitschriften und Zeitungen des Landes verkaufte. Der Postzeitungsvertrieb war vielmehr bereit, uns eine Million Exemplare abzunehmen, noch dazu ohne Remissionsrecht, das heißt, er wollte darauf verzichten, unverkaufte Exemplare an den Verlag zurück zu geben.

In der Redaktion häuften sich die Beschwerden. Etwa die Hälfte der Auflage ging an Abonnenten, fast immer langjährige Leser; denn wer ein Abo besaß, gab es ohne Not nicht wieder auf. Die andere Hälfte wurde an Zeitungskiosken und auf Postämtern im Freiverkauf vertrieben. Es waren zum Teil kuriose Wege, die beschritten werden mußten, um an ein »Magazin« heranzukommen.

Helga Scharnack, Berlin, berichtete, wie »Das Magazin« bei ihr fast einen Ehekonflikt ausgelöst hätte: »Zuerst habe ich mich nur gewundert, als mein Mann plötzlich einmal im Monat einen Kasten Konfekt für eine fremde Frau kaufte, den er morgens mitnahm, wenn er ins Büro fuhr. Als ich ihn fragte, für wen das sei, schmunzelte er nur, aber wollte nichts verraten. Schließlich kam ich doch dahinter, denn immer, wenn er morgens mit den Pralinen loszog, kam er abends mit dem neuesten ›Magazin‹ nach Hause. Das Geschenk war für die Zeitungsfrau an der Ecke. Nun wundere ich mich nicht mehr.« Das war eine Methode, um eines der raren Hefte im Freiverkauf zu ergattern.

Lothar Hermann aus Buchholz tat, was viele taten: »In stiller Übereinkunft schiebe ich im Zeitungsladen immer zwei Mark über den Ladentisch – eine für ›Das Magazin‹ und eine für Kaffee, und sofort taucht unter dem Ladentisch Euer Heft auf.«

Viele Exemplare des »Magazins« wurden nicht nur von der ganzen Familie gelesen und betrachtet, sie wurden auch an Freunde und Nachbarn weitergereicht oder wenigstens ausgeliehen. Und wenn man anders gar nicht herankam, konnte man es immer noch beim Zahnarzt oder beim Friseur finden. »Das Magazin« wurde gesammelt, gebunden und im Bücherschrank aufbewahrt, um später noch einmal darin zu blättern. Manchmal wurde es sogar vererbt. Erben war oft die einzige Möglichkeit, um an ein Abonnement heran zu kommen. Jürgen Dudek aus Rostock hatte lange gewartet, als er uns schrieb: »Ein Wunsch ist in Erfüllung gegangen: Nach dreizehn Jahren erhielt ich ein ›Magazin‹-Abonnement. Obwohl ich mir die Ablehnungsbescheide erst seit 1981 aufgehoben habe, besitze ich mittlerweile 53 davon.«

Und die Redaktion konnte keinem der Leser, die sich bei ihr beschwerten, helfen. Der Postzeitungsvertrieb (abgekürzt: PZV) übernahm ab Druckerei die gesamte Auflage, sozusagen warm aus den Maschinen. Die Redaktion erhielt abgezählt gerade soviel Hefte, wie sie für die Belegexemplare der Autoren und für sonstige Verpflichtungen (Zentralkomitee, Ämter und Bibliotheken) benötigte. Jeder Redakteur bekam zwei Hefte, ein Arbeitsexemplar und eins für sich privat. Meine Privilegien als Chefredakteur bestanden darin, daß ich – außer einem Repräsentations-Fonds von 50 Mark im Monat für die Bewirtung ausländischer Gäste – fünf Belegexemplare erhielt, mit denen konnte ich meinen Zahnarzt, den Friseur und gelegentlich einen Handwerker bestechen. Ein Abonnement konnte ich niemandem besorgen, was mir von Freunden gelegentlich übel genommen wurde. Nur manchmal zweigte ich von den Belegexemplaren eines ab, um es einem gar zu traurigen Leser zu schicken.

Bitte: Wie soll ich das jemandem erklären, der in marktwirtschaftlichen Kategorien zu denken gewohnt ist? Damit hatte ich schon früher meine Probleme, aber erst heute, in einer Zeit, in der jeder Verlag und jede Redaktion mit aufwendigen und kostspieligen Kampagnen, mit Inseraten, kostenlosen Probe-Exemplaren, mit Reisen, Radios, Rasierapparaten und anderen mehr oder weniger wertvollen Geschenken um jeden Leser und jeden Käufer wirbt? Wieso druckten wir nicht die eine Million Auflage, die wir hätten absetzen können?

Ich will versuchen, das scheinbare Paradoxon zu klären. Keine der Erklärungen, die ich nach der Wende gehört habe, trifft zu. Weder versuchten wir durch eine künstliche Verknappung den Preis hochzuhalten – der lag über all die Jahre konstant bei einer Mark der DDR – noch versuchte die Führung, die Auflage aus politischen Gründen niedrig zu halten (warum sollte sie auch?). Es war nicht einmal ein Planungsfehler, wie in anderen Fällen, wenn plötzlich eine Ware zum Engpass wurde.

Die Antwort ist viel einfacher und viel komplizierter: Unsere Lizenz, erteilt vom Presseamt der DDR-Regierung, erlaubte uns den Druck von 550 000 Exemplaren im Monat, weil genau für diese Menge das benötigte Papier bewilligt werden konnte.

Papier war, wie es damals hieß, ein »strategischer Rohstoff«, von dem die DDR nie genug hatte und den sie zum Teil im Ausland für Devisen kaufen mußte. Devisen aber waren knapp. Zudem brauchte »Das Magazin«, anders als die anderen Illustrierten und Wochenblätter, für die Kunstdruckseiten (zuerst acht, später sechzehn), auf denen farbige Fotos, Kunstblätter und häufig das Aktfoto gedruckt wurden, ein besonders hochveredeltes, holzfreies Kunstdruckpapier, das aus dem NSW (nicht sozialistisches Währungsgebiet) eingeführt werden mußte. Und auch wenn wir mit einer höheren Auflage doppelt so viel eingenommen hätten: es wären immer nur Mark der DDR gewesen, nie Devisen.

Es war paradox – auch in DDR-Mark gerechnet waren und blieben wir ein Zuschußobjekt für die Staatskasse. Wie schon gesagt: »Das Magazin« kostete von 1954 bis 1990 eine Mark, unverändert. Denn wir zählten zu den sogenannten »Gütern des Grundbedarfs« und deren Preise durften nicht steigen. Dabei hatte es in der DDR mehrere Industriepreis-Reformen gegeben, die Herstellung hatte sich zunehmend verteuert – unsere Versuche aber, einen höheren Preis beim Herausgeber durchzusetzen, waren erfolglos: der Preis war eine politische Vorgabe, an der nicht zu rütteln war.

Um auf den Ausgangspunkt des Kapitels zurückzukommen: Mit jedem Heft, das mehr gedruckt wurde, stiegen die Subventionen. Daß der Verkaufspreis unter den Herstellungskosten lag, wäre vielleicht noch vertretbar gewesen, wenn wir das Minus durch andere Einnahmen, wie Annoncen hätten ausgleichen können. Heute erwirtschaftet eine Zeitung ihren eigentlichen Gewinn aus den Einnahmen für Inserate. Doch unsere Anzeigen-Erlöse waren kaum der Rede wert. Wenn ich von den Treffpunkt-Inseraten absehe, dann blieb neben ein paar Anzeigen aus Buchverlagen kaum etwas übrig, für das es sich zu werben lohnte. Bei der wachsenden Diskrepanz zwischen Warenangebot und Kaufkraft war es geradezu unerwünscht, die Kauflust der Bevölkerung durch Werbung noch anzuspornen.

Bei ihrem Erscheinen 1954 war die Zeitschrift mit acht Seiten Annoncen konzipiert worden, auf denen die zahlreichen kleinen Privatbetriebe ihre Produkte anpriesen. Als die verschwanden, verschwanden auch ihre Inserate. Zum Schluß hatten wir kaum noch Einnahmen aus Annoncen. Doch: die Redaktion war's zufrieden; wir hatten mehr Platz für unsere Beiträge. Die Leser waren es auch, denn mit Ausnahme der Treffpunkt-Seiten waren die Werbeseiten von öder Langeweile. Und, das paradoxeste an dieser Situation: Auch unser Herausgeber war zufrieden. Der hatte das monatlich erwirtschaftete Manko ja eingeplant.

Wenn wir dennoch die lizensierte Auflage fast jeden Monat überboten und statt 550 000 mindestens 570 000 Exemplare druckten und vielen Menschen damit eine Freude machen konnten, wenn wir, wie es damals hieß, ein »Übersoll« schafften, das sich schließlich auch positiv auf unsere Prämien auswirkte, dann verdankten wir das nicht in erster Linie unseren geistigen und journalistischen Leistungen, wir verdankten es der Findigkeit unseres Herstellers Kurt Scharf, der »Das Magazin« vom ersten Heft an betreute.

Kurt Scharf war ein alter Hase in der schwarzen Zunft, ein gelernter Buchdrucker, der bei jedem Betriebsfest die Buchdruckerhymne »Drei Lilien, drei Lilien ...« anstimmte. Er kannte das Gewerbe, er kannte die Leute und die Möglichkeiten der DDR-Wirtschaft. Und er hatte die Marktwirtschaft in der Planwirtschaft entdeckt. Kurt begann alle Geschäfte mit dem frappierend einfachen berlinischen Satz: »Es soll Ihr Schade nich sind.« Das war, abgesehen von allem Grammatikalischen, nicht nur wirksam, es war auch wahr. Er war ein ehrlicher Makler, an seinen Geschäften verdienten immer zwei, oft sogar drei.

Die Druckerei hatte bei jedem Auftrag einen Spielraum, sie konnte fünf Prozent der Auflage mehr oder fünf Prozent weniger drucken. Beim »Magazin« waren es immer mehr, 20 bis 25 000 Hefte im Monat, wenn das Papier nicht riß, die Maschinen gut liefen und die Drucker ihr Bestes gaben. Daß sie das taten, dafür sorgte Kurt.

Er wußte, daß es in jeder Druckerei, zumindest war es so in dieser Zeit, sogenannte Stillstandszeiten gibt. Mal überzieht eine Redaktion den Termin, mal wird ein Buch nicht rechtzeitig fertig. Für diese Zeiten erhielten die Drucker den Durchschnittslohn – für diese Zeiten, die bezahlt aber ohne Arbeit waren, besorgte ihnen Kurt Druckaufträge, die immer parat waren und jederzeit eingeschoben werden konnten. Verpackungen eines großen Waschmittelbetriebes beispielsweise.

Nun berechnete die Druckerei die Stillstandszeiten der verspätet liefernden Redaktion – und druckte zugleich Waschmittel-Verpackungen. Sie übererfüllte also ihren Plan und alle bekamen Prämien. Und wir unseren Überdruck.

Und was blieb für Kurt Scharf? Er bekam von der Druckerei das Papier, das abfiel. In einer Druckerei fällt immer etwas ab. Und dieses Papier verteilte Kurt sofort weiter. Er organisierte damit, wieder in Zusammenarbeit mit unserer Druckerei, Aufträge für Dienststellen oder kleine Betriebe, die kein eigenes Papierkontingent besaßen, aber doch werben oder etwas veröffentlichen wollten. So übernahm Kurt – in privater Initiative – zum Beispiel die Herstellung der gesamten gedruckten PR-Produktion der Berliner Verkehrspolizei, »Winkelemente«, Verkehrsstäbe für Kinder und Schülerlotsen, kleine Broschüren und lustige Comics. Daran nun verdiente nicht nur die Druckerei, Kurt engagierte für diese Arbeit auch Schreiber und Grafiker – meist feste oder freie Mitarbeiter der Redaktion. Er bezahlte sie gut, und verdiente selbst dabei nicht schlecht. Und niemals fragten die Genossen im Präsidium der Volkspolizei, woher das Papier für ihre PR-Aktionen kommt. Sie waren glücklich, daß sie es bekamen.

Und so war allen geholfen, der Druckerei, die den Plan übererfüllte, der Redaktion, die mehr Hefte liefern konnte, den Lesern, die eines der zusätzlichen Hefte bekamen, Kurt Scharf und seinen Grafikern und Schreibern, die dabei gut verdienten – und sogar den Mitarbeitern im Polizeipräsidium, die für ihre »Vorbildliche Verkehrserziehung« gelobt oder gar befördert wurden. Sage niemand, daß wir von der Marktwirtschaft nichts verstanden hätten, lange, bevor sie im Verlag einzog. Ein paradoxes Kapitel war es trotzdem.

Das Wort zum Monat

Was das »Wort zum Sonntag« im Sonnabend-Abendprogramm des Ersten Deutschen Fernsehens, das war dem »Magazin« Harald Wessel mit seinem monatlichen Kommentar, den wir in Anlehnung an den Pfarrer redaktionsintern »Das Wort zum Monat« nannten. Und so, wie die Leute das Sonnabend-Abendprogramm vermutlich nicht einschalten, um den Pfarrer zu hören, so wird wohl kaum jemand »Das Magazin« wegen dieser Seite gekauft haben. Wenn es damals schon für einzelne Beiträge Quoten gegeben hätte, wäre dieser gewiß nicht gut weggekommen. Aber wir wollten nicht darauf verzichten, obwohl manche Leser diese Kolumne für überflüssig, andere für einen Fremdkörper im Blatt und wieder andere für »Pflicht-Beiträge« hielten, und sie nur von wenigen, besonders Staatsbürgerkunde-Lehrern, für nützlich befunden wurden. Aber auch Harald Wessel hatte seine Fans unter den Lesern. So Helga Kies aus Berlin, die uns schrieb: »Wie immer las ich den Kommentar von Harald Wessel mit großem Interesse.« Und Heidi Köhler aus Karl-Marx-Stadt, die »immer wieder hingerissen von den Beiträgen von Harald Wessel (war). Er erlaubt sich, aktuelle Themen außer mit politischem Standpunkt und Engagement auch mit Herz zu schreiben. Ich bin sicher, er kommt an.« Der Autor selbst – eigentlich Stellvertretender Chefredakteur des SED-Zentralorgans »Neues Deutschland«- fand, daß ihm diese »Magazin«-Beiträge mehr Popularität einbrachten als alle seine Artikel in der eigenen Zeitung.

Harald Wessel war nicht der Erfinder dieser Rubrik; als er 1975 begann, hatten sich schon drei Autoren daran versucht, er allerdings hat sie mehr als zehn Jahre lang geschrieben. Zum erstenmal erschien eine Kolumne zu aktuellen Fragen im Januar 1966. Das war einen Monat nach dem 11. Plenum des Zentralkomitees der SED, das mit seinem Rundumschlag gegen die Künstler zu einer Wende in der Kulturpolitik führte. Der Gedanke liegt nahe, daß die Redaktion damit Schlußfolgerungen aus dem Plenum gezogen und mit einer Seite »auf Linie« Wohlverhalten demonstrieren wollte. Doch so schnell konnte »Das Magazin« gar nicht auf ein Ereignis reagieren. Die Idee zu dieser Seite war schon im vorangegangenen Sommer entstanden.

Unter der Dachzeile »Meine Meinung« wurde sie als erste von Hermann Budzislawski geschrieben, Professor und Dekan der Journalistischen Fakultät der Leipziger Universität und sicher einer der besten Journalisten des Landes, der während der USA-Emigration als Ghostwriter der bekanntesten amerikanischen Journalistin Dorothy Thompson großen Einfluß in der amerikanischen Presse ausgeübt hatte. Er selbst sagte von sich: »Ich war die bekannteste Frau Amerikas«.

Die Kolumne von Budzislawski im »Magazin« war in einer gepflegten Sprache gehalten, ohne die üblichen Schlagwörter – verbindlich im Ton und hart in der Sache. »Budzi«, wie er von seinen Studenten genannt wurde, ging bei seiner Kolumne von persönlichen Erlebnissen und Überlegungen aus, er erzählte kleine Geschichten, die er in politische Erkenntnisse umsetzte. Ein bißchen alte »Weltbühnen«-Schule, die er unter dem Titel »Neue Weltbühne« von 1934 bis 1939 herausgegeben und redigiert hatte und gemischt mit amerikanischen Erfahrungen aus der antifaschistischen Emigration. Sein Grundthema war der als Hauptfeind des Friedens ausgemachte amerikanische Imperialismus.

So wandte er sich unter der Überschrift »Im wilden Westen« gegen die »amerikanische Unkultur«, berichtete über die Armut in den USA, über den Kampf amerikanischer Wissenschaftler gegen den Vietnam-Krieg. Aber er schrieb auch über eine Deklaration der Warschauer-Pakt-Staaten und über einen bevorstehenden SED-Parteitag. Als er ein Jahr später, 1967, die seit 1946 in der DDR erscheinende »Weltbühne« wieder als Herausgeber übernahm, stellte er seine Mitarbeit am »Magazin« zu unserem großen Bedauern ein.

Ihm folgte, nach einer Pause, wieder ein Professor als Kolumnist: der renommierte Wirtschaftshistoriker und Autor von einigen hundert Büchern Jürgen Kuczynski. Jeden seiner Beiträge brachte er persönlich in die Redaktion. Einmal im Monat, meist am Vormittag und immer pünktlich, kam er auf seiner Route durch die Redaktionen bei uns vorbei, wir wechselten ein paar freundliche Worte, er bat, ihn anzurufen und ging wieder. Jürgen K. lebte wie kaum ein anderer nach der Uhr. Um zwölf ging er in den Presseclub Mittag essen, und meist verband er das gleich noch mit einem politischen oder redaktionellen Gespräch.

Was für Budzislawski die USA, war für Kuczynski die BRD. Sein Thema war, ganz zeitgemäß, der Vergleich der beiden deutschen Staaten, den er aus alltäglichen Erfahrungen deutlich zu machen versuchte, vor allem, indem er ökonomische Begriffe erklärte, über die zu der Zeit täglich gesprochen und geschrieben wurde, wie »Prognose«, »Industriegesellschaft«, »Dienstleistungsgesellschaft«, »Zahlungsbilanz«, »Preisbildung«. Er schrieb aber auch über Begriffe, die jede Seite für sich interpretierte, wie »Frieden«, »Demokratie«, »Freiheit«. Natürlich ging die DDR, die zu dieser Zeit ihren 20. Geburtstag feierte, aus diesen Vergleichen immer als Sieger hervor. Der blühende Sozialismus stand dem »verwesenden Kapitalismus« gegenüber. Denn die DDR ist nach J. K. nicht einfach die bessere Gesellschaft, die politisch und ökonomisch überlegene. Sie ist, schreibt er im Märzheft 1969, »gar nicht ›genau das Gegenteil‹ der Bundesrepublik. ... Die Deutsche Demokratische Republik entwickelt sich vielmehr zu einem Staat viel höherer Ordnung, der sich nicht mehr durch Vergleiche wie ›das Gegenteil‹ erklären läßt.« Nach der Prognose, daß »in einer künftigen sozialistischen Welt der Ausdruck Frieden als Begriff verschwinden wird, weil auch der Begriff Krieg verschwinden wird und man ebenso wenig von einem Frieden unter den Menschen sprechen (wird), wie man heute etwa vom Frieden unter den Blumen spricht«, beendete er im Mai 1969 seine Tätigkeit als Kolumnist des »Magazins«.

Ab März 1970 schrieb Eberhard Heinrich, damals Vorsitzender des Journalistenverbandes, in jedem Heft seine »Monatsbilder«. Im Januar über die Gründung der KPD, im Februar über die russische Revolution, im März war es der Frauentag, im April die Gründung der SED und so weiter. Eberhard verzichtete auf eine persönliche Geschichte, wie Budzislawski sie gepflegt hatte und auf eine überraschende oder verblüffende Einleitung, wie sie Kuczynski bevorzugt hatte. Er begann direkt mit dem Thema. Und das waren die

Parteibeschlüsse. Heinrich lieferte sauber geschriebene politische Kommentare ohne Umschweife. Da gab es nichts von dem, was »Das Magazin« sonst auszeichnete. Und da hatten die kritischen Leser recht: Diese »Monatsbilder« waren eigentlich Fremdkörper im Heft.

Wessel war der letzte in dieser Reihe, im Januar 1975 übernahm er die Rubrik, die nun bis zum Februar 1986 monatlich mit einem kleinen, im Verlauf der Jahre mehrmals aktualisierten Foto von ihm erschien. Vermutlich deshalb ist er den Lesern des Blattes am ehesten in Erinnerung – und muß in manchen Betrachtungen alle Kritik einstecken, die dieser Rubrik gilt. Ich weiß nicht, ob das so berechtigt ist. Wenn ich heute die Monatsbetrachtungen zwischen 1966 und 1986 lese, erscheinen mir seine Überlegungen durchaus nicht dogmatischer zu sein als die seiner Vorgänger. Das Gedächtnis ist so ungenau wie ungerecht.

Wessel war ein philosophischer Kopf, und so trägt er sein »Wort zum Monat« mit kulturellem und philosophischem Hintergrund vor. Wie Budzislawski geht er von persönlichen Erlebnissen aus und versucht sich dann an einer sozialistischen Moral. Seine Themen sind von allgemein menschlicher Art: Ehrlichkeit und Offenheit; Zuhören-können; Menschen, die sich zum Fasching so verkleiden, wie sie eigentlich sein möchten; Ärger über Straßenbäume, deren Obst nicht geerntet wird; Kleinstädte ohne Bedürfnisanstalten; Schulkinder, die ihre Pausenstullen wegwerfen.

Zum letzteren schreibt Christine Schlegel aus Weimar: »Der Beitrag von Harald Wessel ist sehr wichtig. Es bleibt nur zu hoffen, daß er bei möglichst vielen Eltern Resonanz findet. Wie oft wird bei uns die Verschwendung von Lebensmitteln von den Erwachsenen vorgemacht. Man braucht sich bloß die Müllbehälter anzusehen!« Und Kurt Vogel aus Hermsdorf in Thüringen ergänzt im Maiheft 1976: »Die Beiträge von Harald Wessel sind immer sehr lebensnah. Aber diesmal war er besonders gut (er hatte über einen freundlichen Mitarbeiter im Wohnungsamt geschrieben). Die Sache mit dem ›Herzenswink‹ sollten recht viele lesen, die hinter einem Schalter als ›Amtspersonen‹ thronen.« Mal moralisch, mal politisch, manchmal auch bildungsbeflissen endet nahezu jede von Wessels Predigten mit dem Amen, dem politischen Credo, bei Marx.

Mußte »Das Magazin« solche politischen Kommentare bringen? Wenn man darunter einen Auftrag, eine Anweisung »von oben« versteht, dann mußten wir nicht. Es gab keine Anweisung. Und warum bemühten wir uns trotzdem immer wieder, einen bekannten Journalisten für diese eigentlich undankbare Aufgabe zu gewinnen? Waren diese Beiträge ein Alibi für die – sonst vielleicht nicht erkennbare – politische Haltung der Redaktion? War es, wie man heute sagen würde, »vorauseilender Gehorsam«? Viele fragten nach der Wende so, und noch mehr waren nachsichtig bereit, uns diese Seite als Fehltritt zu verzeihen. Doch beides greift zu kurz.

Da kam vieles zusammen. Sicher wollten wir auch dem Herausgeber zeigen, daß wir seine politische Linie mittragen. »Das Magazin« hatte ja nicht nur Freunde in der Parteiführung, manche Politbüro-Mitglieder hielten das Blatt auch schlichtweg für Papierverschwendung. Dabei verlief die Grenze zwischen den Freunden des

»Magazins« und denen, die es mit scheelen Blicken ansahen und am liebsten eingestellt hätten, durchaus nicht immer da, wo man sie vermuten konnte. Ein Freund – fast möchte man sagen ein echter Fan des Blattes war zum Beispiel der Chef der Volksarmee, Armeegeneral Keßler. Als ich ihn einmal in einem Berliner Theater traf, sagte er mir: »Wenn ich manchmal von der ganzen Armee nichts mehr sehen will und einfach abspannen möchte, dann lese ich in deinem ›Magazin‹.« Der Verantwortliche für Medienpolitik im Politbüro dagegen, Joachim Herrmann, tat das bestimmt nicht. Er konnte mit dem »Magazin« nichts anfangen, es ist ihm immer fremd geblieben. Aber er wußte um unsere große Popularität, die uns schützte. Selbst dem hochgebildeten, hochsensiblen Albert Norden, einem der Vorgänger Herrmanns als Propagandachef, paßte das Blatt, das immer irgendwie außerhalb der offiziellen Parteipropaganda stand, nicht ins Konzept seiner Medienpolitik. Er vermutete in allem, was nicht aus seinem Büro kam, wohl die »ideologische Diversion«. Schließlich gab es in der Sowjetunion eine solche Zeitschrift auch nicht. Und wieso sollten wir in der DDR brauchen, was man im weiten Sowjetland nicht brauchte? Da unterschieden sich diese Funktionäre nicht von den späteren Herren aus der Bundesrepublik, die auch keinen Sinn in einer Zeitschrift wie dem »Magazin« erkennen konnten.

Aber natürlich überwogen auch in der Parteiführung die Freunde unseres Blattes, und wir selbst sahen uns ja nicht als eine unpolitische Zeitschrift. Unser Bestreben war vielmehr, die Politik menschlich und verständlich zu machen. Deshalb immer die Suche nach den besten Schreibern, nach welt- und lebenserfahrenen Autoren. Und wenn Leser wie Eva Ragdon aus Berlin 1978 schrieben: »Ich finde ›Das Magazin‹ großartig und finde es gut, daß es ein Heft ist, das nicht über Politik schreibt«, dann nahmen wir das ebenso als Anerkennung für eine gute Arbeit, die Politik unaufdringlich, unterhaltend, bildend und manchmal auch heiter darzustellen wie die Meinung von Margit und Dietmar Günther aus dem thüringischen Pößneck: »Für uns ist ›Das Magazin‹ eine politisch stark engagierte Zeitschrift, die uns schon oft geholfen hat, bestimmte Zusammenhänge besser zu erkennen.«

Schließlich brachten auch die meisten westdeutschen Magazine in jedem Heft eine politische Kolumne, von denen besonders Henry Nannen im »Stern« unseren Ehrgeiz herausforderte.

Eher könnte man heute fragen, ob wir diese Kommentare noch nötig hatten, ob das gesamte Heft unseren politischen Standpunkt nicht hinreichend zum Ausdruck brachte. Aus heutiger Sicht würde ich dem zustimmen. Aber damals sah auch ich das eben anders. Und heute denke ich, daß wir uns für das, was in dieser Rubrik erschienen ist, eigentlich nicht schämen müssen. Vieles, was heute dogmatisch, pathetisch oder auch nur lächerlich klingt, hatte in seiner Zeit einen anderen Klang und eine andere Bedeutung. Darin unterscheiden wir uns kaum von den politischen Kolumnen in westdeutschen Illustrierten.

Wie entbehrlich die Sache war, wurde uns übrigens selbst eines Tages klar: 1986 starb die Reihe. Still und von keinem Leser betrauert. Und offensichtlich wurde ihr Ableben nicht einmal in der Presseabteilung des ZK bemerkt.

Unser Mann in Sachsen

Der Übergang von den sechziger zu den siebziger Jahren markierte auch im »Magazin« einen Wandel zu neuer Freizügigkeit in der Erotik. Noch in den Sechzigern hatte unsere kleine heitere Geschichte, in der ein Mädchen klagt, daß sie trotz mehrerer Versuche noch immer keine Frau geworden sei, die Gemüter erhitzt; die Redaktion war bezichtigt worden, die Moral der Jugend zu verderben, Unsittlichkeit zu verbreiten und junge Mädchen auf die schiefe Bahn zu bringen. Nun begannen die siebziger Jahre gleich mit einer erotischen Offensive auf mehreren Gebieten.

In der bildenden Kunst kreierte Frank Leuchte (über den noch zu reden sein wird) sein »Erotikon«, in dem er sich über verklemmte Zeitgenossen lustig machte. Prof. Annelies Laschitza vom ZK-Institut für Marxismus-Leninismus begann über Rosa Luxemburg zu schreiben, wie es noch keiner in der DDR getan hatte. Den Auftakt machte ein Beitrag über Zeichnungen, die Rosa Luxemburg von ihrem jugendlichen Geliebten Kostja Zetkin angefertigt hatte und zu denen sie ihm schrieb: »Du allein gibst mir den Mut zu solcher Verwegenheit«. Danach schrieb Annelies Laschitza über die anderen Liebhaber der Luxemburg. Es war keineswegs selbstverständlich, und unbestreitbar brauchte eine Wissenschaftlerin zu dieser Zeit in der DDR eine gehörige Portion Mut, die Ikone der Kommunistischen Parteigeschichte, die große Revolutionärin so menschlich und sympathisch als liebende Frau vorzustellen. Und damals war Annelies Laschitza noch lange nicht »die große alte Dame der Luxemburgforschung«, als die sie heute gilt. Wir erfahren von ihr über Rosa Luxemburgs Beziehung zu Leo Jogiches, in der sich »innige Zuneigung zu dem geliebten Mann mit Achtung vor seiner Klugheit und seinem Können« paarten. Von ihrem »seit 1907 immer fester gewordenen Verhältnis zu Kostja Zetkin (dem Sohn Klara Zetkins), in dem bei Rosa Luxemburg die Sehnsucht nach einem Kind mit der Liebe zu einem Mann (verschmolz) ... Mit ihm wollte sie fühlen, lieben, träumen«. Wir erfahren von dem Arzt Hans Diefenbach, mit dem Rosa L. »tausend Pläne für die Zeit nach dem Kriege« hatte. Doch Hans Diefenbach fiel im Weltkrieg. Auch für den Mitkämpfer im Spartakusbund Paul Levi hat Rosa Luxemburg »mehr als nur freundschaftlich empfunden«. Für Rosa Luxemburg war, wie sie selbst schrieb, »die Liebe an sich stets wichtiger und heiliger als der Gegenstand, der zu ihr anregt«.

Auch die literarischen Erzählungen über die Liebe im »Magazin« wurden freier, und in den populärwissenschaftlichen Beiträgen trat ein neuer Autor auf den Plan, der bald zum Synonym für sexuelle Aufklärung und Befreiung des Eros nach den Zeiten der Prüderie in der DDR wurde: Siegfried Schnabl, ein habilitierter Arzt aus dem Wismut-Sanatorium in Johann-Georgenstadt. Was Oswald Kolle für die Bundesbürger, das wurde Dr. Schnabl für die »Magazin«-Leser in der DDR. Schnabl hatte, bevor er unser Autor wurde, zwei Bücher veröffentlicht: »Mann und Frau intim – Fragen des gesunden und gestörten Geschlechtslebens« und »Intimverhalten – Sexualstörungen – Persönlichkeit«.

Meine erste Begegnung mit ihm fand

EROTIKON

DAS KURZ-INTERVIEW

Wir stellten in einem Telefoninterview den FKK-Verfechter Oswald E. Wätzke, der sich zur Zeit in Ahrenshoop aufhält, die Frage: „Wie sauber ist die Freikörperkultur?" Hier dessen wichtigste Passagen:
„Hallo, Herr Wätzke, können Sie mich hören?" „Ja also, ganz so ist es ja nun ganz und gar nicht, wie manche uns FKKlern nachsagen. Namentlich, daß wir soundso. Wir finden es einfach natürlich, natürlich im natürlichsten Sinne des Wortes zu sein, ja selbst uns zu geben." „Das ist natürlich."
„Was gibt es also Saubereres, als mit freiem Körper Kultur zu betreiben, im Freien, als Körperkultur?! Wir verbergen unseren Körper nicht, wir stehen zu ihm. Denn der Mensch ist doch überall schön, von oben bis unten, ja selbst dazwischen. Und sollte wirklich ein FKK-Neuzugang einmal einen unsauberen Gedanken denken wollen, dann hat er in unserem Kreis nichts mehr zu suchen, weil wir einfach alle innerlich sauber sind. Und wie schön ist es, wenn man dann nach getaner FKK allen Kollegen auf Arbeit und im Büro stolz zeigen kann, daß man am ganzen Körper natürlich braun ist!"
„Natürlich!" …

Das Betthäschen. Das Betthäschen hält sich vor allem im Bett auf, um seinem Namen im ureigensten Sinne zu entsprechen. Es ist der nichtberufstätigen Bevölkerung zuzurechnen und wird ausschließlich von Männern gehalten. Diese Betthäschenhalter sorgen für des Häschens Nahrung und Unterkunft und schenken ihm von Zeit zu Zeit etwas, was das Hasenherz erfreut. Dafür bietet das Betthäschen Kurzweil, indem es stets aufs neue den Kleintierhalter einfallsreich in erotische Spannung zu versetzen weiß.

DAS TIER NEBEN DIR

Das Betthäschen ist:
verführerisch – wie eine Schlange
kuschelig – wie ein Kätzchen
unternehmungslustig – wie ein Nachtfalter
treu – wie ein Schäferhund
und schön – wie ein Reh*.

* Trotz dieser Vorzüge ist das Betthäschen vom Aussterben bedroht!

Aus Literatur und Geisteswelt

Im schöngeistigen Sprachgebrauch begegnen wir immer wieder blumigen Umschreibungen für dieses – sprechen wir es offen aus – eine. Damit der Leser oder Hörer in Zukunft sich gleich das Richtige vorstellen kann, haben wir die fünf wichtigsten literarischen Bilder für eben das eine zusammengestellt:
„Und sie waren ganz eins."
„Du! Das war alles, was sie / er noch sagen konnte."
„Und Mutti und Vati hatten sich *richtig* lieb!"
„Und alles um sie versank!"
oder „Und sie versanken um alles um sie!"
„Und die Nacht deckte sie und ihr Geheimnis zu."

Sie ist da!

Die Brillen-Schlüsselloch-Schablone. Ganz einfach. Schablone aufkleben und … das Betrachten von Aktfotos gewinnt eine bis dahin nie dagewesene Lebensechtheit. Auf Wunsch auch diskreter Nachnahmeversand!

Ausschnitt aus einem »Erotikon« von Frank Leuchte

noch in seinem Sanatorium im Erzgebirge statt (später leitete er eine Ehe- und Familienberatung in Karl-Marx-Stadt). Schnabl war groß, schlank, dunkel, Mitte vierzig, eine sehr gepflegte Erscheinung, er war das, was man gemeinhin einen gutaussehenden Mann nennt. Er sprach langsam und leise mit einer dunklen, sympathischen Stimme, die Vertrauen einflößte. Eine Kollegin, die mich bei diesem ersten Kontakt begleitete, sagte nach unserer Unterhaltung, sie habe mehr einer privaten Konsultation als einem dienstlichen Gespräch geglichen. Tatsächlich aber hatte ich mich an die alte Regel gehalten: Der Journalist soll niemals fragen, was er selbst nicht wissen will.

Sein erster Beitrag erschien im Juni 1973 und trug den Titel: »Kann man Liebe lernen?« Dabei ging es nicht um »die Liebe zum sozialistischen Vaterland«, sondern um »das körperliche Zueinanderstreben, die sexuellen Bedürfnisse, die intime Vereinigung«, um sexuelle Wünsche dem Partner gegenüber und um den Orgasmus der Frau, der »tatsächlich erst erlernt werden muß«. Das waren neue Töne in einer von Millionen gelesenen Zeitschrift und neue klare Worte. Von Koitus und »erogenen Zonen (Nacken, Brüste, Rückenpartie, Oberschenkel usw.)« hatte man bis dahin in einer DDR-Zeitung nicht lesen können.

Gleich in seinem nächsten Beitrag im Juli 1973 schrieb Schnabl über ein Thema, das zu den absoluten Tabus in der DDR gehört hatte: »Sex ohne Liebe«. Das eine galt gewissermaßen als Synonym des anderen und eines ohne das andere als »bürgerlich dekadente, dem Sozialismus fremde Lebensweise«. Dann folgte ein Tabu-Bruch nach dem anderen. Schnabl schrieb über Partnerwechsel (»Neuer Partner – neues Glück«, Juli 1975); über sexuelle Bedürfnisse, Orgasmus und Koitusdauer (»Diskrepanzen der Liebeslust. Er wollte, sie nicht! Oder: Er wollte sie nicht«, August 1976). Schließlich auch über sexuelle Praktiken, Petting, Oral- und Genitalverkehr, und über die verschiedenen Stellungen (»Sexuelle Normen«, November 1976).

Es war natürlich kein Zufall, daß sich dieses Bekenntnis zu einem bis dahin verpönten und von Parteistrafen bedrohten Liebesleben gerade zu diesem Zeitpunkt im Blatt fand. Da mag die sexuelle Revolte der 68er noch eine kleinere Rolle gespielt haben (»Wer zwei mal mit derselben pennt, gehört schon zum Establishment«) als die Einführung der Pille und Honeckers Versprechen vom VIII. SED-Parteitag, daß es in der Literatur keine Tabus geben solle.

Tatsächlich hatte sich nach dem Ende der Ulbricht-Ära das Klima im Land geändert, und die dafür standen, waren dieselben Leute, Honecker, Sindermann, die fünf, sechs Jahre früher, auf dem 11. Plenum, Sittenverfall wie in Sodom und Gomorrha über die DDR hereinbrechen sahen. Und »Das Magazin« ging wieder voraus, es sondierte das Terrain, versuchte die Grenzen des Erlaubten in der neuen Freiheit auszuloten und setzte sich mit immer neuen Themen an die Spitze einer Bewegung, die das Land von den Nacktbadestränden an der Ostsee bis in die Filmateliers von Babelsberg erfaßte. Sie befreite das Sexualleben (auch das außereheliche) aus dem Dämmerlicht des Verbotenen, Heimlichen, Unmoralischen und Anstößigen, gab ihm gedruckte Worte und Namen und nahm ihm damit das Obszöne. Man konnte über die

Dinge reden und lesen ohne Anzüglichkeit, ohne Heuchelei, ohne Angst vor Strafe.

Besondere Beachtung fand der Beitrag von Dr. Schnabl im Dezemberheft 1973. Er nannte ihn »Plädoyer für eine Minderheit«. Es ging um Homosexualität. Wenn ich in Fernsehdiskussionen erlebe, wie schwer sich bundesdeutsche Politiker mit diesem Thema taten, dann wird mir erst recht bewußt, wie weit »Das Magazin« vor fast 30 Jahren bereits war, wenn es schrieb: »Der Unterschied zwischen Heterosexuellen und Homosexuellen hat ebensowenig mit Moral zu tun wie der zwischen Rechts- und Linkshändern.« Und: »Es ist ein wichtiges humanistisches Anliegen, jenen Menschen, denen der Zugang zum Glück der Liebe zwischen Mann und Frau nicht geöffnet werden kann, das Leben in der Gesellschaft zu erleichtern, in der sie ... den gleichen Anspruch auf Schutz und Würde ihrer Persönlichkeit haben.« Offiziell war 1968 mit dem neuen Strafgesetzbuch der DDR die strafrechtliche Verfolgung gleichgeschlechtlicher Handlungen (§ 175) aufgehoben worden. Aber es sollte noch lange dauern und »Das Magazin« mußte noch manchen Beitrag zu diesem Thema veröffentlichen, bis sich die in unserem Blatt geforderte und vertretene Toleranz im öffentlichen Leben durchsetzen würde. Ganz ist das wohl bis heute nicht gelungen.

Dennoch waren die siebziger Jahre in der DDR eine wichtige Etappe in der Überwindung einer puritanischen Lebensweise und einer erotischen Bevormundung des Bürgers durch den Staat. Die DDR-Gesellschaft hat sich in diesem Dezennium verändert; der Umgang der Geschlechter miteinander wurde lockerer, laxer (ich scheue mich, das Wort freier zu benutzen), natürlicher. Liebe und Sexualität wurden öffentlicher und privater zugleich. »Das Magazin« hat geholfen, dafür den Boden zu bereiten und hat sich selbst dabei emanzipiert. Jetzt erscheinen Hefte mit wahrhaft erotischen Delikatessen, Erzählungen, Karikaturen, »Märchen für Erwachsene« von Thomas Schleusing und Umfragen unter Jugendlichen über Liebesleben und Sexualgewohnheiten.

Seltsamerweise gingen die kleinen Freiheiten im Privaten, die sich ja nicht nur auf die Freizügigkeit in der Sexualität bezogen sondern auch auf größere Möglichkeiten in der Literatur, der Musik, der Geschichtsbetrachtung, seltsamerweise also gingen diese kleinen Freiheiten im Privaten einher mit Repressionen im Politischen. Wurden an einer Stelle die Zügel gelockert, um sie an anderer Stelle fester anzuziehen? Oder reichte die Kraft nicht mehr für die ganze Skala der staatlichen Bevormundung?

Wir jedenfalls haben die vorhandenen Möglichkeiten für unsere Arbeit, für die Leser der Zeitschrift genutzt, immer bemüht, die Grenzen des gerade noch Erlaubten auszuschreiten und sie möglichst auszuweiten.

Der nackte Mann im »Magazin«

In den Februar 1975 fällt ein Ereignis, das in die Annalen der Zeitschrift eingehen sollte: Zum erstenmal fanden unsere Leser – und vor allem unsere Leserinnen – einen nackten Mann im »Magazin«. Seit Jahren hatten Leser einen männlichen Akt gefordert. Zum Beispiel im März 1973 die »Frauenfeiertagsgesellschaft der GPG (Gärtnerische Produktionsgenossenschaft) ›Einigkeit‹ Genthin«: »Alle hier anwesenden Frauen bitten ›Das Magazin‹, auf Grund der Gleichberechtigung der Frau in Zukunft wenigstens im März anläßlich des Frauentages das Aktfoto eines Mannes zu veröffentlichen.«

Helga Busse, Bad Berka, schrieb im Dezember 1974: »Oh, wie lange warten wir armen Frauen auf die Gleichberechtigung auch im ›Magazin‹. Die Herren der Schöpfung bekommen allmonatlich ihre nackte Frau plus zahlreiche halbnackte plus noch zahlreichere angezogene serviert. Wir dürfen ab und an einen gutangezogenen Schauspieler unserer Breitengrade bewundern. ... Warum nicht öfter Bilder von attraktiven Männern?«

Werner Dietze aus Granstein wird ganz prinzipiell: »Die zu unserer Gesellschaft gehörende Gleichberechtigung ist auch im ›Magazin‹ einzuführen. Sie ist unteilbar. Man kann sie nicht dort voll, an anderem Platze halb und wieder woanders gar nicht verwirklichen. Es geht also um die männlichen Akte. Diese bisher so streng aus dem sonst so weltoffenen ›Magazin‹ zu verbannen, kam ja einer Diskriminierung des Mannes gleich.« In das gleiche Horn stieß auch Rita Petzold aus Petkus: »Indem nur der weibliche Körper als schön und betrachtenswert dargestellt wird, zahlen wir Tribut an die bürgerliche Gesellschaft, in der die Frau zur Ware degradiert war ...«

Wir hatten natürlich längst Standard-Antworten für diese Forderung, denn sie kam auf jeder Leserversammlung. Wir argumentierten mit der Tradition deutscher Unterhaltungsmagazine und mit dem Angebot der Fotografen, die eben nur weibliche Akte fotografierten. Eine besonders bizarre und witzige Antwort hatte sich Hilde Eisler ausgedacht: Es ist wie bei den elektrischen Leitungen, sagte sie dann: Was bei den Männern außen hängt, liegt bei den Frauen unter Putz. Damit konnte man die Lacher auf einer Versammlung auf seine Seite bringen, aber nicht die Forderungen verstummen lassen. Die blieben. Und kamen immer wieder. »Wann bringt Ihr endlich einen männlichen Akt?« fragten unsere Leser.

Selbst in der Redaktion waren die Meinungen nicht einheitlich. Eifriger Ablehnung stand ebenso eifrige Zustimmung gegenüber. Es gab Diskussionen über Ästhetik und über Gleichberechtigung und über aktuelle Trends in der internationalen Fotografie. Bis unsere Bildredakteurin, Brigitte Voigt, zu Taten schritt. Sie fragte eines Tages ihren Zahnarzt, ob der nicht mal Modell stehen wolle.

Und so kam dann tatsächlich der erste männliche Akt ins »Magazin«. Der Mann, der da im Februar 1975 nackt auf einer »Magazin«-Seite besichtigt werden konnte, war schon ein richtiger Kerl, kein Jüngling, kräftig gebaut, mit starken Muskeln, schwarzen Locken, schwarzem Schnauzbart. Er saß, etwas zur Seite geneigt, ganz lässig auf dem Sofa und blickte selbstbewußt in

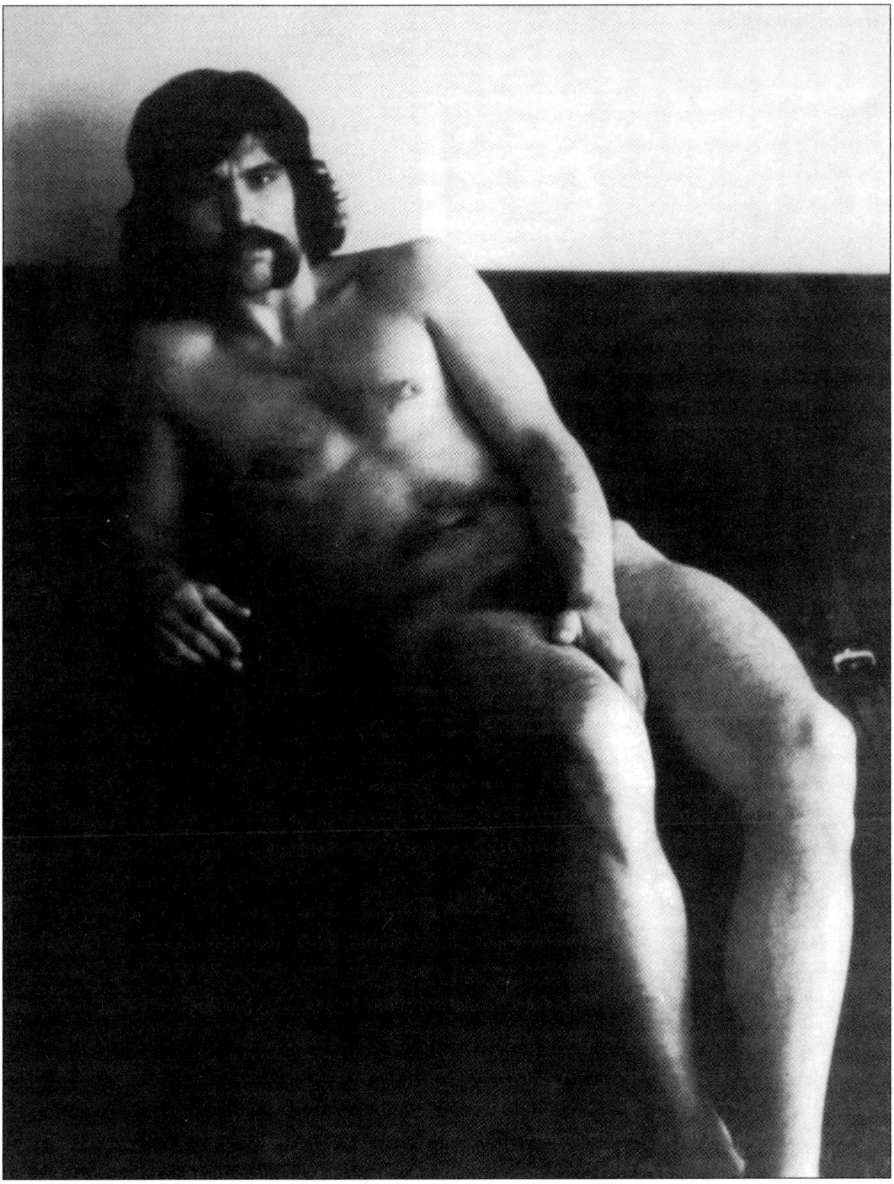

Der erste männliche Akt im Februarheft 1975 löste hitzige Diskussionen aus, besonders bei den Leserinnen, und (verspätete) Irritationen bei der SED-Führung.

die Kamera. Der linke Arm faßte zum rechten Oberschenkel, so das Geschlecht verdeckend. Und gerade das stieß auf die Kritik weiblicher Leser. So schrieb »eine Frauenbrigade aus Tabarz in Sachsen«:

Wir sieben Sachsen hoffen froh und munter,
im nächsten Heft ist die Hand herunter!

Und P. Pester aus Karl-Marx-Stadt: »Ich möchte Ihnen im Namen meiner Brigade (wir sind eine Frauenbrigade) den Dank für den Männerakt aussprechen. Nur schade, daß mit der Hand das gewisse Etwas verdeckt wird. Die meisten Frauen von uns sind für den Männerakt, aber ohne verdeckte Stellen.«

Renate Lehmann aus Grimma:
Hört man – ein Männerakt –
denkt man, der Mann sei nackt.
Doch vom Zeichen der Männlichkeit,
sieht man hier nichts, weit und breit.

Nie zuvor und auch nie danach gingen so viele Briefe zu einem einzelnen Foto ein. Wir füllten im Aprilheft fast die ganze Leserbriefseite. »Ein nackter Mann: die Sensation für unsere Mädchen und auch für mich« (Heidrun Zabel, Boitzenburg); »Hurra, endlich ein nackter Mann im Magazin.« (Willi Nausch, Halle);

Ich möchte lobend danke sagen,
denn zum UNO-Jahr der Frau
stellst Du den Männerakt zur Schau.
Nur weiter so mit diesem Schwung
im Kampf um Gleichberechtigung
(Walter Burkhard, Berlin).

Aber Ablehnung gab es auch: »Dieses Bild wirkt auf Frauen direkt abstoßend, im Gegensatz zu den bisher veröffentlichten weiblichen Aktfotos, die man sich gern ansieht.« (Eva Albrecht, Leipzig). Und: »Im Internationalen Jahr der Frau bringen wir notgedrungen etwas Verständnis für einen ganzseitigen Männerakt auf. Aber es sollte – bei aller Toleranz – bei dieser einmaligen Verfehlung bleiben.« (Jörg Papke, Leipzig).

Das Foto war eine ganze Zeit Gesprächsstoff in den Arbeitspausen, an Stammtischen und in Frauenbrigaden. Und dann hatte es doch noch ein Nachspiel. Monate später erschien es noch einmal, in einer Westberliner Boulevard-Zeitung. Auf einer ganzen Zeitungsseite mußte es für eine haarsträubende Theorie herhalten. Ein Kollege, der das Foto bei uns entdeckt hatte, glaubte in der Veröffentlichung eines nackten Mannes eine Wende in der Kulturpolitik der SED erkennen zu können. Und kühn folgerte er, daß sich die DDR nach dem Wechsel von Ulbricht zu Honecker nun der westlichen Kultur annähere. Das harmlose Schwarzweiß-Foto eines freundlichen Zahnarztes aus Lichtenberg als Beweis für eine anbrechende Liberalisierung in der DDR und für größere Freiheiten der Künstler und der Presse.

Doch gerade das entsprach ganz und gar nicht der politischen Situation. Vier Jahre nach Honeckers Versprechen, daß es keine Tabus geben sollte, dominierte längst der Zusatz – »wenn es auf dem Boden des Sozialismus« geschieht. Die Zügel waren wieder angezogen, wie bald darauf der IX. Parteitag der SED und die Ausweisung Wolf Biermanns deutlich machen sollten, der in den fünfziger Jahren auf den Leserversammlungen des »Magazins« mit seiner Gitarre für Unterhaltung gesorgt hatte.

Die SED auf Sex-Kurs! Der West-Kollege hatte uns einen schlechten Dienst erwiesen. Die oberste Presse-Abteilung wurde mobil. »Das Magazin« hatte Anlaß zu Spekulationen gegeben, dem Feind Munition geliefert und den Generalsekretär in Mißkredit gebracht. Das konnte eigentlich nicht gut gehen. Wenn die Affäre dennoch nach den üblichen Kritiken glimpflich ausging und im Sande verlief, geschah es deshalb, weil es für die Führung bald wichtigere Probleme gab. Für die nächste Zeit aber ignorierten wir die Forderungen der Leser nach weiteren männlichen Aktfotos aus wohlkalkulierter vorauseilender Berechnung, oder wie man das heute nennt.

Man bewarb sich nicht um einen Posten

Im Januarheft 1980 teilt die Redaktion ihren Lesern mit: »Nach 25-jähriger erfolgreicher Tätigkeit als Chefredakteurin unserer Zeitschrift wurde Hilde Eisler Anfang Dezember 1979 im Kreise der Mitarbeiter und Freunde der Zeitschrift herzlich verabschiedet.« Als Kämpferin gegen den Faschismus hatte sie mit 55 Jahren das Rentenalter erreicht. Nun war sie 67 und wollte sich anderen Aufgaben widmen, unter anderem der Modeseite im »Magazin«, die sie weiter Monat für Monat betreute.

Ich war dreiundfünfzig Jahre alt, als ich die Leitung der Redaktion übernahm. Ich hatte mich um diesen Posten nicht beworben; man bewarb sich in der DDR nicht um Funktionen, man wurde ernannt oder berufen. Seit ich im Dezember 1951 durch das Politbüro der SED in die Chefredaktion der FDJ-Zeitung »Junge Welt« berufen worden war, zählte ich zu den leitenden Kadern der Presse. Und »leitender Kader« blieb man in der DDR, wenn nicht besondere Verfehlungen oder schwere politische Abweichungen von der Parteilinie vorlagen. Meine hatten sich in Grenzen gehalten. Das bedeutete, ich war seit meiner Arbeit bei der »Jungen Welt«, mit Unterbrechungen, Chefredakteur oder Stellvertreter gewesen.

Das hieß aber auch, daß ich für die Presseabteilung im ZK der SED, für die Stelle also, die Chefredakteure einsetzte oder ablöste, kein Unbekannter war. Sie kannten mich, und wenn sie mich als neuen Chefredakteur des »Magazins« einsetzten, gingen sie kein Risiko ein. So war meine Berufung auch Ausdruck der Angst vor jeder Veränderung, gepaart mit dem Mißtrauen allem Neuen, Unbekannten gegenüber. Sie war ein Zeichen der allgemeinen Stagnation, der Verkrustungen aller Strukturen, der Rituale, die sich eingeschliffen hatten wie die Beschwörungsformeln beim autogenen Training.

Das kam mir besonders bei meinem sechzigsten Geburtstag 1987 zum Bewußtsein, dessen offizieller Teil als längst eingespieltes Ritual ablief. Er begann mit der Verleihung des nächst höheren Ordens. Da ich mit fünfzig dienstrangmäßig den Vaterländischen Verdienstorden in Bronze bekommen hatte, war jetzt der in Silber dran (von dem mein Arzt sagte, er sehe aus wie der preußische Adlerorden 2. Stufe). Dann kam ein Glückwunsch des Zentralkomitees, der in allen zentralen Zeitungen des Landes auszugsweise gedruckt wurde und dem Jubilar seinen Lebensweg »seit frühester Jugendzeit« erzählte. Und dann gab es die offizielle Gratulationscour. Sie fand in einem der Versammlungssäle des Berliner Verlags statt, die Feier habe ich bezahlt, der Verlag gab 60 Mark dazu, das alles war so üblich. Zur Gratulation erschienen die Chefredakteure und ihre Stellvertreter, die Sekretäre der gesellschaftlichen Organisationen und andere Funktionsträger. Ich kannte sie alle. Es waren seit Jahrzehnten immer dieselben. Wir alle hatten in den fünfziger Jahren mit Anfang zwanzig eine Karriere begonnen, als junge, in der Nazizeit unbelastete Kader gesucht wurden. In jeder Redaktion des Berliner Verlages, im Journalistenverband und im Presseamt saßen Alt-FDJler in der Leitung. Wir waren in dreißig Jahren aus hoffnungsvollen Jugendlichen zu Altkadern geworden. Selbst der Gratulant, den die Chefredaktion der Jugendzeitung geschickt hatte, zählte die Jahre bis zum Rentenalter, er war 58. Wir hatten vor dreißig Jahren zusammen bei der »Jungen Welt« gearbeitet. Wir alle konnten nicht mehr aufhören, selbst wenn wir es gewollt hätten. Und die meisten wollten es auch nicht. Eine ganze Generation nach uns hatte keine Chance.

Ich sah in der neuen Aufgabe keine besondere Karriere. Mein Gehalt lag genau 100 Mark Brutto über dem meiner Stellvertreterin. Dafür trug ich die alleinige Verantwortung für alles. Ich hatte gerade begonnen, einige größere Arbeiten zu publizieren, eine Serie über Heinrich Heine in Düsseldorf in der »Wochenpost«, und in der Frauenzeitschrift »Für Dich«, die damals in Millionen-Auflage erschien, zwei Fortsetzungsreihen über bedeutende Frauen, über Katharina von Bora, Luthers Käte, und über Mathilde Franziska Anneke, eine Frau aus der Revolution von 1848. Nun saß ich an meinem ersten Buch, über den Revolutionär und Rebellen Max Hoelz, das auf erhebliche Schwierigkeiten stieß, weil sich mein Held in kein ideologisches Raster der Parteigeschichte einpassen ließ. Ich wollte lieber schreiben als leiten. Trotzdem nahm ich die Berufung an, und rückblickend muß ich sagen, daß die Leitung des »Magazins« für mich der beste Platz war, den es in der DDR-Presse gab.

Hilde Eisler hatte mir eine gut organisierte Redaktion hinterlassen und eine Zeitschrift, die hohes Ansehen bei den Lesern und im Lande genoß. Die Qualität des Blattes zu halten, war mein erstes und höchstes Ziel. Das würde nicht leicht sein, denn die Ansprüche an das Blatt waren sehr hoch, und von nun an würde es nicht mehr den Schutz genießen, der Hilde Eisler umgeben hatte – selbst Joachim Herrmann, der Allgewaltige der Presse, überlegte sich jede Kritik an ihr mehrmals, und wenn Hilde einen Wunsch äußerte, wurde er meist erfüllt. Ein Mensch mit ihrem Lebenslauf genoß eben in der DDR die generelle Unterstützung der obersten Führung. Das war in den fünfziger Jahren anders gewesen, als Westemigranten, besonders die jüdischen, in der DDR ständigen Fährnissen ausgesetzt waren. Aber jetzt war es so. Doch auch nach ihrem Weggang blieben dem »Magazin« noch einige Freiheiten, um die uns andere Redaktionen beneideten. Nach wie vor hatten wir bessere finanzielle Konditionen und eine gewisse Narrenfreiheit – auch für die Führung waren wir eben »die mit den Nackten«. Wir waren entschlossen, das im Interesse der Leser zu nutzen. Von dem Wechsel in der Chefredaktion haben die Leser übrigens kaum Notiz genommen; es gab nicht einen Leserbrief dazu. Wer liest schon das Impressum.

Bei der Auswahl neu einzustellender Redakteure hatte Hilde mir schon im Laufe des letzten Jahres vor ihrem Ausscheiden ein Mitspracherecht eingeräumt – »du wirst mal mit ihnen auskommen müssen«, hatte sie gesagt. Das war eine freundliche Geste – auch hier erwies sich, daß die Qualität eines Mitarbeiters erst in der Arbeit sichtbar wird.

Die Redakteure, die 1980 »Das Magazin« machten, waren durchweg erfahrene, auf ihrem Gebiet hochqualifizierte Fachleute, selbstbewußt und sicher im Urteil. Jeder Einzelne war auf seinem Gebiet besser als der Chefredakteur. Es ging einfach darum, aus dieser Ansammlung von Fähigkeiten und Solisten ein aufeinander abgestimmtes Orchester zu bilden. Das brauchte Zeit und Bereitschaft auf allen Seiten, und ich merkte bald, wie kompliziert das ist. So war, um ein Beispiel zu nennen, unser Chefreporter vor Jahren mein erster Chefredakteur in der »Jungen Welt« gewesen, der mich 1950 als Hilfsredakteur eingestellt hatte. Heinz Stern war jüdischer Emigrant, er hatte während des Krieges im Moskauer Rundfunk gearbeitet und war viele Jahre Korrespondent des »Neuen Deutschland« in der Sowjetunion gewesen. Ein hochgebildeter nachdenklicher Mann. Es war eine schwierige Situation für uns beide, daß ich jetzt plötzlich sein Chef war.

Meine Stellvertreterin hatte ich mir, so wollte es der Brauch, selbst ausgesucht. Wir kannten uns seit Jahren und ich schätzte ihre intellektuellen Fähigkeiten. Sie war gern ins »Magazin« gekommen, als einen Aufstieg auf der Karriereleiter allerdings konnte sie es nicht betrachten, eigentlich war sie für eine höhere Funktion vorgesehen gewesen. Das schuf Spannungen, die ich bis zuletzt nicht ganz habe beseitigen können. Sie hatte bis dahin in der Partei- und Frauenpresse gearbeitet, hatte im ZK-Institut promoviert und sollte eigentlich mal die Leitung der Frauen-Zeitschrift übernehmen. Ihre Rolle im »Magazin« empfand sie als Karriereknick, und als ungerecht obendrein. Denn sie war gebildet, klug, ideenreich und parteierfahren, sie konnte organisieren und leiten. Sie verfügte über alle Voraussetzungen für eine höhere Funktion, nur eine fehlte nach Ansicht der Frauenkommission im ZK der SED, die die Chefredakteurin der »Für Dich« berief: Verständnis für Menschen, die unter ihrem Bildungsniveau standen, ein Manko, das damals ausschlaggebend für ihre Nicht-Berufung wurde.

Der Literaturredakteur war ein exzellenter Fachmann, den ich in der Redaktion haben wollte, und für dessen Verbleib ich mich auch noch einsetzte, als Probleme offensichtlich wurden. Er verfügte über bemerkenswerte Literaturkenntnisse, hatte ein gutes Sprachgefühl und war von äußerster Gewissenhaftigkeit. Seine Manuskripte waren immer hervorragend redigiert; nie gab es einen Fehler oder ein falsches Komma auf seinen Seiten. Er arbeitete bestens mit erfahrenen Schriftstellern zusammen und erkannte an der Geschichte eines Anfängers, ob der Talent hatte oder nicht. Leute mit Talent förderte er geduldig und zeitraubend über Jahre, mancher ver-

Hilde Eisler hatte eine gutfunktionierende Redaktion hinterlassen. Im Sonderheft zu ihrem 70. Geburtstag wurden die Kollegen von der Bildredaktion eingekleidet.

Obere Reihe von links: Chefredakteur, Stellvertretende Chefredakteurin, Raumpflegerin, Bildredakteurin, Literaturredakteur, Leiterin der Bildredaktion.
Untere Reihe: Chefsekretärin, Leserbriefredakteurin, Schreibkraft, Kraftfahrer, Gestalter, Kulturredakteurin, Chefreporterin.

dankt ihm seine ersten Veröffentlichungen, mancher vielleicht sogar seinen Aufstieg zum Schriftsteller. Doch er wußte auch, daß er gut war, und trat in der Redaktion mit einer Arroganz auf, die die Atmosphäre oft belastete. Aber seine Fähigkeiten und seine Arbeit waren für die Redaktion so wichtig, daß ich mich immer wieder entschloß, nicht auf ihn zu verzichten.

Zu den langjährigen Mitarbeitern gehörte unsere Bildredakteurin Brigitte Voigt. Sie war nach dem Studium an der Kunsthochschule direkt in die Redaktion gekommen, damals gemeinsam mit ihrer Freundin, die wenig später den Maler Gabriele Mucchi heiratete und wieder ausschied. Brigitte übernahm die Bildredaktion von ihrer Vorgängerin Trude Gröllmann, die zu den Gründern der Zeitschrift gehört hatte. Sie brachte nicht nur neue Ideen mit, sie gewann auch zahlreiche hervorragende Künstler ihrer Generation für die Mitarbeit am »Magazin«. Brigitte lebte in der Bildenden Kunst, sie hatte einen Blick für Bilder und ein sicheres Urteil in künstlerischen Fragen. Wenn es um Geschmacksfragen ging, und bei der Auswahl von erotischen Bildern und Zeichnungen geht es fast immer auch um Geschmacksfragen, habe ich sie meist als erste konsultiert. Auf ihr Urteil konnte man sich verlassen, sie war sensibel und kannte sich aus in der Kunst. Gerade in diesen Fragen, mit denen ich in meinen früheren Funktionen als politischer Redakteur nur selten in Berührung gekommen war, habe ich viel von ihr gelernt. Außerdem schätzte ich ihre große Freundlichkeit und Sensibilität. Als sie wegen einer schweren Krankheit Mitte der achtziger Jahre aus der Redaktion ausscheiden mußte, bedeutete das für die Zeitschrift wie für alle Kollegen einen schmerzlichen Verlust.

Im Laufe der Jahre haben eine ganze Reihe guter Journalisten Spuren in der Zeitschrift hinterlassen. Wenn ich eine Chronik des »Magazins« schreiben würde, müßte ich Namen und Leistungen von viel mehr Mitarbeitern erwähnen, als ich es jetzt, in dieser Darstellung, tun kann. Sie mögen mir meine Unterlassung verzeihen. Einen aber muß ich noch nennen, weil er für mich, für meine Entscheidungen und für das Heft besonders wichtig war: unseren Grafiker und Gestalter Bernd Meier. Er hatte nach dem Studium bei Herbert Prüget, der das Layout der Zeitschrift entworfen und »Das Magazin« über viele Jahre gestaltet hatte, angefangen und die Gestaltung schließlich selbständig in voller Verantwortung übernommen. Über all die Jahrzehnte hat er dem Heft seine äußere Gestalt gegeben – und die hervorragende optische Gesamterscheinung war immer einer der besonderen Vorzüge des »Magazins«.

Neben Brigitte Voigt war Bernd für mich der wichtigste Berater bei künstlerischen Entscheidungen, und mit seiner Sachlichkeit, seiner Ruhe und Ausgeglichenheit war er zugleich unentbehrlich für den Zusammenhalt der manchmal auseinanderstrebenden Truppe. Er genoß hohes Ansehen bei den Kollegen und war ein bekannter Mann unter den Bildenden Künstlern, als Mitarbeiter des »Magazins« wie als vielbeschäftigter Buchgestalter. Mehrere »Schönste Bücher«, eine alljährlich vergebene Auszeichung des Buchhandels, waren von ihm gestaltet worden.

Bernd war immer parteilos geblieben, auch meine Versuche, ihn für die SED zu werben – ich hätte einen solchen nachdenklichen klugen Mann als Bereicherung für die Partei empfunden –, hatte er mit vornehmer, freundlicher aber bestimmter Ablehnung zurückgewiesen. Wo immer er sich in Diskussionen zu Wort meldete, hörte man ihm zu. Seine Meinung hatte Gewicht, wenn er sprach, hatte er was zu sagen.

Bernds Weigerung, Mitglied der SED zu werden, hat seine Stellung in der Redaktion in keiner Weise verändert. Es war nicht so, wie es heute in manchen Darstellungen scheint, daß einer nur als Mitglied der »herrschenden Partei« in der Presse arbeiten konnte. Gerade in den ersten Jahren waren die Mitglieder der SED in der Redaktion in der Minderheit, später waren es von sieben bis acht Redakteuren immer etwa vier. Aber natürlich: Chefredakteur und stellvertretender Chefredakteur waren Mitglieder der SED, das wäre tatsächlich anders nicht möglich gewesen. Aber immer wieder hatten wir Parteisekretäre, die nicht den Klischees entsprachen. Ein Mann wie Heinz Stern beispielsweise war nicht nur nachdenklich sondern auch kritisch, in einem so hohen Maße, daß die in der Presseabteilung für uns zuständige Mitarbeiterin, eine junge, hübsche, ahnungslose Frau, gern über ihn sagte: »Heinz versteht die Linie nicht mehr«, und wir wußten, daß er mehr versteht als die Linie.

Über Jahre auch hatten wir zwei Mitarbeiterinnen, die in der LDPD waren, zwei Frauen, die in hohem Maße tatsächlich liberale Ideale vertraten. Die eine war Brigitte Voigt, die andere die zeitweilige Literaturredakteurin Hannelore Webersinke, die Ende der siebziger Jahre die Redaktion verließ, um eine damals noch ungewöhnliche Karriere zu beginnen: Sie war ein Pferdenarr, eine passionierte Reiterin, mit Anfang vierzig begann sie, Landwirtschaft zu studieren und ging dann in eine LPG und betreute dort Kühe, Schafe, Schweine. Hannelore hatte die Arbeit in der Presse satt, sie sah keinen Sinn mehr in dem, was sie tat und versuchte, ihr Leben zu verändern, wohl auch aus Furcht, ein Zyniker zu werden wie so viele Zeitungsmacher. Damals, muß ich gestehen, habe ich ihre Entscheidung nur teilweise verstanden. Später, als die Pressearbeit immer schwieriger wurde, haben wir oft über sie gesprochen.

Bahnpost nach Dresden

Meine Tätigkeit als Chefredakteur begann mit einer mittleren Katastrophe. Hilde Eisler war am 1. Dezember 1979 ausgeschieden, um mir freie Hand für die Vorbereitung der Hefte im neuen Jahr zu lassen. Und – ich glaube, ich sagte es schon, aber ich möchte es wiederholen: sie hat sich danach nie mehr in die Leitung der Redaktion eingemischt, ich habe ihr das immer hoch angerechnet.

Im Laufe des Dezember haben wir also das Januarheft 1980 erarbeitet, kurz vor den Weihnachtsfeiertagen gingen die Manuskripte und Illustrationen in die Druckerei nach Dresden, wie immer mit Bahnpost vom Ostbahnhof aus. Damit war unsere Arbeit eigentlich beendet, und wir konnten in Ruhe Weihnachten feiern. Meine Mutter war aus unserem Dorf zu Besuch gekommen, die Töchter erwarteten ein frohes Fest. Doch Heiligabend rief ein völlig aufgelöster Obermeister aus der Dresdner Druckerei an. Seine Nachricht löste eine Art Alarmstimmung aus. Was in der 25jährigen Geschichte der Zeitschrift nie passiert war, war nun eingetreten: Keines unserer Manuskripte war in der Druckerei angekommen. Und dabei hatten wir bisher mit der Bahnpost beste Erfahrungen, sie war der schnellste und sicherste Weg der Zustellung. Bisher.

Wenn die Termine für die Auslieferung des Heftes eingehalten werden sollten, mußte die Druckerei am ersten Arbeitstag nach dem Fest mit der Fertigung beginnen. Und Termine sind bei einer Zeitschrift wie Gesetze; jeder Verstoß dagegen hat unwillkürlich schwere Folgen, Vertragsstrafen sind dabei noch das Mindeste.

Wir telefonierten mit dem Ostbahnhof. Die Poststelle hatte die Sendung erhalten und quittiert, sie war pünktlich mit dem Abendzug nach Dresden abgeschickt worden. Auf dem Dresdner Hauptbahnhof aber war sie nicht angekommen.

Am ersten Feiertag fuhr ich nach dem Frühstück in die Redaktion. Wir alarmierten den Bahnhofsvorstand auf dem Dresdner Hauptbahnhof. Der versuchte über Bahnanschlüsse in Prag, Budapest und Bukarest, wohin der Zug weitergefahren war, etwas über unsere Sendung zu erfahren. Aber es war Weihnachten, überall. Und nirgends waren unsere Manuskripte, Fotos und Illustrationen gefunden worden.

Am zweiten Feiertag informierte ich die Redakteure: Wir mußten wohl oder übel ein neues Heft zusammenstellen. Von den Manuskripten gab es Durchschläge, auf denen nicht immer die letzten Korrekturen standen, aber das ließ sich rekonstruieren. Die Fotos aber waren Unikate. Wir hatten, zu den einzelnen Beiträgen, nur noch die, die wir als weniger gut aussortiert hatten, die zweite Wahl, aber immerhin. Ganz schlimm war es mit den Illustrationen, unmöglich, sie in so kurzer Zeit neu anfertigen zu lassen. Also überlegten wir, welche Beiträge, die für spätere Hefte vorgesehen waren, vorgezogen werden könnten, jeder holte aus seinem Schreibtisch, was er Brauchbares hatte. Langsam nahm ein Ersatzheft Formen an. Das erste Heft in meiner Verantwortung – und nun diese Notausgabe.

Und dann geschah das Wunder. Mitten in unsere fieberhaften Bemühungen platzte die erlösende Nachricht: Das Material war gefunden! Der Zugschaffner hatte vergessen, es in Dresden auszuladen. In Bukarest, an der Endstation, landete es in der allgemeinen Weihnachtsstimmung zwischen Kisten und Kästen, die kein verderbliches Gut enthielten, bis ein aufmerksamer rumänischer Bahnbeamter die Sendung entdeckte und zurück nach Dresden schickte.

Von diesem Tage an wurden nie mehr Druckunterlagen, von denen es kein Doppel gab, mit der Bahnpost befördert. Wir suchten uns eine rüstige Rentnerin, die zwei bis drei Mal im Monat für eine Fahrkarte und 50 Mark Botengeld nach Dresden fuhr und das Material persönlich übergab. Für uns eine Sicherheit, für sie eine willkommene Abwechslung im Rentnerleben: morgens nach Dresden, ein Kaffee in der Prager Straße und nachmittags wieder zurück. Heutigen Zeitungsmachern mit ihren elektronischen Herstellungsverfahren muß diese Geschichte wie eine Mär aus grauer Vorzeit erscheinen.

Bewegte Zeiten

Es war eine politisch bewegte Zeit, in der ich »Das Magazin« übernahm. In Polen, wo ich fünf Jahre in Kriegsgefangenschaft gewesen war und dem ich mich seither immer besonders verbunden fühlte, zeigten sich die Vorboten der Veränderungen am deutlichsten. Bei einem Besuch in unserer Warschauer Partnerzeitschrift, dem »Magazyn Polski«, spürte ich auf einmal, ganz im Gegensatz zu früheren Besuchen, besonders bei jüngeren Kollegen eine gewisse Distanz zur DDR. Sie sahen in uns die Musterschüler Moskaus und fühlten sich von ihren Nachbarn umzingelt. Ökonomisch ging es ihnen schlechter, aber kulturell fühlten sie sich freier, und das waren sie wohl auch. Ein damals sehr bekannter Witz macht das deutlich: An der Grenze zur DDR treffen sich zwei Hunde. Der eine läuft von Polen in die DDR, der andere in umgekehrter Richtung. »Wohin willst du?«, fragt der DDR-Hund. »Ich will mich mal wieder richtig satt fressen«, antwortet der polnische Hund, »aber was willst du bei uns?« – »Ich will mal wieder richtig bellen.«

Ich muß hier dem chronologischen Ablauf etwas vorgreifen und auf Entwicklungen eingehen, die uns in unserer Arbeit und in der Redaktion mehr als frühere politische Ereignisse beschäftigt haben. In Moskau wurde der entscheidungs- und reformunwillige Breshnew von Andropow abgelöst, doch die Hoffnung auf Veränderung war kurz, Andropow starb bald und sein Nachfolger wurde der greise reformunfähige Tschernenko. Volkswitz: »Eröffnung des Moskauer Parteitages. Erster Tagesordnungspunkt: Das Politbüro wird hereingetragen.«

Als endlich Michail Gorbatschow an die Spitze kam und von Glasnost und Perestroika sprach, empfanden wir jedes seiner Worte wie ein Evangelium. Alle unsere Erfahrungen hatten uns gelehrt, daß Veränderungen nur von oben zu erwarten sind. Und hier war einer, der wirklich etwas verändern wollte. Über Nacht waren wir Gorbi-Fans geworden. Bei einer Dienstreise in die Bundesrepublik sparte ich meine mageren Reisespesen, um mir das Buch von Gorbatschow über die Perestroika zu kaufen, und in der Mittagspause, wenn wir auf dem Rückweg von der Kantine am Büro der sowjetischen Presseagentur Nowosti vorbeikamen, taten wir nun, was wir nie getan hatten: Wir gingen in den Laden und suchten nach den neuesten Broschüren. In Gorbatschow sahen wir den Messias, den Retter aus aller Not. Es war das letzte Mal, daß ich meine Hoffnungen und meinen Glauben an einen Politiker verschwendete. Es war eine Täuschung. Heute bin ich dankbar für die Ent-Täuschung.

In der DDR vollzog sich in den achtziger Jahren eine Entwicklung, die ich nicht für möglich gehalten hatte. Wir gingen auf Distanz zur großen Sowjetunion. Wir sollten nicht mehr von ihr lernen, um siegen zu lernen. Immer waren ihre Filme und Bücher als die großen Vorbilder gehandelt worden, jetzt erschienen viele der interessanten Bücher nicht mehr bei uns, Filme wie »Die Reue«, eine Abrechnung mit den stalinschen Verbrechen, oder andere, wie »Die Kommissarin«, kamen gar nicht oder mit großer Verzögerung ins Kino, oder sie wurden, auf Einspruch einzelner Politbüro-Mitglieder, nach kurzer Zeit wieder abgesetzt. Jugendliche, die über Jahre mit dem für alles

Unglaubhafte stehenden Satz: »Das gibt's in keinem Russenfilm« ihr negatives Urteil über alles, was von Mosfilm kam, gesprochen hatten, standen nun an den Kinokassen Schlange, wenn ein sowjetischer Streifen wie der Antikriegsfilm »Geh und sieh« lief oder »Abschied von Matjora«, in dem es um Fragen der Umwelt geht. Selbst die Reden des sowjetischen Generalsekretärs erschienen im »Neuen Deutschland« nur noch in Auszügen. Lange diskutierten wir in der Redaktion über Gorbartschows Rede auf dem XI. Parteitag der SED 1986, die sich für uns in Inhalt und Stil haushoch über die unserer eigenen Politiker erhob. Mit wachsendem Unbehagen verfolgten wir die tagelang vorgetragenen Berichte und Erklärungen, in denen wir keine Entwicklung erkennen konnten, kein Eingehen auf die immer drängender werdenden Probleme im Lande DDR.

Wenn ich heute an die achtziger Jahre zurückdenke, erscheinen sie mir so widersprüchlich wie kein anderes Jahrzehnt. Die DDR hatte die Dokumente von Helsinki unterschrieben, aber im Lande war es unmöglich, sich auf die Menschenrechtserklärungen aus diesen Dokumenten zu berufen. Trotzdem wurde Honecker in diesen Jahren zu einer international anerkannten Persönlichkeit. Die DDR wurde Mitglied der UNO, diplomatisch anerkannt von über hundert Staaten. Der Staatsratsvorsitzende traf sich mit dem Bundeskanzler, er wurde in Bonn als Staatsoberhaupt der DDR mit militärischen Ehren empfangen, bundesdeutsche Politiker aller Parteien, die sich heute nicht mehr daran erinnern wollen, drängten sich um einen Besuchstermin bei Honecker und anderen Politbüro-Größen. In der Innenpolitik und besonders in der Medienpolitik aber wurden die Grenzen immer enger, der Sicherheitsapparat hypertrophierte zu einem alles durchdringenden und jeden überwachenden Big brother. Aber in der Kulturpolitik wurden plötzlich Dinge möglich, die zuvor streng tabu waren: Bücher konnten erscheinen, Filme kamen in die Kinos, die jahrelang auf Eis gelegen hatten. In der Presse dagegen wurde es im Laufe der achtziger Jahre schlimmer und enger.

Es ist dem Außenstehenden schwer zu vermitteln (heute noch schwerer als damals), daß in dem streng zentralistisch geleiteten Land solche Unterschiede zwischen Kultur- und Pressepolitik bestanden. Doch das hing ganz simpel mit der Aufgabenverteilung im Politbüro zusammen. Die Buchverlage, Theater und Film unterstanden dem Sekretär Kurt Hager, die Presse, einschließlich Fernsehen, dem Sekretär Joachim Herrmann. Und zwischen beiden lag ein weites Feld von Meinungsunterschieden, wie es heute in allen Parteien ganz normal ist. In der SED aber, die immer ihre monolithische Einheit betonte, hatte es das bisher nicht gegeben.

In den End-Achtzigern wurde in den Redaktionen und unter den Kollegen des Hauses mehr politisch diskutiert als zu irgendeiner anderen Zeit in der DDR. Jeder hatte das Bedürfnis sich auszutauschen, seinem Herzen Luft zu machen, seiner Empörung Ausdruck zu geben über die Politik der Partei, der wir zum großen Teil angehörten, wenn man das, was da als Politik ausgegeben wurde, überhaupt noch als Politik bezeichnen konnte. Man mußte in diesen Jahren einfach über die tagtäglichen Ereignisse reden. Und man wußte, mit wem man reden konnte und mit wem nicht. Ich habe mich beispielsweise regelmäßig mit den Chefredakteurinnen der »Wochenpost« und der Frauenzeitung »Für Dich« beraten, was denn überhaupt noch geht, was noch passieren muß, damit endlich etwas passiert. Wir redeten ganz offen, ohne jede Angst, ohne Zurückhaltung. Es gehörte einfach zu unserem Alltag, daß alle Neuigkeiten ständig ausgetauscht wurden. Gerade weil die Zeitungen die tatsächlichen Probleme nicht veröffentlichen durften, kannte sie jeder. Sobald einer etwas Neues erfuhr, ging er in dem großen Haus des Berliner Verlages zu einem seiner Kollegen und stellte die stereotype Frage: Hast du schon gehört? Doch es gab auch Chefredakteure, mit denen ich lieber übers Wetter sprach. Man kannte einander.

Es war eine paradoxe Situation, daß die, die von Berufs wegen Neuigkeiten verbreiten sollten, das nur im internen Kreis taten. Da aber um so ausgiebiger. In der Redaktion des »Magazins« sprach ich regelmäßig über alle Probleme mit meiner Stellvertreterin und mit unserem Parteisekretär Ulli Backmann. Der war erst im Laufe der achtziger Jahre in die Redaktion gekommen, ein hervorragender ideenreicher Kulturredakteur. Er war einer, der über philosophische Fragen nachdachte und der gern diskutierte, mit ihm konnte man streiten, bis er wutentbrannt aus dem Zimmer lief, die Türen knallend. Und eine halbe Stunde später setzten wir unser Gespräch doch fort.

In dieser Runde wurde manche Überlegung geäußert, die nicht für fremde Ohren bestimmt war. Hier wurden die Zweifel, die Ängste, die Wut und die Unzufriedenheit offen ausgesprochen. Und nie ist etwas nach außen gedrungen. Es war in dieser Endzeitstimmung ganz wichtig, sich von Kollegen umgeben zu fühlen, mit denen man übereinstimmte. Wenn uns diese Sicherheit auch nicht davor bewahrte, die Augen vor vielen Problemen zu verschließen und öffentlich über Ereignisse zu schweigen, über die wir hätten im »Magazin« reden müssen. Aber damals hofften wir von Jahr zu Jahr auf Veränderungen, die von oben kommen mußten.

Was war mit der Zensur?

Wenn ich heute nach dem »Magazin« gefragt werde, geht es eigentlich immer nur um zwei Fragen: »Wie war das mit dem Akt?« und »Wie war das mit der Zensur?« Über den Akt reden wir gleich noch einmal. Das ist relativ einfach zu erklären. Aber, wie war es mit der Zensur?

Ja, wie war das? Es war, wie vieles in der DDR, nicht so offensichtlich: Hier die Redaktion und da der Zensor, der jedes Manuskript vor der Veröffentlichung prüft, genehmigt oder zusammenstreicht. Das Zentralkomitee der SED war alles andere als eine gläserne Behörde, keineswegs offen und durchschaubar. Die Kontrolle, man könnte besser sagen die Überwachung, war viel diffiziler, zumindest für Zeitschriften wie »Das Magazin«.

Bei Büchern war das anders. Hier, wie bei Filmen und Theatern, funktionierte die Vorzensur. Manuskripte mußten beim Ministerium für Kultur eingereicht werden, dort wurden sie geprüft und die Druckgenehmigung erteilt oder verweigert. Ich rede hier nicht davon, was diese Prozedur für einen Schriftsteller bedeutete, der Jahre an einem Roman gearbeitet hatte und dann um seine Veröffentlichung bangen mußte, und nicht von den Verlagen, die davon betroffen waren. Doch obwohl hier die Zensur im herkömmlichen Sinne angewandt wurde, waren die Grenzen des Erlaubten weiter gesteckt als bei den Zeitschriften.

»Das Magazin«, das immer am Schnittpunkt zwischen Literatur und Presse angesiedelt war, hätte eigentlich zu beiden Bereichen gehören können. Wir unterstanden aber dem strengen Regime der Presseabteilung beim ZK der SED – und mußten unsere Manuskripte vor der Veröffentlichung keinem vorlegen. Es gab keine Vorzensur. Der Chefredakteur war zugleich der Zensor. Er war dem Herausgeber, dem Zentralkomitee der SED, gegenüber persönlich für alles verantwortlich, was in seiner Zeitschrift erschien, inclusive der Inserate. Wenn der Chefredakteur einen Beitrag, eine Zeichnung oder ein Foto abgezeichnet hatte, wurde es gedruckt; das ganze »Magazin« in drei Etappen: zuerst der Farbteil, danach, in zwei Raten, jeweils 32 Seiten des Schwarz-weiß-Teils. Erst wenn alles gedruckt war, und zwar 570 000 mal, wurden die ersten Hefte dem Herausgeber, dem ZK und seiner Presseabteilung, vorgelegt. Der hatte nun das Recht, die ganze Ausgabe zu stoppen, zu verbieten und einzustampfen. Das geschah allerdings sehr, sehr selten. Aber es kam vor, zum Beispiel wurden bei der satirischen Zeitschrift »Eulenspiegel« ein paar mal Ausgaben komplett vernichtet. Beim »Magazin« passierte das nie.

Ärger konnte es in der Regel erst nach dem Erscheinen des Heftes geben. Wenn die Genossin in der Presseabteilung, die den Auftrag hatte, das ganze Heft genau zu lesen, glaubte, einen Beitrag, eine Formulierung oder einen mißverständlichen Witz beanstanden zu müssen und das dem Leiter der Abteilung mitteilte. Ich erzähle hier nur eine Geschichte aus meiner Zeit als Chefredakteur: Im Juniheft 1984 hatten wir eine Karikatur veröffentlicht, die Anstoß erregte. Ein Mann saß wie Robinson auf einer einsamen Insel inmitten eines von Ölfässern, Flaschen, Konservendosen und anderem Unrat zur Kloake verkommenen Meeres. Es war eine Anklage gegen die Verschmutzung der Umwelt, die auch in der DDR immer mehr zu einem gesellschaftlichen Problem wurde. Nichts hat die Kontrolleure in dieser Zeit mehr erregt als eine Kritik an der Umweltpolitik, selbst in einem Witz.

Wenn ein Beitrag Unwillen erregte, wurde der Chefredakteur einbestellt, zu einem, je nach Schwere der Verfehlung, kritischen, drohenden oder beschimpfenden Gespräch oder einem hochnotpeinlichen Verhör. Doch in meinem Fall lief es glimpflich ab. »Wir sind die Roten und nicht die Grünen« wurde mir eingeschärft. Aber sonst passierte nichts.

Also hätten wir veröffentlichen können, was wir wollten? Einmal schon. Wir nannten es das Fliegenpilz-Prinzip: Einmal kann man auch Fliegenpilze essen, aber eben nur einmal ... Das klingt gefährlicher, als es war. Seit der Affäre des »Wochenpost«-Chefredakteurs Rudi Wetzel, der nach dem XX. Parteitag der sowjetischen Kommunisten 1956 gegen die Pressepolitik der DDR opponiert und das in einer sogenannten »Wochenpost Information« (Wop-Inform) auch öffentlich gemacht hatte, ist mir nur ein Fall aus dem Berliner Verlag bekannt, in dem ein Chefredakteur wegen politischer Meinungsverschiedenheiten mit dem Herausgeber, oder weil er Verbotenes veröffentlicht hätte, gefeuert wurde. Ich habe nicht gezählt, wie viele Chefredakteure die Herausgeber der westdeutschen Zeitschriften, wie viele Augstein beim »Spiegel«, Schulte-Hillen bei »Gruner + Jahr« und Axel Cäsar Springer in seinem Imperium in dieser Zeit verbraucht haben. Bei den bunten Zeitschriften der DDR blieben die Chefredakteure meist bis zum Erreichen des Rentenalters, oder sie schieden wegen Krankheit oder der Übernahme einer anderen, meist höheren, Funktion aus. Hilde Eisler hatte »Das Magazin« über 25 Jahre geleitet. In der »Wochenpost« waren es seit den fünfziger Jahren höchstens drei, in der »Weltbühne« in über vierzig Jahren nicht mehr als drei Chefredakteure, und selbst beim »Eulenspiegel« blieben die Chefredakteure über viele Jahre, auch dann noch, als einmal das ganze Heft wegen »politischer Fehler« eingestampft wurde.

Das war natürlich kein Zeichen für größere Freiheiten in der DDR-Presse, für milde Handhabung der Macht durch das Zentralkomitee, gar für einen nachsichtigen Führungsstil. Und es war sicher nicht einmal gut für die Zeitschriften, daß die Leute an der Spitze fast Beamtenstatus hatten. Aber dafür, daß bei einem Fehler der Chefredakteur hinausgeworfen wurde, spricht es auch nicht. Wovor hatten wir eigentlich Angst? War es Angst? Oder was war es, was diese Hierarchie aufrecht erhielt, was eine ständige Zensur der Blätter überflüssig machte, ohne den Einfluß und die Kontrolle der Partei über die Redaktionen einzuschränken?

Auch das ist wieder nicht in einem Satz zu sagen. Da war zunächst die gemeinsame politische Grundüberzeugung, die die Chefredakteure mit ihrem Herausgeber, dem SED-Zentralkomitee verband, der gemeinsame Wille, in der DDR eine menschlich gerechtere und historisch notwendige Alternative zur alten kapitalistischen Gesellschaft zu schaffen. Dieses gemeinsame Ziel war – und jetzt rede ich wieder nur von mir – stärker als alle Disharmonien, Verärgerungen, Kränkungen und Ungerechtigkeiten, die ich im Laufe der Jahre auch erfahren habe. Ich war oft wütend über die Anweisungen und Verbote, verärgert, beleidigt, beschämt über die Arroganz der Oberen, ich verzweifelte fast, aber ich zweifelte nicht. Nicht daran, daß dem gemeinsamen Ziel Sozialismus Differenzen auf dem Weg dahin unterzuordnen wären. War es Bequemlichkeit, Vorsicht, Feigheit oder die in Jahrzehnten anerzogene Parteidisziplin, daß ich nie aufbegehrte? Auch nicht gegen das, was ich für das Land als schädlich, gefährlich und zerstörerisch erkannte? Vermutlich war es von alledem etwas.

Jeden Donnerstag Vormittag wurden die neuesten Gebote und Verbote ausgegeben, in einer Sitzung der Presseabteilung mit allen Chefredakteuren im Großen Haus, wie wir das ZK-Gebäude nannten. Manchmal gab es hier auch interessante Vorträge zu aktuellen Fragen, in der Regel aber wurden wir »vergattert«, wie Soldaten, die auf Wache ziehen. Im allgemeinen Sprachgebrauch hießen diese Veranstaltungen

»Argu«, was eine Abkürzung für Argumentation bedeutete, und in den fünfziger Jahren waren hier tatsächlich noch Argumente ausgetauscht worden. Inzwischen aber hätte es Befehlsempfang oder mindestens Rapport heißen müssen. Über die »Argu« ist schon viel geschrieben worden, sie galt, und gilt wohl bis heute bei den Journalisten als die Wurzel allen Übels. Ich will mich auch hier auf das beschränken, was mich und »Das Magazin« betraf.

Die »Argu« begann pünktlich um 9.30 Uhr. An ihr nahmen die etwa dreißig Chefredakteure der zentralen Zeitungen und Zeitschriften, Intendanten von Rundfunk und Fernsehen teil, dazu kam noch der Leiter des Presseamtes der Regierung, der später die Gebote und Verbote an die Zeitungen der anderen Parteien, der sogenannten Blockparteien, weitergeben sollte, die unter Lizenz der Regierung erschienen. Meist schon um neun saßen wir alle in der Kantine im dritten Stock des ZK-Gebäudes. Wir tranken Kaffee und aßen die guten ZK-Bouletten, das Stück zu 50 Pfennig. Es war die Stunde der politischen Witze, nirgends sonst konnte man so gute und so aktuelle Witze erfahren wie hier im Gespräch mit den Kollegen. Danach saßen wir still und stumm im Sitzungssaal und ließen Hinweise wie Verweise geduldig über uns ergehen.

Der Leiter der Presseabteilung, Heinz (Hein) Geggel, ein immer exakt in Schlips und Nadelstreifen gekleideter kleiner Mann in den Sechzigern, hatte sich mit seiner Art, die keinen Widerspruch duldete, den Haß vieler Journalisten zugezogen. Er erteilte Befehle und Zensuren, kanzelte Kollegen in bösartigem Ton ab und redete sich bei der Vermittlung der Anweisungen gern in Extase. Er war in so hohem Maße verhaßt, daß er mit dem bösen Spitznamen »Dr. Geggels« belegt wurde. Er konnte aber auch anders sein. Ich habe ihn im Gespräch durchaus verbindlich und verständnisvoll erlebt. Als ich kurz nach der Wende zur gleichen Zeit wie er im Krankenhaus Friedrichshain lag und wir gemeinsam manche Runde durch den Krankenhaus-Park drehten, hatte er über vieles nachgedacht.

Und ich denke, mit gängigen Schlagworten und Etiketten wird man ihm nicht gerecht. Wie oft in solchen Situationen wurden wohl auch hier Amt und Person verwechselt. Hein Geggel war ein ehrgeiziger, in Disziplin geübter, aber nicht ungebildeter Parteiarbeiter. Ein Jude, der seine Erfahrungen im Exil gesammelt und in den zahlreichen Wendungen und Strömungen der Politik Höhen und Tiefen in seiner Parteikarriere erlebt hatte. Wenn er mit kurzen, schnellen Schritten, ein Bündel Akten unterm Arm, in den Sitzungssaal gestürmt kam, hatte er die erste Belehrung selbst schon hinter sich. Er gab nur weiter, was er von seinem Chef aufgetragen bekommen hatte. Und vermutlich gab er nicht nur den Inhalt wieder, sondern auch den Ton, in dem er nun mit uns sprach.

An mir war es dann, das Ganze in der Redaktion den Kollegen zu vermitteln. Eine Aufgabe, die mir von Jahr zu Jahr schwerer fiel. Besonders in der zweiten Hälfte der achtziger Jahre waren die Anweisungen oft haarsträubend. Wenn ich am Anfang ganz gern im Wagen eines der Kollegen zurück in den Berliner Verlag gefahren war, vermied ich bald diese Gelegenheit. Ich ging nun hinunter an die Spree, um dort eine Weile zu sitzen. Hier versuchte ich meine erste Wut zu vergessen und meine Gedanken zu ordnen. Ich hatte die Wahl, wesentliche Teile der Sitzung, hanebüchene Weisungen und lebensfremde Sichten auf Ereignisse, wütende Haßausbrüche gegen andere Parteien und Genossen der eigenen Partei einfach zu übergehen und damit gegen den Auftrag zu verstoßen, oder sie ungefiltert weiterzugeben und damit die Partei, die ich noch immer als meine Partei betrachtete, dem Hohn und Spott preiszugeben. Das erste ging gegen die Disziplin, das zweite gegen meine Überzeugung. Zum Glück warteten die Kollegen in der Redaktion mehr auf den neuesten Witz als auf die Informationen. So gab ich die Unsäglichkeiten der »Argu« nur an meine Stellvertreterin weiter, und wir beide beschlossen, meist nach kurzer Verständigung, daß wir schließlich »Das Magazin« machten und keine aktuelle politische Zeitung, und daß wir deshalb die meisten der Forderungen einfach vergessen könnten.

Sicher, die meisten Anweisungen, »Empfehle« genannt, berührten uns nur wenig. Sie galten der Tagespolitik, waren für die »Aktuelle Kamera« (Anmerkung für vergeßliche Leser: Das war die Ost-Tagesschau!) und für die Tageszeitungen. Dennoch hatte ich mir in meinem Notizbuch, in das ich alle wichtigen und weniger wichtigen (das merkte man oft erst später) Beratungen eintrug, eine spezielle Liste der Ge- und Verbote angelegt, die ständig ergänzt wurde und gegen Ende der DDR immer mehr anwuchs. Da stehen dann solche rhetorischen Sätze wie: »Schluß mit den Bildern und Berichten über die Boulevards in jeder Kleinstadt. Das Wohnungsbauprogramm der Partei hat Vorrang vor bunten Fassaden!« Oder: »Keine Berichte über Veranstaltungen der Kirchen. Die sollen dort beten und keine politische Propaganda gegen den Staat betreiben!«

Das Problem bestand allerdings darin, daß die Kritik, wenn sie einen traf, immer aus einer Ecke kam, aus der man sie nicht vermutete. Es gab strikte Anweisungen, die einzuhalten waren wie Gesetze. Aber sie waren nirgends gedruckt. Schriftliche Anweisungen über Erlaubtes und Untersagtes gab es nicht. Und es gab Verbote, von denen man erst erfuhr, wenn man sie übertreten hatte. In keinem Fall konnte sich der »Übeltäter« auf irgend etwas berufen. Nichts, was einklagbar gewesen wäre. Unser Redaktionskraftfahrer Heinz Gröschke traf den Zustand mit einem Spruch, den er aus seiner Militärzeit mitgebracht hatte, ziemlich genau: Der Anschiß lauert überall.

Plötzlich kam ein Anruf: »Was habt Ihr euch dabei gedacht ...?« Ein Bezirkssekretär hatte sich über eine Reportage beim ZK beschwert; einem Mitarbeiter der Abteilung mißfiel die Buntheit der Krawatten auf der Modeseite; in den Kochrezepten hatten wir Zwiebeln empfohlen, die in Sachsen gerade ein »Engpaß« waren; ein Politbüro-Mitglied hatte sich an einem gezeichneten Witz gestoßen, der uns völlig harmlos erschienen war. Als wir aber zum erstenmal in den Treffpunkt-Anzeigen homosexuelle Paare vermittelten oder als wir eine Annonce brachten, daß eine Familie »Gleichgesinnte für schöne Stunden« suchte (keine Zeitung hatte das bisher getan), da rechneten wir schon mit einer empörten Reaktion der Abteilung. Da aber geschah nichts.

Am Schlimmsten war es, wenn wir mit irgendeiner Äußerung in einer Westzeitung zitiert wurden. Dann war immer Gefahr im Verzuge. Westzeitungen waren wahrscheinlich die einzigen Blätter, die im zweiten Stock, dem Sitz des Politbüros, aufmerksam gelesen wurden.

So, wie es keine verläßlichen Regeln für Erlaubtes und Verbotenes gab, so existierte auch kein Katalog für Repressionen und Bestrafungen, die »Erziehungsmaßnahmen« hießen. Alles war möglich, nichts war berechenbar. Für ein und dieselbe Verfehlung konnte man ermahnt, verwarnt oder bestraft werden. Je nachdem, wer fehlte und wer richtete. Es hing von der Tagesform des Richters ab, davon, wer die Beschwerde erhoben hatte und wie der Sünder gerade im Ansehen stand.

Ich erwähnte schon die Geschichte mit dem Foto zu Ulbrichts 80. Geburtstag. Das war ein eindeutiger Verstoß gegen eine Weisung. Dafür hätte der Verantwortliche bestraft werden können, ja, eigentlich müssen. Der Anruf aus der Presseabteilung kam am Sonnabend mittag, Hilde war schon zu Hause. Ich bot dem Anrufer an, sie zu benachrichtigen, aber er wollte, wie er sagte, »Hilde nicht beunruhigen«. Das Donnerwetter ging über mir nieder. Am Montag wurde Hilde einbestellt, das war eine der beliebtesten Maßnahmen, um die Mißbilligung der Abteilung auszudrücken. Wir befürchteten Schlimmes. Doch Hilde kam vergnügt zurück. Sie hatten eine Weile gestritten, und zum Schluß fragte sie nach einer Reisegenehmigung für die Modenschauen in Paris. Und die wurde ihr tatsächlich genehmigt. An Hilde trauten sie sich nicht ran. Jeder andere hätte mindestens eine schriftliche Stellungnahme mit selbstkritischer Einschätzung einreichen müssen oder mit einer Parteirüge rechnen können.

Im Laufe der Jahre habe ich im Berliner Verlag verschiedene Methoden der »Parteierziehung« erlebt. Eine davon war, daß eine Kommission der Presseabteilung über Wochen eine Redaktion heimsucht und mit endlosen Aussprachen, Beratungen und Versammlungen jede vernünftige Arbeit lahm legt. So geschehen in der »Für Dich« und in der »NBI«. Oder: Zur Erhöhung der Parteidisziplin wird, wie es dem »Eulenspiegel« passierte, zeitweilig eine Art Polit-Kommissar eingesetzt, dem der Chefredakteur jedes Manuskript und jedes Bild vorlegen muß. Die äußerste Möglichkeit der Abteilung war die Ablösung des Chefredakteurs, wie es 1988 bei der »NBI« geschah. Sie hatten in einem Beitrag über die Novemberrevolution von 1918 eine neue, von der historischen Forschung bestätigte Sicht auf die Volksmarine-Division veröffentlicht, ein harmloser Beitrag, aber der Generalsekretär sah in ihm eine Herabsetzung der Helden der Revolution und der stellvertretende Leiter der Presse-Abteilung erkannte darin die Konterrevolution. Das alles hatte weder in der Absicht der Redaktion noch in den Intentionen des Autors gelegen. Der war vielmehr stolz darauf, für dieses alle Jahre wiederkehrende Thema eine neue Sicht und neues Interesse geweckt zu haben. Der langjährige Chefredakteur aber mußte gehen.

Nun war es nicht mehr wie in den fünfziger Jahren, wo mancher Redakteur wegen eines Druckfehlers für Jahre hinter Gitter kam, der Chefredakteur der »NBI« wurde lediglich in den Rundfunk versetzt. Aber die Redaktion, der ein neuer Chef aus der Presseabteilung des ZK aufgezwungen wurde, war in eine tiefe Krise gestürzt.

Um dem »Magazin«, den Kollegen und mir selbst, solche Demütigungen zu ersparen, die Tortur einer endlosen Selbstkritik (Motto: »Deine Selbstkritik, Genosse, reicht uns nicht!«), die peinlichen Versammlungen zur »Parteierziehung«, die Erduldung eines politischen Linienrichters, der von der Zeitschrift nichts versteht – um zu verhindern, daß das Blatt ins Fadenkreuz der besonderen Aufmerksamkeit des ZK gerät und jedes Wort, jedes Bild auf der »Parteiwaage« gewogen und am Parteiprogramm gemessen wird, kurz, um in Ruhe arbeiten zu können und für die Millionen Leser das bestmögliche, heitere und erotische »Magazin« zu machen, waren wir darauf bedacht, möglichst nicht aufzufallen, still und in Ruhe unsere Arbeit zu machen.

Das kann man uns heute vorwerfen, und mit diesem Vorwurf müssen wir, muß insbesondere ich leben. Wir haben versucht, die Möglichkeiten, die es für Zeitschriften in der DDR gab, voll auszunutzen, die Grenzen des Erlaubten speziell auf dem Gebiet der Erotik, der Kunst und der heiteren Unterhaltung schrittweise auszuweiten, und dabei im Laufe der Jahre manchen Erfolg gehabt. Zu den großen politischen Themen haben wir wohlweislich fast immer geschwiegen. Den Aufstand haben wir nicht geprobt und auch nicht gewollt. Wenn Herr Malte Straßer aus Würzburg in seiner Arbeit über »Das Magazin« für die Lehramtsprüfung an Gymnasien 1996 schrieb: »Das Magazin trug ... maßgeblich zum Umsturz bei, der dann zur deutschen Wiedervereinigung führte«, dann ist das vielleicht aus seiner Sicht gut gemeint, aber es entsprach niemals meinen Intentionen und ist auch durch den Inhalt der Zeitschrift in keiner Weise belegt.

So kam der Akt ins Heft

Wie die Zeiten auch waren, ich habe immer gern am »Magazin« gearbeitet. Die meisten Kollegen aus anderen Redaktionen dachten, das schönste an meiner Arbeit sei die monatliche Suche nach dem Akt. Wenn ich um etwas beneidet wurde, dann darum.

Natürlich war das eine Arbeit unter vielen und für alle, die daran beteiligt waren nicht aufregender als die Auswahl der Reportagen oder der literarischen Geschichten. Trotzdem war die Auswahl des Aktfotos etwas, was wir mit besonderer Sorgfalt taten. Wir wußten ja, wie wichtig diese Seite für das Urteil der Leser über das ganze Heft war, im Guten wie im Schlechten.

Der monatliche Akt wurde von allen Mitarbeitern ausgewählt, in einer besonderen Beratung, in der es um die Farbseiten und um die wichtigsten Fotos ging. Gerade über den Akt haben wir oft heftig gestritten, denn der Maßstab, den wir anlegten, war hoch. Es zeigte sich besonders hier, wie wichtig es war, daß sich die Redaktion immer etwa zur Hälfte aus männlichen und weiblichen Mitarbeitern zusammensetzte. Als Hilde Eisler an der Spitze der Redaktion stand, war ihr Stellvertreter ein Mann (siebzehn Jahre war ich das); danach, als ich die Redaktion leitete, war »der Stellvertreter« eine Frau. Und in der Redaktion arbeiteten immer etwa so viel Frauen wie Männer. So kamen beide Sichten zur Sprache, und da gab es durchaus unterschiedliche Kriterien. Denn es ging natürlich nicht nur darum, ob das Modell zu dick (Redaktionsjargon: »Weihnachtsgans Auguste«) oder zu dünn (»Für die Liebe noch zu mager« – Titel eines beliebten DEFA-Films) war, der Busen zu groß oder zu klein oder ob am linken großen Zeh ein schwarzer Fleck störte. Die Kolleginnen sahen viel mehr als die Männer auf den selbstbewußten Ausdruck und die Körpersprache des Modells; für die männlichen Kollegen stand mehr die erotische Ausstrahlung im Vordergrund. Beides war für die Entscheidung wichtig. Schließlich bestanden auch unsere Leser zur Hälfte aus Männern und zur Hälfte aus Frauen, und beide brachten ihre speziellen Erwartungen ein.

An so einem Aktfoto sind ja immer mindestens drei Menschen beteiligt: das Modell, der Fotograf und der Betrachter. Sie gehen gewissermaßen ein klassisches Dreiecksverhältnis miteinander ein. Jeder von ihnen hat seine Aufgabe. Das Modell muß wissen, daß es nicht nur vom Fotografen gesehen wird sondern immer auch vom Betrachter, von einem wildfremden Menschen. Der Fotograf muß die besondere Beziehung zum Modell kennen, die fast ein Vertrauensverhältnis ist und er weiß, daß ihm immer der spätere Betrachter des Fotos bei der Arbeit über die Schulter sieht. Und auch der, der das fertige Foto in der Zeitung betrachtet, muß die Bereitschaft mitbringen, seinen Part in der Runde zu spielen. Erst mit seinen Augen wird das Bild, wenn es ein Kunstwerk ist, vollendet.

Dennoch fand das Foto wohl niemals die ungeteilte Zustimmung aller Leser. Das war auch nicht unser Ziel. Dazu waren nicht nur die subjektiven Sichten zu unterschiedlich. Es fehlte manchmal auch die Bereitschaft der Leser, das Bild als Kunstwerk zu betrachten. So war der Pfad zwischen hohem künstlerischen Anspruch von Fotograf und Redaktion und den erotischen Erwartungen von Millionen Lesern, zwischen artifizieller Gestaltung und einer Vorlage für erotische Träume oft sehr schmal. Wie sollte er also sein, der Akt? Eine Frau für alle oder eine für alle Fälle? Sollte das Modell mehr andeuten oder mehr zeigen?

Wir versuchten, jeden Monat neu, den Balanceakt zwischen Kunst und Erwartung: Der Akt sollte die Phantasie anregen und ästhetisches Empfinden ansprechen.

Es gab vieles zu bedenken, bis das richtige Foto für den Monat gefunden war. Der Zusammenhang mit dem Foto im vorhergehenden Heft war zu beachten: Ein Wechsel von Atelier- und Freilichtaufnahmen, von blonden und dunklen Typen, von Farbe und Schwarz-weiß-Fotos. Ansichten von vorn und Rückenakte sollten sich abwechseln, ausländische Modelle und Fotos von unseren Mitarbeitern im Lande ... Hunderterlei war zu beachten.

Der Leser warf einen Blick darauf und fällte sein Urteil: er hatte etwas dabei empfunden oder nicht, war erfreut oder enttäuscht, es war sein Typ oder er war es nicht. Dann machte er seinem Herzen Luft und manchmal schrieb er auch an die Redaktion. Während die meisten Leserbriefe Zustimmung, Zufriedenheit und Anerkennung mit dem Heft ausdrückten, waren die Zuschriften zu den Aktfotos oft kritisch. Vor allem von Männern, die natürlich genau wußten, wie die Frau auszusehen hatte, die den Vorzug genoß, als einzig amtlich zugelaßne Nackte der Republik gezeigt zu werden. Und das sah – zum Glück möchte man sagen – jeder anders. Außer denen, die den »Magazin«-Akt jeden Monat mit Spannung erwarteten, gab es bis in die achtziger Jahre hinein immer auch Leser, die generell etwas gegen die Abbildung Nackter hatten, wenn sie auch eine absolute Minderheit unter den Lesern blieben.

H. W. aus Dresden schrieb uns 1977: »Müssen denn im ›Magazin‹ immer so freche Bilder sein? Diese nackten Frauen sind doch unnütz; die das machen, müßten sich schämen! Vor allen Dingen auch, wenn Schulkinder das Heft in die Hand bekommen. Das ist eine Schande. Bringen Sie in Zukunft anständige Bilder rein. Ich habe so ein Heft beim Friseur gesehen – schade ums Geld. Pfui, daß man solche Schweinereien kauft.« Und Frau E. Müller aus Brück fragt 1982: »Warum legen und stellen sich Mädchen und Frauen immer so nackig hin. Schämen die sich eigentlich gar nicht? Für mich als Sechzigjährige ist das schon seit Jahren immer eine Beleidigung gegenüber meinem damals noch sehr jungen Sohn. Ich bekomme jetzt immer Besuch von einem sehr jungen Mann, da reiße ich die Bilder immer heraus, denn ein Sechzehnjähriger braucht ja so was noch nicht zu sehen.«

Aber auch Probleme wie das von Annette B. aus Schleiz tauchten gelegentlich auf: »Als eifrige Leserin Eures Heftes stieß ich in der Juni-Ausgabe auf das Aktfoto. Da dieses Bild eine auffallende Ähnlichkeit mit mir zeigt, muß ich annehmen, daß ich das Opfer eines ›tüchtigen‹ Fotografen geworden bin. Um darüber Klarheit zu erlangen, möchte ich Sie bitten, daß Sie mir den Ort und die Zeit der Aufnahme mitteilen. Sollte es sich um einen Irrtum meinerseits handeln, was ich aber für ausgeschlossen halte, bitte ich schon im Voraus um Verständnis. Schreiben Sie an die angegebene Adresse meiner Bekannten.« Einmal sollten wir sogar für eine gescheiterte Ehe haftbar gemacht werden, weil der Bräutigam in einem unserer Fotos seine Braut erkannt haben wollte. Sie war es aber nicht.

Manchmal wurden wir auch als Sachverständige in Aktangelegenheiten angerufen. Ein junger Mann schickte uns einige seiner Aktfotos, die er während seines Ostsee-Urlaubs aufgenommen hatte. Dazu einen ziemlich verzweifelten Brief. »Liebes ›Magazin‹«, schrieb er, »bitte hilf mir. Die beiliegenden Fotos sind durch einen Zufall meinem Parteisekretär in die Hände gekommen. Nun soll ich ein Parteiverfahren wegen Pornografie bekommen. Bitte bestätige mir, daß die Fotos keine Pornografie sind sondern Kunst.« Wir konnten ihn beruhigen: Die Fotos waren keine Pornografie, Kunst waren sie allerdings auch nicht. Es waren ganz normale Ferienbilder vom FKK-Strand. »Wenn es seine Freundin auf den Fotos ist«, sagte ein Kollege, »dann ist alles in Ordnung. Wenn es die Freundin des Parteisekretärs war, dann können wir ihm auch nicht helfen.«

Ich wurde oft gefragt, woher die Aktfotos im »Magazin« kamen. Die Redaktion besaß nie ein eigenes Fotoatelier, ganz zu schweigen von einem Atelier für Aktaufnahmen. Wir waren also in erster Linie auf die Angebote professioneller Fotografen angewiesen. Von denen aber beschäftigten sich nur wenige mit der Aktfotografie. Es waren alles in allem vielleicht ein halbes Dutzend Fotografen aus der DDR, einer aus Warschau, eine Fotografin aus Prag und einmal sogar ein Kollege aus Moskau, die uns mit Aktfotos versorgten. Allen voran Günter Rössler aus Leipzig, der heute als Altmeister der DDR-Aktfotografie gilt. Jeder von ihnen hatte seinen eigenen Stil, seine Handschrift, die ihn auswies, seine ganz persönliche Auffassung, das galt für die Klassiker wie Helmut Newton ebenso wie für junge Kollegen, Alexander Stingl beispielsweise.

Doch keiner der Fotografen aus der DDR beschäftigte sich, wie das in westlichen Ländern üblich war und ist, ausschließlich mit diesem Genre. Dafür gab es hier einfach keinen Markt. Irgendwann sind auch einmal Bildbände mit Aktfotos erschienen, aber über viele Jahre, bis »Jugendmagazin« und »Armeerundschau« und auch der »Eulenspiegel« gelegentlich Aktfotos veröffentlichten, war »Das Magazin« im wesentlichen der einzige Abnehmer. Und das brachte 12 (zwölf) Fotos im ganzen Jahr. Lehnten wir – aus welchen Gründen auch immer – ein Foto ab, hatte der Fotograf kaum noch eine Möglichkeit, es zu veröffentlichen. Das war auch der Grund, weshalb es die meisten erst gar nicht versuchten, denn ein Akt erfordert viel mehr Aufwand als die meisten Reportage- oder Nachrichtenfotos. Und selbst wenn so ein Foto im »Magazin« erschien, war damit kein Preis zu gewinnen. Wir zahlten ein Honorar von 100 oder 200 DDR-Mark. Und auch Fotomodell war kein Beruf. Die Mädchen erhielten 50, höchstens 100 Mark, und das nur, wenn das Bild veröffentlicht wurde. Oft waren es Studentinnen der Kunsthochschulen oder Freundinnen der Fotografen.

Nicht wenige Autoren von Aktfotos waren Frauen, einige von ihnen waren zuvor selbst Modelle gewesen und hatten dann den Platz vor der Kamera mit dem hinter der Kamera getauscht. Eins der schönsten Modelle von Günter Rössler, die Studentin Eva Mahn von der Kunsthochschule Burg Giebichenstein in Halle, wurde eine unserer besten Aktfotografinnen. Eines Tages erschien Frau Mahn in der Redaktion und bot uns eine Reihe Fotos, auch Aktaufnahmen an, die sie selbst fotografiert hatte. Zu dem, was sie bei Günter Rössler gelernt hatte, brachte sie ihre Weiblichkeit in die Bilder ein und ihren eigenen künstlerischen Ausdruck. In den achtziger Jahren und auch nach der Wende schickte sie mir mehrmals Einladungen zu ihren Ausstellungen.

Auch Angela Fensch hat als Fotomodell, auch für Aktaufnahmen, angefangen, bevor sie sich als Fotografin einen Namen machte, außerdem war sie ein begehrtes Mannequin beim Deutschen Modeinstitut der DDR – das war damals eine interessante, aber keineswegs lukrative Beschäftigung. Angela Fenschs Aufnahmen bestachen nicht nur durch das inszenierte Umfeld, in dem ihre Modelle agierten, sondern auch durch ihre enge Beziehung zur Mode.

Von Brigitte Voigt, unserer Bildchefin, erzählte ich schon, daß sie den ersten männlichen Akt im »Magazin« fotografierte – sie hat das Heft nicht selten durch eigene Fotografien bereichert.

Ich habe lange darüber nachgedacht, worin sich die Aufnahmen dieser Fotografinnen von denen ihrer männlichen Kollegen unterscheiden. Der Unterschied ist nicht so einfach zu definieren, aber es gibt ihn. (Ihn näher zu untersuchen wäre vielleicht eine Aufgabe für Kunstwissenschaftler.) Mir scheint, daß sich die Modelle weiblichen Fotografen gegenüber freier, offener bewegen, daß sie natürlicher und selbstverständlicher mit ihrer Nacktheit umgehen, daß sie weniger darauf bedacht sind, dem Betrachter – und der Fotograf ist immer der erste Betrachter – zu gefallen.

Obwohl unsere Aktfotos niemals anrüchig oder anzüglich waren, auch wenn hin und wieder ein Leser Anstoß an ihnen nahm (oder das schon erwähnte Österreichische Kultusministerium), und selbst Alice Schwarzer uns nicht als frauenfeindlich oder pornografisch bezeichnet hätte, ist es uns nur ein einziges Mal gelungen, daß sich eine Schauspielerin unter ihrem Namen als Akt fotografieren ließ. Offensichtlich war die Befürchtung, daß es der Karriere schaden könnte, größer als der bei westlichen Stars selbstverständliche Drang, sich in der Öffentlichkeit zu präsentieren und ins Gespräch zu bringen. Kabarettistinnen konnten Witze über den Akt im »Magazin« machen, aber keine hatte den Mut, sich selbst so ablichten zu lassen. Schauspielerinnen waren bereit, wo es die Rolle verlangte, sich nackt auf der Leinwand zu zeigen und selbst auf der Theaterbühne rollengemäß die Hüllen fallen zu lassen. Aber im »Magazin« blieben die Aktmodelle anonym. Einzig die Potsdamer Schauspielerin Viola Schweizer erschien im Dezemberheft 1980 mit vollem Namen als Akt.

Worin mag diese Scheu begründet gewesen sein? Für die männlichen Schauspieler galt ja das gleiche. Obwohl eine schon zitierte sächsische Frauenbrigade aus dem damaligen Karl-Marx-Stadt ganz konkrete Wünsche angemeldet hatte: Die Frauen wollten Aktfotos von Schauspielern »in folgender Reihenfolge« sehen: »Gojko Mitic, Frank Schöbel, Klaus Dieter Henkler, Gunter Schoß, Ingolf Gorges und Benjamin Besson«.

Ende der siebziger Jahre hatten wir eine Möglichkeit gefunden, das Angebot an Aktfotos zu erweitern. Die Londoner Bildagentur Camera press gewährte dem »Magazin« Sonderkonditionen. Sein jüdischer Besitzer, Herr Blau, dessen Vornamen ich vergessen habe, war in Berlin aufgewachsen und vor 1933 im Gymnasium zum Grauen Kloster in Mitte zur Schule gegangen, in der Nazizeit hatte er Deutschland verlassen müssen. Obwohl er nach dem Krieg nicht zurückgekommen war, hatte er sich eine emotionale, fast nostalgische Beziehung zu Berlin erhalten. Am »Magazin« schätzte er die antifaschistische und antirassistische Haltung und die zahlreichen jüdischen Autoren, die hier schrieben. Er wußte auch um unsere chronische Devisenknappheit und überließ uns die Bilder zu einem Vorzugspreis. Da DDR-Zeitschriften keine Konkurrenz auf dem internationalen Markt sein konnten, durften wir gelegentlich sogar Fotos drucken, die schon in einer der großen internationalen (nicht westdeutschen) Illustrierten wie »Life« oder »Paris match« erschienen waren. Für die DDR waren sie immer noch exklusiv.

Einmal im Jahr bekamen wir vom Außenministerium eine Reise für drei bis vier Tage nach London genehmigt, um Fotos einzukaufen. Natürlich nicht nur Aktfotos, auch Reportagebilder, Genrefotos, Mädchenaufnahmen kauften wir ein. Wer von uns immer nach London fuhr, mal die Bildredakteurin, mal der Gestalter, mal jemand von der Chefredaktion, der durfte dann in dem riesigen, für uns riesigen Archiv im Keller von Herrn Blau nach Herzenslust stöbern, um möglichst viele Fotos herauszufinden, die wir veröffentlichen konnten und die sonst keine Zeitschrift in der DDR hatte. Manchmal bekamen wir von Herrn Blau auch Bildserien angeboten, von denen wir dann einzelne Fotos auswählten. Auch diese Fotos trugen zur Exklusivität des »Magazins« bei.

Da viele Leser unsere Hefte und vielleicht auch nur die Aktfotos sammelten und über Jahre aufhoben, waren wir immer auf der Suche nach neuen Mitstreitern auf dem Gebiet der Aktfotografie. Im Oktober 1979 lud die Redaktion Modelle, Fotografen und Kunstwissenschaftler zu einem »Akt-Pleinair« in das sächsische Höfgen, einem Dorf an der Mulde, ein, um über Aktfotografie zu reden und Akt zu fotografieren.

Günter Rössler war mit von der Partie und Eva Mahn, unsere Bildredakteurin Brigitte Sellin und einige andere. Eins der Modelle war erst von der Nachtschicht in einem Volkseigenen Betrieb in Colditz gekommen und sollte nun heiter und locker vor den Kameras der Fotografen agieren ... So ein Pleinair war für alle Teilnehmer etwas Neues und alle waren von der Idee angetan.

»Das Magazin« veröffentlichte im März 1980 einige Ergebnisse dieses Pleinairs und stellte die Bilder zur Diskussion. Es waren eine ganze Reihe sehr interessanter Fotos darunter. Das Echo war, wie erwartet, groß. Nach Ansicht der Leserin Lieselotte Martin aus Rostock zeigten die Aufnahmen »die Spannweite, die – Pornografie ausgeschlossen – möglich ist zwischen dem natürlichen und dem nicht natürlichen Aktfoto. Beide sind ästhetisch, ja – ich wage das Wort – künstlerisch vertretbar. Nicht akzeptabel ist der Naturalismus, für den Sie erstaunlicherweise gleichfalls ein Beispiel gedruckt haben ...«

Eben das war nicht dieses Bild, »zwei Nackte, hingestellt und knips«, wie der Leser Werner Eilitz aus Dresden kritisiert, fand die größte Resonanz bei den Lesern. Wolfgang Stronz aus Bernburg fand: »Diese Modelle müssen wohl jeden Geschmack treffen«, und für Wolfgang Koch aus Markkleeberg »strahlt die Aufnahme soviel jugendliche Anmut und Unbefangenheit aus, daß ich das Heft immer wieder zur Hand nehme. Verstärkt wird der Eindruck noch durch den etwas träumerischen Blick des einen Mädchens.« Und Dieter Heß aus Babelsberg schließlich fordert: »Bringt weiter schöne deutliche Halbakte und Aktaufnahmen.«

Doch gerade das war nicht unsere Vorstellung vom monatlichen Akt, er sollte eben nicht »deutlich« sein und Modelle mit »träumerischem Blick« ablichten. Aber noch zwei Jahre später, als wir die Leser aufriefen, unter den Aktfotos der beiden Jahre 1980 und '81 den schönsten Akt auszusuchen, gewann dieses Foto der beiden Mädchen, frontal und ohne jeden künstlerischen Anspruch, mit großem Abstand vor allen anderen, darunter Aufnahmen, die in Ausstellungen mit Erfolg gezeigt wurden. Das mußte uns zu denken geben. Schließlich macht man ja solche Befragungen, um die Interessen der Leser kennenzulernen. Sollten wir diesem mehrheitlichen Publikumsgeschmack nachgeben? Oder sollten wir die vox populi ignorieren? Oder einen Kompromiß anstreben?

Was hier an einem Aktfoto diskutiert wurde, ist eine Grundfrage für jede Redaktion. Beuge ich mich dem Massengeschmack oder oktroyiere ich dem

Leser meine Überzeugung? Wie weit kann, soll, muß ich den Wünschen der Leser nachgeben, wenn sie sich nicht mit meinem Anliegen decken? In dem einen Fall kann ich Leser verlieren, im anderen das Profil der Zeitschrift. »Das Magazin« hat diese Frage in allen wesentlichen Dingen immer zugunsten unserer kulturpolitischen Vorstellungen, unserem Anliegen, zu bilden und Geschmack zu bilden, im Interesse eines hohen journalistischen und künstlerischen Niveaus entschieden. Allerdings konnten wir es uns leisten. Die Mehrzahl der Leser folgte uns auf diesem Wege, und die Zeitschrift hatte niemals ein Problem mit ihrer Popularität. Sie war ohnehin immer ausverkauft. Wir druckten also auch nach dieser – nicht in unserem Sinne ausgegangenen – »Volksbefragung« Aktfotos mit künstlerischem Anspruch, wie wir sie in der Redaktion für gut befanden.

Eine Generation tritt ab

Was in den siebziger Jahren begonnen hatte, wurde in den achtzigern offensichtlich: Neue Namen tauchten in der Zeitschrift auf und viele der altvertrauten verschwanden. Die erste Generation der Magazin-Autoren war alt geworden. Autoren wie Bruno Frei, Theo Balk, Theo Pinkus, wie Lou Fischer mit ihren Geschichten über die dichtenden Frauen, Karl Kleinschmidt mit seiner Serie über gutes Benehmen (im Redaktionsjargon: KKK – Kleinschmidts kleiner Knigge) fanden sich nun seltener, einer nach dem anderen legte die Feder aus der Hand. Eine ganze Generation trat ab. Und was waren das für Schreiber gewesen!

Sie hatten ihre Wurzeln im Journalismus der zwanziger Jahre. Ihre Allgemeinbildung war die des humanistischen Gymnasiums, sie kannten sich in der germanischen Sagenwelt ebenso aus wie in der römischen Geschichte und der griechischen Mythologie, sie kannten Literatur und Kunst, sie schöpften, scheinbar mühelos, aus einem großen Fundus von bürgerlicher Allgemeinbildung, und was sie wußten, floß ein in ihren Stil, prägte diesen intellektuellen, kultivierten, leicht schwebenden Ton.

Und nun hörten sie einer nach dem anderen auf zu schreiben. Doch zum Glück waren da immer auch Autoren, die die Staffette weitertrugen. So wie die schon erwähnten Schriftsteller Jean Villain und Heinz Kahlow. Oder Walter Kaufmann, der über viele Jahre zu den herausragenden Mitarbeitern der Zeitschrift gehörte. Walter beherrschte wie kaum ein anderer im Lande die Kunst der Shortstory, die ja eigentlich im englischen literarischen Raum zu Hause ist, und dort, in Australien und England, wo er in der Emigration lebte, hatte er sie auch gelernt, die Kunst, auf drei bis vier Schreibmaschinenseiten eine Geschichte zu erzählen, mit einer Idee, einer Dramaturgie, einer Pointe. Dazu schrieb (und schreibt) Walter seine Liebes- und Abenteuergeschichten in einer gepflegten Sprache, wie sie inzwischen selten geworden ist. Wenn man sagt, daß ein Schriftsteller immer wieder über sein eigenes Leben schreibt, dann trifft das in gewisser Weise auch auf Walter Kaufmann zu. Den Stoff für viele Geschichten bilden seine Erlebnisse in der australischen Emigration, seine Helden sind Seeleute, Hafenarbeiter und Menschen anderer Hautfarbe. Doch Walter lieferte uns auch großartige Reportagen über Amerika, Irland und Palästina. Und auch in diesen Berichten ging es um Menschenschicksale, immer waren sie spannend erzählt, literarisch und zugleich pointiert politisch.

Die Autoren, die nun abtraten, hatten das Niveau der Zeitschrift über Jahre bestimmt. Sie hatten den Maßstab geschaffen, dem wir, die nach dem Krieg die Jungen waren, gerecht werden wollten. Wir hatten neben ihnen gearbeitet, wir waren bei ihnen in die Schule gegangen, bei den Schriftstellern wie bei den wenigen linken Redakteuren, vorwiegend der kommunistischen Presse, die den Naziterror überstanden hatten. Wir hatten versucht, uns an ihnen ein Beispiel zu nehmen und konnten uns nur langsam, zaghaft und oft mit schlechtem Gewissen von diesen Vorbildern lösen; sie hatten gegen den Faschismus gekämpft, als wir bei den Pimpfen marschierten. Das haben wir nie vergessen.

Zwei Ereignisse hatten meine Generation geprägt, der Krieg und die Erfahrung der Aufbaujahre danach. In der DDR sahen wir eine neue Hoffnung. Unsere Generation, die den Krieg und oft noch die Gefangenschaft erlebt hatte, war am schlechtesten ausgebildet und trug zugleich die größte Verantwortung. Wir waren Chefredakteure oder Stellvertreter geworden, bevor es einigen von uns gelang, wenigstens in einem Fernstudium Wissenslücken zu schließen. Ich habe als Fernstudent über Jahre an der Leipziger Universität studiert, habe das Studium immer wieder unterbrochen, wenn ich es mit der Arbeit nicht vereinbaren konnte, habe dann doch wieder neu begonnen, bis ich endlich ein Diplom machen konnte, mehr als zwanzig Jahre nach meinem letzten Schultag in einer Flakstellung.

Und nun kam, etwa zu der Zeit, als die Alten abtraten, eine neue Generation in die Zeitungen. Die Generation der Enkel. Sie hatten ein ordentliches Abitur gemacht, hatten an der Universität studiert und kamen mit einem Diplom oder der Promotion. Die Art Journalismus aber, wie ihn »Das Magazin« pflegte, hatten sie an keiner Universität gelehrt bekommen und in keiner Redaktion erlebt. Und sie kannten, so wie meine Generation auch, nichts von der Welt.

Die Alten hatten, unfreiwillig und oft unter widrigsten Bedingungen, auf der Flucht und im Exil, die Welt gesehen, Mexiko und Shanghai, Frankreich, England, Amerika. Die nach ihnen kamen hatten, ebenfalls unfreiwillig, fast nichts von der Welt kennengelernt. Eine Reise nach Sibirien oder Transkaukasien war schon fast das Höchste. Sie waren »niemals in New York, niemals auf Hawaii und nie in San Franzisko in zerrissnen Jeans«. Die Journalisten, die in den siebziger und achtziger Jahren in die Redaktionen kamen, kannten eigentlich nur die sozialistische Welt. Die aber kannten sie gut. Sie kannten alle ihre Schwächen und Unzulänglichkeiten, hatten unter dem Eingesperrtsein gelitten und unter der Bevormundung, zu der auch die Forderung der Partei gehörte, daß sie, wie es so schön hieß, »vollenden sollen, was die Aktivisten der ersten Stunde begonnen haben«. Sie aber wollten keine Vollender sein, sie wollten ihr eigenes Leben, und sie waren, je jünger desto mehr, ohne Illusionen. Sie hatten wenig von der Gläubigkeit der Alten, und sie gingen mit wachen Augen und kritischem, manchmal auch ironischem Blick durch das Land, sahen – mehr als viele aus meiner Generation – Defizite und Unzulänglichkeiten, und sie konnten spielerisch mit einem Erbe umgehen, das sie nicht belastete. Es war diese selbstverständliche Ironie, mit der sie die Dinge benannten und zuspitzten. Sie brachten einen neuen, jungen Ton in »Das Magazin«. Da waren Autoren, die auch heute in der linken Presse einen guten Namen haben und über die an anderer Stelle noch zu berichten sein wird, wie die Satiriker Mathias Wedel und Matthias Biskupek, die scharfe, oft ironische Texte schrieben; wie Bärbel Balke mit ihren gegenwartsnahen, nachdenklichen Erzählungen und Liebesgeschichten, in denen sich ihre Generation wiederfinden konnte. Daniela Dahn schrieb bei uns Anfang der achtziger Jahre, die Schriftstellerin Renate Feyl hatte noch als Studentin der Philosophie die ersten kleineren Beiträge im »Magazin« veröffentlicht und dann zu Beginn der achtziger Jahre ihre historischen Porträts über Frauen in der Wissenschaft, die bald darauf als viel beachtetes Buch erschienen.

Einige der Jungen, die nun das Heft prägen, haben als feste Mitarbeiter in der Redaktion begonnen. Bevor Uwe Kant ein bekannter Kinderbuch-Autor wurde, hat er eine Zeitlang die Literaturseiten im Heft betreut, später besprach er Monat für Monat auf höchst eigenwillige Art und auf knappstem Raum aktuelle Bücher. Ich hatte gemeinsam mit seinem Bruder Hermann Kant in den vierziger Jahren in Warschau die Antifaschule besucht und einige Zeit in einer Baracke mit ihm gewohnt. Uwe, der jüngere, war Lehrer geworden. Es war in der DDR schwerer, einen aus der Volksbildung herauszubekommen als aus der Armee. Doch Uwe war ein Schreiber, ein Fabulierer, einer, der um die Ecke denken konnte.

In den achtziger Jahren wurde in der DDR eine Psychologin mit kleinen Geschichten berühmt, die offensichtlich dem Zeitgeschmack entsprachen: Helga Schubert. Ihr ging es nicht um die gesellschaftliche Dimension einer Sache sondern, ihrem Beruf entsprechend, um die Psyche des Menschen. Das taten andere Schriftsteller auch, die meisten sogar besser, aber ihre kurzen Beobachtungen gefielen damals so vielen, daß sie sich bald aussuchen konnte, in welchem Blatt sie schreiben wollte. Das war auch eine finanzielle Frage – wir jedenfalls freuten uns, daß wir sie uns »leisten« konnten. Helga Schubert schrieb im »Magazin« vorzugsweise Aktuelle Umfragen, zu Themen wie: Kann man zwei Menschen lieben? – Was halten Sie vom Beichten? (in der Ehe oder der Partnerschaft); eine Zusammenstellung dieser Umfragen brachten wir später auch als Minibuch heraus.

Daß sie zu den Widerstandskämpfern gehörte, stellte sich für alle überraschend erst nach der Wende heraus, als sich Helga Schubert als entschiedene Parteigängerin der CDU und von Helmut Kohl outete. Von anderen Autoren des »Magazins« kannten wir ihre Haltung zur DDR-Politik bereits vor der Wende, wie die von dem Leipziger Kabarettisten Bernd-Lutz Lange, der im Herbst ’89 zu den Organisatoren der friedlichen Demonstrationen in der Messestadt gehörte oder Reimar Gilsenbach, der sich besonders der Geschichte der Sinti und Roma annahm oder von Lutz Rathenow, der mal so etwas wie eine Symbolfigur der DDR-

Opposition war. Doch das hinderte uns nicht daran, ihnen im »Magazin« eine Möglichkeit zu geben, gelegentlich Texte und Beiträge zu veröffentlichen. Ich will nicht verschweigen, daß wir natürlich abwogen, wann und von wem wir was druckten. Schließlich wollten wir keineswegs die wachsamen Augen der Obrigkeit auf uns lenken. Wegen einem dieser, in der DDR mit Argwohn bedachten Schreiber habe ich einmal meinen alten Freund Hermann Kant angerufen, um mich mit ihm in dieser heiklen Frage zu beraten. »Wo sollen unsere Schriftsteller ihre Arbeiten veröffentlichen?« fragte er, »drüben oder bei dir?«

Es dauerte einige Zeit, bis sich ein neuer Stamm fester Autoren herausgebildet hatte. Dazu gehörte auch der Chemnitzer Schriftsteller Rainer Klis, der seine ersten Geschichten bei uns veröffentlichte; als er Ende der neunziger Jahre, da war er längst ein anerkannter Autor, in einer Fernsehsendung nach seinen Erfahrungen mit dem »Magazin« befragt wurde, lobte er unseren Literaturredakteur Heinz Niemann, dessen kluger und verständnisvoller Umgang mit jungen Autoren ihm sehr geholfen habe. Und er sagte einen Satz, der mich nachdenklich machte: »In ihm fand ich noch einen Redakteur der alten Schule.« Die »alte Schule«, das war es, was uns die Gründer und Mitarbeiter der ersten Jahre vermittelt hatten, die Sorgfalt im Umgang mit den Autoren, die Sorgfalt im Umgang mit der Sprache – und die Bereitschaft, uns immer wieder auf Neues einzulassen. Das hatte die Redaktion sich bei jedem Generationswechsel erhalten, das hatte uns geholfen, die Eigenart des Blattes zu bewahren.

Auch bei den bildenden Künstlern und Fotografen trat eine neue Generation auf den Plan. Einer, der ein begabter Schreiber und zugleich ein begabter bildender Künstler war, wurde fester Mitarbeiter in der Redaktion: Frank Leuchte, der leider so früh verstorben ist. Unsere erste Bildredakteurin Trude Gröllmann hatte ihn für »Das Magazin« entdeckt. Ich war zunächst skeptisch, obwohl er schon einige lustige und intelligente Zeichnungen angeboten hatte. Denn Frank, der wie Trude aus Dresden kam, hatte eine ganz andere Ausbildung: Die Bedenken seines Vaters allen »Künstlern« gegenüber hatte ihn an die Technische Universität gebracht, wo er zum Diplom-Ingenieur-Ökonomen (Dipl.Ing.Ök.) ausgebildet worden war. Doch getreu seinem Leitspruch: »Dem deutschen Inschenjör ist nichts zu schwör« hatte er seinen alten Plan, Künstler zu werden, neben dem Studium weiter verfolgt. Frank war ein begabter Erfinder von Nonsens-Sprüchen, mit denen er die politische Ernsthaftigkeit der DDR-Presse persiflierte (»Es lebe der 70ste Jahrestag unserer Hilde Eisler!«). Seine Beiträge unter dem vielversprechenden Titel »Erotikon« »stellten einen Versuch dar, einige zentrale und periphere Fragen ... aufzuwerfen« wie sie in der DDR-Presse täglich »aufgeworfen« wurden (Leuchte über Leuchte). Er hatte die Fähigkeit, seine zeichnerischen Ideen mit pointierten, den Zeitgeist treffenden Texten zu verbinden, ob es um den Rummel im Sport, um antiautoritäre Erziehung oder um Erotik ging. Seine Beiträge standen, wie er einmal ironisch schrieb, »immer und immer wieder aufopferungsvoll im Dienste der zwischenmenschlichen Beziehungen«.

Zu den Zeichnern und Malern, die

das künstlerische Niveau des »Magazins« in dieser Zeit bestimmten, gehören nahezu alle bedeutenden Grafiker und Buchillustratoren des Landes. Axel Bertram hebt viele von ihnen in einem Beitrag über die Kunst der DDR als die Künstler hervor, die der Illustrationskunst ihrer Zeit zu einem bemerkenswerten Aufschwung, einer Blütezeit verhalfen. »Das reicht«, wie Bertram schreibt, »von der krass formelhaften Aggressivität von Hans Ticha bis zu den poetischen, spielerisch in sich versunkenen Liniengespinsten von Albrecht von Bodecker, von der formstrengen Fantastik des Holzstechers Karl-Georg Hirsch bis zu den komisch-geistreichen Bildpointen von Egbert Herfurth, der so fein zu kippeln weiß zwischen Naivität und Raffinesse.« Er »erinnert an die großartig düsteren, nahezu monumentalen Radierungen von Nuria Quevedo, ... an die filigran ziselierten, hintergründigen Federzeichnungen voll ironischer Prächtigkeit, die Klaus Ensikat vorgelegt hat, an den gewandten zeichnerischen Witz von Manfred Bofinger wie an die lakonisch knappen, von milder Satire erfüllten Zeichnungen von Elizabeth Shaw«.

Neben dem heute als bedeutenster Pop-Art-Künstler der DDR angesehenen Hans Ticha gehörten dazu auch junge Künstler wie Andreas Prüstel (Jahrgang 1951), der das Blatt mit seinen Collagen bereicherte und nicht zu vergessen Lutz Brandt mit seinen skurrilen Ideen für die Bemalung von Hauswänden und dem ironisch spielerischen Vorschlag für den Umbau der Trabis. Ebenfalls in dieser Zeit begann Cleo Petra Kurze für das Blatt zu arbeiten sowie die Zeichner Rainer Schade und Lothar Otto, die erotische Szenen und Humorblätter beisteuerten.

Eine Fülle neuer, wichtiger Mitarbeiter, die dem Blatt ein modernes Aussehen gaben. Viele von ihnen hatten ihr Handwerk bei Professor Werner Klemke an der Kunsthochschule Weißensee gelernt und kamen durch ihn zu uns. Sie waren jung, zumindest die Künstlerinnen (von den Männern spricht man in dem Zusammenhang ja nicht) waren alle sehr hübsch, ein Hauch von Bohème haftete ihnen an. Ganz besonders Ruth G. (genannt »Giggi«) Mossner fällt mir in dem Zusammenhang ein, eine sehr beliebte Zeichnerin, die mit feinster Feder Fabelgestalten zeichnete und die schönsten Kinderbücher der DDR illustrierte. Giggi Mossner ist für mich noch heute das Urbild der produktiven DDR-Bohème, sie lebte im Prenzlauer Berg in zwei oder drei Hinterhaus-Etagen, die sie alle miteinander verbunden hatte und fiel unweigerlich auf, wenn sie in einer ihrer verrückten Aufmachungen in die Redaktion kam.

An einen möchte ich noch erinnern, der für den Witz und die Art der Erotik steht, wie sie die Redaktion des »Magazins« verstand: an Thomas Schleusing, der mit seinen »Märchen für Erwachsene«, seinen Plakaten für den Friedrichstadtpalast und seiner Erotik-Zirkus-Reihe den »Magazin«-Lesern in bester, fröhlichster Erinnerung geblieben ist. Thomas war der Gentleman unter den jungen Grafikern, wie sein Lehrer Werner Klemke stets äußerst akkurat gekleidet, was bei seiner Gilde ziemlich ungewöhnlich war, mit ausgesucht gutem Benehmen und fast aristokratischen Umgangsformen. Viele seiner Zeichnungen und Theaterplakate wurden begehrte Poster. Thomas Schleusing hat die Wende nicht lange überlebt. Er sah wohl keine Zukunft mehr für sich und seine künstlerische Arbeit.

Auch in der Fotografie kamen neue Namen und neue Handschriften ins »Magazin«. Die »Altmeister«, die ja so alt nicht waren, aber dennoch Meister ihres Faches, vor allem Arno Fischer und Günter Rössler, hatten eine ganze Generation junger fähiger Fotografen und Fotografinnen herangebildet, manche hatten einfach durch ihr Vorbild gelernt, andere waren ganz direkt von ihnen ausgebildet worden.

Arno Fischer hatte in den ersten Jahren zu den Künstlern gehört, die den »Magazin«-Standard in der Fotografie prägten. Ihm verdanken wir die Ausbildung mehrerer junger Fotografinnen. Mir kommt es heute so vor, als sei jede Frau, die mit ihm zusammenlebte, früher oder später zur Fotografin geworden, und zur Mitarbeiterin des »Magazins«. Seine erste Frau, Christa Grams, begleitete mich oft, um die Fotos zu meinen Reportagen zu machen. Sybille Bergemann war in den siebziger Jahren meine Sekretärin in der Redaktion. Eine ausgezeichnete Sekretärin. Doch eines Tages begann sie zu fotografieren. In jeder Mittagspause rannte sie mit dem Apparat los und fotografierte auf dem Alexanderplatz, was und wer immer ihr vor das Objektiv kam. Ich weiß natürlich nicht, was zuerst war, ob ihre Bilder zuerst Arno Fischer gefallen haben oder ob er ihr vorher gefiel. Jedenfalls wurde Sybille zu seiner Lebensgefährtin und zu einer über die Grenzen des Landes hinaus bekannten Fotografin.

An den Fotos, Zeichnungen und Kunstblättern aus den achtziger Jahren sehe ich eine bemerkenswerte Entwicklung: In der Bildenden Kunst waren wir näher an den internationalen Trends, moderner, eigenwilliger, auch offener und kritischer als in den Texten. Während wir uns in den Texten mehrfach absicherten – Worte sind jederzeit zitierbar – sprechen die Fotos oft eine klare Sprache. Beispielsweise die Aufnahmen von Claudia Kenkel aus dem alten Berliner Gaswerk an der Dimitroffstraße, veröffentlicht im September 1980. Sie zeigen unverhüllt eine dunkle triste Atmosphäre, ohne jeden Optimismus. Selbstbewußte offene Gesichter, gezeichnet von der Härte der Arbeit, sehen den Betrachter an. Zudem beteiligte sich »Das Magazin« mit diesen Fotos an einer heftig geführten Diskussion über die Zukunft dieses Industriedenkmals im Bezirk Prenzlauer Berg – und bezog Partei für die Erhaltung der großen runden Bauwerke, die zur Geschichte der Stadt gehörten und schließlich gegen alle Proteste doch abgerissen wurden.

Die Fotos von den jungen Arbeitern eines Großbetriebes im Dezemberheft 1984 zeigen – auch wenn sie vor einer FDJ-Fahne aufgenommen wurden – keine »Arbeitshelden« der führenden Klasse, wie sie auf Propaganda-Bildern lachen. Der Protagonist der Reportage, ein sympathischer junger Mann, posiert nicht in Siegerlaune. In ihren Interviews mit der Redakteurin sagen die jungen Leute das, was man in der Öffentlichkeit sagt, was alle sagen, wenn es in die Zeitung kommen soll. Auf den Fotos aber zeigen sie ihre Gefühle, ihre Skepsis, ihr »wie's drinnen aussieht«.

Auch die Frauen-Porträts von Helga Paris aus dem VEB Treff-Modelle in Berlin – nachdenkliche, ernste Gesichter, Frauen verschiedenen Alters in den gleichen Kittelschürzen aus Dederon – sprechen eine deutliche Sprache. Die skeptischen, gelassenen Blicke der Frauen erzählen viel über das Land und seine Menschen. Der Text sagt nichts Neues: Die Bilder erzählen. »Die Bilder provozieren«, schrieb eine Leserin aus Magdeburg, »aber sie sind wichtig; traurige Frauen in scheußlicher Umgebung in schrecklichen Kittelschürzen.«

Über fast sechs Seiten habe ich jetzt Namen von denen genannt, die »Das Magazin« in den achtziger Jahren geprägt haben. Namen von Künstlern, die mir wichtig sind. Doch ich bin sicher, daß ich manchen ausgelassen habe, der dem Blatt zu Ansehen und Anhängern verholfen hat. Da bitte ich also jetzt schon wieder um Entschuldigung. Jede subjektive Auswahl muß unvollständig bleiben, und welche Auswahl wäre nicht subjektiv. Komplett konnte sie nicht sein. Aber ganz zufällig ist sie auch nicht.

Mit Liebe und Phantasie

Eine Rubrik fehlte in all den Jahren in keinem Heft. Immer erschien sie auf einer der letzten Seiten, meist auf getöntem Papier (rot, zehn Prozent oder grau), mit einer heiteren Vignette versehen. Stets war sie auf dieselbe Art aufgemacht und immer unter derselben Überschrift: »Liebe, Phantasie und Kochkunst«.

Unter Weglassung eines Halbwortes hätte diese Zeile als Motto über der ganzen Zeitschrift stehen können – Liebe, Phantasie und Kunst erschiene mir noch heute viel passender für »Das Magazin« als die etwas dröge Forderung nach »Bildung und Geschmacksbildung«, der wir uns verpflichtet fühlen sollten. Überhaupt ist die Rubrik »Liebe, Phantasie und Kochkunst« als geradezu typisch für einen »magazinischen Beitrag« anzusehen.

In meiner, und sicher nicht nur in meiner Erinnerung, ist die Reihe mit dem Namen Ursula Winnington (die heute wieder Ursula Wittbrodt heißt) verbunden. Mehr als zwanzig Jahre hat sie Monat für Monat ein Menü aus kleinen Geschichten und guten Gerichten zubereitet, und ist dabei im Laufe der Jahre so etwas wie der Biolek der DDR geworden. Wie Bio hat sie ihre Kochkünste später auch im Fernsehen gezeigt und in viel gelesenen Büchern zusammengefaßt, unterhaltsam und amüsant.

Ursula Winnington wurde in so hohem Maße mit der Rubrik identifiziert, daß die Begründerin darüber fast in Vergessenheit geriet. Es war Hanna Budzislawski, die Frau von Hermann Budzislawski, damals Dekan der Journalistischen Fakultät in Leipzig; sie hat den schönen Titel erfunden, sie schrieb in den fünfziger Jahren die Texte unter dem Pseudonym »Habu« und sie hat den Stil dieser Seite geprägt.

Immer ging schon bei ihr den Rezepten eine Anekdote voraus, eine kleine Geschichte, ein persönliches Erlebnis oder eine interessante Information über Herkunft und Geschichte der Gerichte. Für die Rubrik galt in hohem Maße ein Satz, den ich von Budzislawski (Hermann) aus dem Studium kannte: »Wir wollen die Leser unterhalten und nehmen dabei in Kauf, daß sie auch belehrt werden.« So kam es, daß die »Koch-Seite« auch von Menschen gelesen wurde, die gar nicht kochten, die aber gerne lasen, wie Fontane eine Waldmeisterbowle anrichtete, was Ovid über die erotische Stimulanz verschiedener Gewürze schrieb, warum die Madame Dubarry ihren Liebhabern Schokolade reichte und wieso man am französischen Hofe nach dem Festmahl unangenehme Fragen »zwischen Käse und Birne« stellte.

Das Abholen von Habus Manuskripten aus ihrer Wohnung am Treptower Park gehörte übrigens zu den Lieblingsbeschäftigungen unseres Redaktionsfahrers: Er bekam als Botenlohn jedes Mal eine von Hermanns guten kubanischen Zigarren.

Als Ursula Winnington in den siebziger Jahren die Rubrik übernahm, war sie (ein bißchen Tratsch muß sein) mit dem englischen Schriftsteller und Journalisten Alan Winnington verheiratet, einem hochgebildeten und weitgereisten Kollegen, der nicht nur spannende Kriminalromane schrieb – und Kriminalgeschichten für »Das Magazin« –, sondern auch ein exzellenter Hobbykoch war.

Ursula und ich, wir kannten uns allerdings schon zehn Jahre länger. Damals hieß sie noch Wittbrodt und saß in der Presseabteilung vom Ministerium für Land- und Forstwirtschaft der DDR, von Beruf Landwirtschaftswissenschaftlerin, eine promovierte dazu. »Das Magazin« suchte damals Autoren, die über die wissenschaftlichen Fortschritte auf dem Gebiet der Biotechnologie, der Mechanisierung und Chemisierung der nunmehr sozialistischen Groß-Landwirtschaft schreiben könnten, für Laien verständlich, möglichst noch unterhaltend ...

Zu meiner Überraschung empfahl sie nicht nur Kollegen sondern war selbst daran interessiert, für uns zu schreiben. Ich gestehe, daß mich ihr Charme so faszinierte, daß ich spontan zusagte. In der Zusammenarbeit, zuerst bei ihrem mit Akribie zubereiteten Tee im kleinen Haus am Plänterwald, später öfter in ihrem Sommerhaus am Rahmersee, begann eine Freundschaft, die nun fast vierzig Jahre gehalten hat. Unter dem Titel »Türkis und Goldkind« schrieb sie ihren ersten Beitrag bei uns. Da ging es um neue Gemüsesorten und Heilpflanzen, die mechanisch geerntet werden konnten, um den »Quedlinburger Spargelkohl Broccoli« und um »schoßfesten Chinakohl«. Doch sie muß sich schon damals für die Verbindung von Leib und Seele, von guter Küche und Liebesfreuden interessiert haben, denn bereits dieser allererste »Magazin«-Beitrag aus dem Mai 1964 begann mit den Sätzen: »Die alten Griechen hielten den Magen für das Zentrum aller Gefühle. Die modernen Frauen erobern sogar das Herz des Mannes über den Magen.«

Ein anderer Beitrag aus dieser Zeit ist mir wegen seines Titels in Erinnerung geblieben: »Ein kleiner Räuber, der Jungfern frißt«. Es ging um Forellen.

Als Ursula W. dann die Kochkunst-Seite übernahm, schrieb sie zunächst unter dem Pseudonym »Magnus«. Das hielten die Leser für das Kürzel eines Mannes. Und als Barbara und Frank Hesselbarth aus Karl-Marx-Stadt schrieben, daß sie »jeden Monat wieder erstaunt sind, woher dieser Mann nur die vielen interessanten Dinge über Herkunft und Entwicklung der Gerichte weiß«, lüfteten wir das Geheimnis. »Dieser Mann weiß nichts«, schrieben wir, »Magnus ist eine Frau: Dr. Ursula Winnington«. Übrigens hatte die Zeitschrift »Sibylle« gerade einen Artikel darüber veröffentlicht,

Liebe, Phantasie und Kochkunst

Die Kraft der Kräuter

Nicolas Culpepper, einer der bekanntesten englischen Kräutergelehrten des 17. Jahrhunderts, entschloß sich Arzt zu werden. Er studierte in Cambridge griechische und arabische Medizin. Seine Kollegen bezeichneten ihn bald als unbequemen Rebellen, denn er trat der orthodoxen Medizin seiner Zeit leidenschaftlich entgegen. Sein Glaube an die Heilkraft der Pflanzen trug ihm nicht nur Spott, sondern sogar den Ruf eines Zauberers ein. Nicht etwa, weil man seine Kenntnisse und Geschicklichkeit anzweifelte, nein, die ungewöhnlich hohe Zahl der von ihm kurierten Patienten machten ihn verdächtig. Das konnte nicht mit rechten Dingen zugehen, das mußte Zauberei sein. Wer denkt da nicht an die kräuterkundigen Frauen, die, von den Richtern der Inquisition der Hexerei beschuldigt, unschuldig auf dem Scheiterhaufen starben?

Heute sind uns die meisten Inhaltsstoffe der Pflanzen bekannt. Viele Kräuter und Früchte verwenden wir für Speis' und Trank. Dennoch hegt mancher gegenüber eßbaren Wildpflanzen aus Unkenntnis oft noch Mißtrauen. Aber dank der sich mehrenden Literatur verwandeln sich immer mehr Leute in Kräuterweiblein, die durch Wald und Flur streifen. Mit dem Bestimmungsbuch in der Hand holen sich viele wohltätige Kräuter in die heimische Küche.

Im zeitigen Frühling, wenn der Gehalt der Speisen in Vitamin C, Mineralstoffen, organischen Säuren und anderen lebenswichtigen Stoffen zu wünschen übrig läßt, ist dazu die beste Zeit (obwohl sich viele junge, Gesundheit verheißende Blätter auch bis zum späten Herbst ernten lassen). Wir brauchen die biologisch aktiven Pflanzen für unser Wohlbefinden wie das tägliche Brot: als Energiespender, als Regeneratoren von Blut und Hormonen, als Stimulator von Gehirn-, Herz- und Verdauungstätigkeit, kurzum als Beförderer des Lebens und auch der Liebe. Wenn man Kräuter wie Löwenzahn, Brennessel und andere sammelt, sollte man dies auf Wiesen, an Flüssen und auf Feldern tun, nicht im Wohngebiet und an Verkehrsstraßen. Dort enthalten sie zuviel Schadstoffe. Das Bittere der Löwenzahnblätter verschwindet, wenn man sie vor der Zubereitung eine halbe Stunde in kaltes Salzwasser legt.

Brennesselsalat

Nimm eine Schüssel voll (300 g) gewaschener Brennesselblätter, blanchiere sie 5 Minuten in wenig kochendem Wasser, laß sie abtropfen und zerschneide sie in feine Streifen Bereite die Salatsoße aus saurer Sahne, feingeschnittenem Zwiebellauch oder Schnittlauch, reichlich gehackter Petersilie, grob zerstoßenen Nüssen, Pfeffer und Salz. Vermische damit die Brennesselblätter und garniere den Salat mit 1 bis 2 hartgekochten gehackten Eiern und Veilchenblüten (sie sind unbedenklich eßbar).

Frühlingsaperitif

Suche etwa 500 g Blätter von Frühlingskräutern wie Brennesseln, Taubnesseln, Gänseblümchen, Sauerampfer, Huflattich, Minze und Vogelmiere. Wasche die verlesenen Blätter, schäle 1 mittelgroße grüne Gurke. Hacke alle Bestandteile fein und püriere sie. Fülle mit saurer Sahne, Buttermilch oder Joghurt auf, würze mit Salz, Pfeffer, edelsüßem Paprika und zerdrücktem Knoblauch. Serviere es als Aperitif **vor** dem Essen.

Kräutertrank

Zerkleinere 10 g einer Sorte oder mehrerer der genannten Heilpflanzen, übergieße sie mit einem Glas kochendheißem Wasser, lass' es 20 Minuten ziehen und trinke diesen Infus nach Art der Griechen kalt. Wer sich für das althergebrachte Dekokt entscheidet, setze die gleiche Menge mit kaltem Wasser an, lasse den Becher im Wasserbad erhitzen, presse den Inhalt warm ab und trinke es kalt. Beide Trünke bringen nicht nur Feuer in die Adern.

Ursula Winnington

Zeichnung: Horst Hussel

wie »die als Autorin beliebter Rezeptesammlungen und Küchenplaudereien bekannte Journalistin« zum »Magazin« gekommen war. Ihr Inkognito war also gelüftet.

Ursulas besonderes Kennzeichen wurde bald, daß sie nahezu allen Gerichten eine aphrodisierende Wirkung nachsagte. Bei ihr stand die griechische Liebesgöttin immer mit am Herd. In ihrer Küche knisterte es nur so vor Erotik. Das hing möglicherweise damit zusammen, daß sie gerade verliebt war, aber es kam auch dem »Magazin« entgegen, das sich ja als eine Zeitschrift für Erotik verstand. Und wer wollte die erotische Verführung durch ein gutes Essen bestreiten?

So erfuhr der »Magazin«-Leser ganz nebenbei, daß Zwiebeln zu den »Liebesmitteln par excellence« gehören, Nüsse und Honig von den Experten als »äußerst stimulierend« gepriesen werden, Kapuzinerkresse »ein Begierde weckendes Kraut« ist und der Samen von Gartenkresse »lustig« macht und »begehrlich zur Unkeuschheit«. Im Laufe der Jahre wurde das erotische Alphabet durchbuchstabiert: Anis bringt Begierde, Artischocken erzeugen Hitze und Begierde, Essig macht unwiderstehlich und Fenchel mehrt den Samen, Koriander fördert die Erektion, Majoran steigert die Liebesfähigkeit, die Möhre ist »für Venus höchst persönlich Förderin der Wonnen und Liebesgelüste«, Roter Pfeffer wirkt auf die Eros-Zonen, Salat trägt den Sommer im Blut, Senfkörner reizen zur Unkeuschheit, Thymian ist Aphrodites Liebling, Tomaten machen liebestoll und selbst Weißkohlesser sind mit allen Liebeswassern gewaschen. Was wäre die Kochkunst ohne Liebe und Phantasie?

Jedes der Gerichte wurde mit einer kleinen, skurrilen Zeichnung von Horst Hussel serviert. Hussel war für mich einer der begabtesten und hintergründigsten Karikaturisten und Illustratoren des Landes. Er hat nicht nur »Liebe, Phantasie und Kochkunst« illustriert, auch manche unserer Krimis und literarischen Geschichten erschienen mit seinen exzellenten Zeichnungen. Er brachte seine Arbeiten immer persönlich in die Redaktion, und daß er da war, hörte ich am Lachen im Vorzimmer. Er kam nämlich nie, ohne mit todernstem Gesicht und einer unnachahmlichen Naivität eines seiner Erlebnisse zu berichten. Es waren Kabarett-Nummern, die er leise und fast betulich erzählte, wie die Geschichte von seinem Auftritt vor der Musterungskommission der Volksarmee, die ihn in die Nähe von Schwejk oder Felix Krull rückte. Er konnte Erlebnisse mit Verlagsbeamten und Buchzensoren so erzählen, daß diese selbst mitlachten und erst am Abend zu Hause merkten, wie er sich über sie lustig gemacht hatte. Hussel war ein Komödiant und ist es wahrscheinlich noch immer. Ein liebenswerter, scheinbar ganz harmloser Zeitgenosse und dabei ein scharfzüngiger Kritiker der Zeit. Hussel war hintergründig und skeptisch, witzig und ironisch und begabt mit einem Pokergesicht. Er befand sich in einer ständigen geistigen Auseinandersetzung mit der Gesellschaft, in der er lebte. Und dabei war jede seiner witzigen Vignetten ein kleines Kunstwerk, in dem es immer etwas zu entdecken gab. Sie waren sozusagen ein Gewürz, das dem Gericht erst den vollen Geschmack gab.

Gerade mit den Gewürzen allerdings hatte Ursula Winnington so ihre Probleme. Da man in der Presseabteilung offenbar der Meinung war, daß ein Rezept für Schweinebraten die Fleischversorgung der Republik gefährden könne (ein »Eulenspiegel«-Chef wurde wegen Abbildung einer Bockwurst bestraft, da nun ein Run auf die Würstchenbuden befürchtet wurde und »wir gerade jetzt Schwierigkeiten mit der Fleischversorgung haben«). Was normalerweise in einer Zeitschrift nebenher läuft, die Kochrezepte auf der Ratgeberseite, das war in der DDR hochpolitisch. Für kaum eine andere Seite gab es so viele Tabus zu beachten wie für diese. Irgendetwas war irgendwo immer knapp. So überprüften wir jedes Rezept dreimal, bevor es einmal gedruckt wurde. Aus Erfahrung gewitzt, boten wir Ersatz für bestimmte Zutaten an: Statt Chilischoten nimmt man Paprika – statt Paprika Letscho – statt Tomaten Tomatenmark – für Oregano vielleicht Majoran und anstelle von Estragon genügt auch Petersilie. Die »Engpässe«, wie fehlende Produkte schlicht hießen, wechselten, doch die Kochkunstseite erschien regelmäßig, immer gewürzt mit Liebe und mit Phantasie.

Jüdisches Leben, jüdische Freunde

Im Sommer 1987 feierte Berlin (in Ost und West getrennt, aber synchron) den 750. Geburtstag der Stadt. Das Ereignis wurde auf beiden Seiten lange und gründlich vorbereitet. Bereits im Jahr davor hatte jede Redaktion des Berliner Verlages bei der Presseabteilung des ZK einen Themenplan zu diesem Ereignis vorzulegen, auch »Das Magazin«. Erwünscht waren Beiträge über die revolutionäre Geschichte der Stadt, über führende linke Politiker, die hier gelebt und gewirkt hatten und natürlich über die Leistungen der Werktätigen in der »Hauptstadt der Deutschen Demokratischen Republik«. Das lag auf der Hand, und so sagten wir uns – wie sich später herausstellte, durchaus zutreffend –, das werden alle machen. Was aber wollten wir bringen?

Wir entschieden uns für ein Thema, das nach meiner Ansicht in den Medien vernachlässigt wurde: Juden in Berlin. Ich dachte an eine Beitragsfolge, die sich über das ganze Jubiläumsjahr erstrekken und den »Anteil jüdischer Bürger an der politischen, wissenschaftlichen, literarischen und künstlerischen Weltgeltung Berlins« behandeln sollte. So lautete dann auch der Arbeits- und spätere Untertitel. Ich reichte das Konzept bei der Presseabteilung des ZK ein. Wie meist, wenn es keine Einwände gab, bekamen wir kein Echo auf unseren Vorschlag. Und auch später, nach den Veröffentlichungen, hörten wir weder Lob noch Rüge.

In der Redaktion fand der Vorschlag sofort Zustimmung. Die Redakteure des »Magazins« hatten zu verschiedenen politischen Fragen unterschiedliche Standpunkte, dogmatische und skeptische, mit der Politik der SED übereinstimmende oder divergierende; Antisemitismus aber gab es nie. Und das nicht nur wegen Hilde Eisler.

Ich war, wie Hermann Kant und mancher andere ehemalige deutsche Kriegsgefangene in Polen, nach dem Krieg durch jüdische Kommunisten zur sozialistischen Bewegung gekommen, wobei besonders zwei Frauen, Justyna Sierp und Edda Tennenbaum, denen Kant seinen Roman »Der Aufenthalt« gewidmet hat, für mein weiteres politisches Leben prägend waren und mich lebenslang gegen jede Form von Antisemitismus immunisierten und sensibilisierten.

Nun konnte man in der DDR unter Umständen jahrelang mit einem Kollegen zusammenarbeiten, ohne etwas von seiner jüdischen Herkunft zu erfahren. Manche wollten kein Aufsehen damit machen, weder Bewunderung noch Mitleid erheischen. Manche erinnerten sich wohl auch an Zeiten politischer Repressionen, auch in der DDR. Von den jüdischen Emigranten, die bei ihrer Rückkehr nach Deutschland in die DDR kamen, waren die meisten Kommunisten oder linke Sympathisanten. Sie hatten ihre religiösen Bindungen, wenn sie diese denn jemals hatten, schon als Jungkommunisten abgelegt. Viele waren Atheisten und manche von ihnen, besonders in hohen politischen Funktionen, wünschten nicht, auf ihre jüdische Herkunft angesprochen zu werden. So hatte Albert Norden eine lebenslange Scheu, sich zu seiner jüdischen Herkunft zu bekennen. Wenn er von seinem Vater sprach, erwähnte er nie, daß der Rabbiner war. In seinen Erinnerungen nennt er ihn einen humanistisch gebildeten Menschen, was er sicher auch gewesen ist. Bei Hilde Eisler war das anders. Sie vergaß nie, daß sie Jüdin war.

Hinter der Tatsache, daß führende jüdische Funktionäre im Politbüro, in der Regierung und in den Leitungen der Medien – aus welchen Gründen auch immer – sich nicht zu ihrem Judentum bekannten, daß sie sich ausschließlich politisch definierten und den Weg ihrer totalen Assimilation beschritten, stand ein politisches Konzept. In einem Brief an den jüdischen Schriftsteller Arnold Zweig beschreibt es der Rabbinersohn Norden so: »Mit der klassenlosen Gesellschaft, der wir in der DDR entgegengehen, werden die paar Tausend Juden bei uns sich völlig assimilieren, ein Prozeß, der schon im Gang ist (drüben in der Sowjetunion hat diese Assimilierung schon entscheidende Etappen hinter sich gebracht).« Diese Assimilierung mag den Einzelnen aus einer Außenseiter-Rolle befreit haben. Aber insgesamt mußten sie das teuer, zu teuer, wie ich meine, mit dem teilweisen Verlust ihrer Kultur, ihrer jüdischen Tradition bezahlen. Zudem führte diese Haltung dazu, daß es Nicht-Juden schwer fiel, eine Einstellung zum Judentum zu finden. Wie konnten sie von Juden sprechen, wenn es die Juden selbst nicht taten? Hilde Eisler hat in der Redaktion oft über ihre jüdische Herkunft gesprochen. In der Öffentlichkeit aber tat sie es zum erstenmal 1990, in einem Gespräch mit Manfred Engelhardt. Sie hatte es offensichtlich davor für nicht opportun gehalten.

Es war ein schwieriger Prozeß, der erwachsen war aus dem Bemühen, Isolation zu überwinden – und letztlich dazu führte, daß wesentliche Teile der jüdischen Kultur in der DDR zerstört wurden, daß die Aufklärung über jüdisches Leben, über das Judentum überhaupt begrenzt wurde auf den Holocaust. So wußten die meisten Bürger dieses Landes trotz hervorragender Filme, ausgezeichneter Bücher und richtiger politischer Erklärungen über Auschwitz und über Judenverfolgung nichts über jüdischen Alltag, kaum etwas über die gemeinsame Geschichte, so daß keine Nähe, kein Verständnis für das jüdische Volk wachsen konnte.

Die feindselige Haltung der DDR-Regierung zum Staat Israel und die über Jahre durchgehaltene Einteilung der Hitlergegner in »Opfer des Faschismus« und »Kämpfer gegen den Faschismus« – die letztere Gruppe war höher angesehen – tat ein übriges. Es herrschte in dieser Frage ziemliche Sprach- und Ratlosigkeit. Ich erinnere mich, daß mich Hilde Eisler, wenn sie einen Fragebogen für ein Auslandsvisum ausfüllen mußte, fragte: »Nationalität, was soll ich da schreiben?« Wie sollte man mit dem Wort »Jüdin« umgehen? Das einzige Mal, daß Juden in der DDR als Gruppe in der Öffentlichkeit in Erscheinung traten – das war in einer Verurteilung Israels wegen des Nah-Ost-Krieges –, nannten sie sich »DDR-Bürger jüdischer Herkunft«. Und erst eine neue Generation von Juden, die nach dem Kriege Geborenen, entdeckten in den siebziger und achtziger Jahren ihre jüdische Geschichte, sie sprachen als erste von sich selbst als Juden.

In der Vermittlung von Kenntnissen über die Leistungen, die jüdische Bürger für Wissenschaft, Kultur und Kunst in Deutschland erbracht hatten, sah »Das Magazin« deshalb eine wichtige Aufgabe, und das Jubiläum Berlins war ein günstiger Anlaß dafür. Doch zunächst, vor der Konzipierung der Serie, mußte auch ich mich beraten, um selbst zunächst einmal Klarheit in dieser komplizierten Materie zu erhalten. Das begann mit der Definition. Wer ist überhaupt Jude? In der Sowjetunion wurden Juden als eine Nationalität behandelt, bei uns galt es als Bekenntnis zum mosaischen Glauben. Aber was ist mit den Atheisten? Mit den Getauften? Und wie definieren sie sich selbst? Was wußten wir überhaupt über die Juden, die seit Jahrhunderten unter uns lebten, außer, daß Millionen von ihnen in Auschwitz ermordet wurden?

Ich beriet mich also. Mit Klaus Gysi, dem Vater des späteren PDS-Politikers, der als Jude Staatssekretär für Kirchenfragen war. Mit Vertretern der jüdischen Gemeinde und des jüdischen Kulturvereins. Natürlich habe ich auch mit Hilde lange Gespräche geführt. Und auch diese Experten waren sich in der Definition durchaus nicht einig. Für Herrn Kirchner von der jüdischen Gemeinde war Jude, wer dieser Gemeinde angehörte und den jüdischen Glauben praktizierte. Für Gysi war Heinrich Heine, der in Heiligenstadt im Eichsfeld katholisch getauft worden war und der in seinem Taufschein das Eintrittsbillett in die europäische Gesellschaft sah, selbstverständlich ein Jude. Und für Hilde war jeder Jude, der eine jüdische Mutter hatte.

Das Ergebnis meiner Gespräche waren schließlich sieben Fortsetzungen, die zwischen Januar und Dezember 1987 im »Magazin« erschienen und von Wolfgang Carlé, einem der besten Schreiber im Hause, verfaßt wurden.

Wir begannen mit den jüdischen Salons im Berlin des 18. und 19. Jahrhunderts, mit Rahel Varnhagen, Henriette Herz, in einem Beitrag über die Verbindung von jüdischer Tradition und Aufklärung. Es folgten Beiträge über jüdische Persönlichkeiten in der Politik, allerdings beschränkten wir uns hier auf die Führer der deutschen Sozialdemokratie, auf Ferdinand Lassalle, Paul Singer, Johann Jacoby. Im April wurde eine Reihe berühmter jüdischer Wissenschaftler vorgestellt, Levin Arons, der die Eisenbahnlinie von Berlin nach Potsdam finanzierte, der Bakteriologe und Nobelpreiträger Paul Ehrlicher, der Sexualwissenschaftler Magnus Hirschfeld und natürlich Albert Einstein. In dem Beitrag über die jüdischen Künstler, speziell im Berlin vor der Nazizeit, tauchten viele Namen auf, die den älteren Lesern von früher und den »Magazin«-Lesern aus den Beiträgen von Helga Bemmann über die »Musenkinder-Memoiren« bestens bekannt waren, ohne daß die meisten sie mit Judenverfolgung und Massenvernichtung durch die Nazis in Verbindung gebracht hätten, wie Fritzi Massary, Max Pallenberg, Max Reinhardt, Leopold Jessner, Fritz Kortner, Grete Mosheim, Elisabeth Bergner. Wir schrieben über das Schicksal deutscher Dichter, so über einen der berlinischsten unter ihnen, den in Auschwitz ermordeten Georg Hermann (»Jettchen Gebert«), über den im KZ Oranienburg erschlagenen Erich Mühsam, über Kurt Tucholsky, Arnold Zweig und Else Lasker-Schüler. Wir schrieben auch über die, die keinen Namen hatten und von denen kaum einer überlebte, über die Menschen im Ghetto der Armut, im Berliner Hinterhof zwischen Münz- und Grenadierstraße und über die mutigen jüdischen Widerstandskämpfer der Gruppe um den Jungkommunisten Herbert Baum.

Wenn nach der Wende mancher behauptete, er habe in der DDR nie etwas über Juden gehört, hing das auch mit dessen eigener Gleichgültigkeit zusammen. Es war zu wenig, was zu diesem Thema erschien, es war vor allem zu einseitig. Aber es gab Bücher und DEFA-Filme, wie »Ehe im Schatten« über das Schicksal des jüdischen Schauspielers Joachim Gottschalk, wie »Sterne« oder »Jakob der Lügner«, und auch Beiträge in den Zeitungen, besonders zu Gedenktagen wie dem 9. November, dem Tag des Pogroms von 1938. Schon vor dieser großen Serie hatte »Das Magazin« in regelmäßigen Abständen über jüdisches Leben, über jüdische Freunde geschrieben. Der Schriftsteller Henryk Keisch berichtete im Mai 1967 über jüdische Literatur, über Dichter und Volksliteratur der osteuropäischen Juden. Wir schrieben im Mai 1966 über das ausgezeichnete jüdische Theater von Ida Kaminska in Warschau, dessen Aufführungen ich bei keinem Besuch in der polnischen Hauptstadt versäumte, im Januar 1981 über den hebräischen Chor in Leipzig und im Dezember 1982 über die Lieder von Lin Jaldati, die einen wichtigen Beitrag zum Verständnis jüdischer Kultur in der DDR leistete. In einem Artikel über die jiddische Sprache, die die Juden selbst Momme-Loschen (Muttersprache) nennen, stellten wir die wunderschöne und kluge jüdische Sängerin Cipe Linkowski aus Buenos Aires vor, die ich durch Hilde Eisler näher kennenlernte. Wir brachten regelmäßig Beiträge über das Schicksal jüdischer Schauspieler unter dem Faschismus, über Willy Prager, über Conrad Veit, der den Nazimajor Strasser in dem Kultfilm »Casablanca« spielte, über das Ghetto von Teresienstadt, und immer wieder auch Leserbriefe zu diesen Beiträgen. Es gab Erzählungen über jüdische Häftlinge in den Konzentrationslagern, so den Tatsachenbericht über die Flucht eines jüdischen Häftlings aus Auschwitz, im Septemberheft 1967. Über den Tag der Befreiung von Auschwitz, den 27. Januar, der heute im vereinten Deutschland als Gedenktag begangen wird, wurde im »Magazin« schon 1970 geschrieben. Mit Fotos von den Gräbern der Ermordeten und einem Gedicht von Salvatore Quasimodo gedachten wir der Befreiung des Todeslagers durch die sowjetischen Truppen:

Dort, in Auschwitz, fern von der Weichsel
Geliebte, am Rande der nordischen Ebene
in einem Todeslager: kalt, todeskalt
der Regen auf dem Rost der Pfähle
und im Eisengewirr des Stacheldrahtes …

Ich will und kann nicht alle Beiträge aufzählen, die wir diesem Thema gewidmet haben. Wir haben auch nie darüber Buch geführt. Es war für uns, die Redakteure des »Magazins«, ein Teil unserer antifaschistischen Haltung, ein Grundanliegen der Zeitschrift. Manchen politischen Beitrag im »Magazin« kann man heute kritisch sehen, kritischer, als wir ihn damals empfanden. Man muß es sogar. Doch an unserem Bekenntnis zum Antifaschismus und an unserer in unterschiedlichen persönlichen Erfahrungen begründeten Ablehnung jeder Form von Antisemitismus müssen wir auch heute keine Abstriche machen.

Dennoch bleibt, wenn ich jetzt die Beiträge noch einmal lese, ein Rest. Wir schrieben über die Vergangenheit, nie über die Gegenwart, kaum etwas über jüdisches Leben, die Pflege jüdischer Kultur in unserem Land. Wo jüdische Künstler vorgestellt wurden, blieb ihr Judentum fast immer unerwähnt. Im Februar 1989 stellte Ursula Winnington die jüdische Küche in den Mittelpunkt ihrer Kochkunst-Kolumne. Hier erfährt der Leser etwas über Mazze und Mazzelokschen und andere Gerichte zum Pessachfest, und manchem wird vielleicht zum erstenmal erklärt, was koschere Küche ist. Das alles war gut und wichtig, doch wir haben es nicht geschafft, unter der Mehrzahl unserer Leser Verständnis für das ganz alltägliche Leben, die Kultur, die Sitten und Gebräuche der jüdischen Bürger so zu vermitteln, wie es nötig gewesen wäre. Wir schrieben über die Helden, über jüdische Märtyrer, über die Bekannten und Berühmten, die wir auf ein Podest stellten und heilig sprachen. So blieb kaum Raum für das ganz normale Leben der Juden unter uns, die – dafür hätten wir ihnen dankbar sein müssen – nach den Verbrechen der deutschen Nazis zu uns zurückgekommen waren und unter uns lebten.

Ein Freitag im August

Einmal im Jahr verwandelten sich die »Magazin«-Redakteure in Straßenhändler und begaben sich gemeinsam mit den Mitarbeitern aller hauptstädtischen Medien auf den Berliner Alexanderplatz. Das war am letzten Freitag im August und fand als »Tag der Solidarität« eine heute kaum noch vorstellbare Resonanz.

Noch bevor es richtig hell war, trafen wir uns unter der großen Treppe des Centrum-Warenhauses, um wie ganz normale Markthändler den Stand aufzuschlagen, an dem wir unsere Ware feil bieten wollten. Wenn die Zeitungen dann alljährlich schrieben: »Die Berliner Journalisten suchten den Kontakt zu ihren Lesern«, dann war das, zumindest was uns betraf, die reine Ironie. Denn noch bevor das Markttreiben offiziell eröffnet wurde, wurden wir von der kaufwilligen, kaufwütigen Menge bestürmt – »Magazin«-Leser und solche, die es werden wollten. Wir standen mit dem Rücken zur Wand. Nur die betonierte Treppe hinter uns bewahrte uns vor Schlimmerem. Viele wollten noch vor Arbeitsbeginn in den Betrieben und Verwaltungen von Berlin-Mitte ein Schnäppchen erjagen. Und so ging es den ganzen Tag weiter, Berliner, Urlauber, viele aus dem Umland, die eigens zu diesem Ereignis angereist waren, umdrängten unseren Stand.

Und was hatten wir so Großartiges zu bieten? Unser Hauptverkaufsschlager (»im Angebot«) war immer das neueste »Magazin«, das in einem Plastebeutel verkauft wurde. Heft und Tüte für den Solidaritätspreis von fünf Mark.

Heft wie Tüte waren rare Artikel. Trotz einer Auflage von 570 000 konnte »Das Magazin« die Nachfrage nie befriedigen, es blieb Bückware bis zum Ende der DDR, und Firmen, die Plastetüten herstellten und unter die Leute brachten, gab es kaum. Die meisten DDR-Bürger benutzten Tüten, die Verwandte »aus dem Westen« mitgebracht hatten, mit Aufdrucken von westlichen Handelsketten. Das aber war in Schulen und manchen Betrieben verpönt, um nicht zu sagen unerwünscht. Ein Ausweg war, den Beutel zu wenden, so daß die Aufschrift nach innen kam und nur noch vage durchschimmerte. Es war eine Hilfskonstruktion, die nach Änderung verlangte. Und wir boten nun Plastetaschen mit Aufdrucken, die jeder in jeden Betrieb, in jede Schulklasse tragen konnte: »Das Magazin« mit Klemke-Titel und »Magazin«-Kater. Das war praktisch, das war hübsch anzusehen und es war noch eine Reklame für das Blatt. Wenn wir auch keine Reklame brauchten, da die Auflage ohnehin nie reichte.

Die Idee, beim nächsten Solidaritätsbasar »Magazin«-Tüten unter die Leute zu bringen, war also nicht so ausgefallen. Schwieriger war es schon, sie umzusetzen. Woher nämlich sollten wir die Tüten bekommen, die keiner hatte?

Der Weg zu den Tüten eröffnete sich mir auf einer Delegiertenkonferenz der SED im anhaltinischen Köthen, die ich als »Magazin«-Reporter besuchte. Es ist, denke ich, eine richtige DDR-Geschichte. Zufällig saß ich in der Konferenz neben dem Leiter eines Betriebes, der Plaste herstellte (was heute Plastik heißen muß). Er berichtete den Delegierten mit Stolz, daß sie den Plan in der Plastproduktion übererfüllt hätten. In der Pause kamen wir ins Gespräch. Ich erzählte ihm von unserem Vorhaben und überzeugte ihn, uns »für die Solidarität« eine halbe Tonne Plaste aus der – wie man das damals nannte – Überplanproduktion zu geben. Gegen Bezahlung und Quittung, versteht sich.

Ich hatte Glück: Der Mann war ein Freund und Leser des »Magazins«. Mit seiner Zusage fuhr ich gleich weiter nach Aschersleben in die »Optima«, einem Volkseigenen Betrieb, der Verpakkungsmaterial herstellte. Und auch sie waren bereit, uns »für die Solidarität« zu helfen. Sie übernahmen »in einer Solidaritätsaktion« die Anfertigung der Plastebeutel.

Der Rest war einfach: Klemke lieferte eine Vorlage und unser Gestalter das Layout. Die erste dieser Tragetaschen zeigte eine große gelbe Sonne vor

Vor dem »Magazin«-Stand an der Warenhaustreppe drängten sich die Käufer

SOLI- Basar

oben: Die ehemalige Chefredakteurin Hilde Eisler auf dem Solibasar.

mitte links: Künstler und »Magazin«-Autoren signieren ihre Werke. Prof. Werner Klemke war am meisten gefragt.

mitte rechts: Elizabeth Shaw und Thomas Schleusing, Prof. Hermann Henselmann, hier mit dem Zeichner Frank Leuchte.

unten: Der berühmte Sänger und Schauspieler Ernst Busch am »Magazin«-Stand.

blauem Himmel, mit dem Gesicht des »Magazin«-Katers und unserem Schriftzug. Diese erste »Magazin«-Tüte war der Verkaufsschlager der Aktion. In den folgenden Jahren gab es jeweils zum Solibasar ein neues Motiv, und so avancierten die Taschen noch zum Sammelobjekt.

»Das Magazin«, das 37 Jahre lang immer eine DDR-Mark kostete, brachte an diesem Tag, mit der Tragetasche, 5 Mark Ost. Nach Abrechnung aller Kosten für Heft und Tasche blieb bei jedem Exemplar ein Gewinn von rund vier Mark. Man soll nicht sagen, daß wir nicht damals schon eine Ahnung von Marktwirtschaft hatten.

Ich weiß heute nicht mehr, wie es möglich war, daß wir an einem Tisch von vielleicht fünf Meter Länge in acht Stunden 40 000 Hefte im Plastebeutel verkauften (zu diesem Anlaß erhielten wir eine Sonderzuteilung an Papier). Dazu noch Aktposter DIN A 1 nach Motiven aus dem eigenen Heft und in jedem Jahr ein Buch, das wir speziell für diesen Zweck herausgaben; in einem Jahr die gesammelten Kochrezepte von Ursula Winnington unter ihrem Titel »Liebe, Phantasie und Kochkunst«, mit Originalzeichnungen von Horst Hussel, im anderen ein Büchlein unter dem Titel »Erographie« mit erotischen Geschichten, Fotos und Zeichnungen aus dem »Magazin«, im nächsten eine Sammlung der schönsten Titelbilder von Werner Klemke, in Leder gebunden als bibliophile Kostbarkeit und schließlich ein japanisches »Kopfkissen-Buch« mit erotischen Zeichnungen aus der Bibliothek von Werner Klemke. Diese Bücher hatten natürlich ihren Preis, den Solidaritätspreis eben zwischen zwanzig und fünfzig Mark. Das war viel in einem Land, in dem Bücher meist weniger als zehn Mark kosteten. Aber sie wurden gekauft. Auch sie wurden uns aus den Händen gerissen.

Die ganze Redaktion war an diesem Freitag im August, von Tagesanbruch bis zum Abend, auf dem Alex, das war harte Arbeit beim Auspacken, beim Eintüten und beim Verkauf am Tisch. Und schließlich beim Geld zählen. In Plastetüten wurde es durch das Gewimmel auf dem Alexanderplatz in die Redaktion getragen, auf Schreibtischen gezählt, gebündelt und schließlich erneut über den Platz in die Räume der Stadtbezirksverwaltung Berlin-Mitte gebracht, wo es auf den großen Tisch geschüttet wurde, auf dem die Einnahmen aller Medien zusammenkamen. In einfachen Plastetüten wurden an diesem Tag zehn-, zwanzigtausend Mark oder mehr durch das Menschengewühl bugsiert. Es gab keine Registrierkassen, keine Belege, keine Quittungen, keine Kontrolle, nichts. Und es gab keinen Fall, in dem sich einer an dem Geld bereichert hätte.

Im Jahr der Wende, im August 1989, brachte die Aktion allein beim »Magazin« einen Gewinn von rund 180 000 Mark. Er wurde verwendet für die Solidarität mit verfolgten und inhaftierten Journalisten in aller Welt und für die Schule des Journalistenverbandes bei Berlin, in der Kollegen aus der dritten Welt studieren konnten. Und das zwei Monate vor der Maueröffnung, in den Wochen der Montagsdemonstrationen und der Agonie der DDR. Und auch wenn man berücksichtigt, daß viele in erster Linie kamen, weil es hier auf dem Alex Dinge gab, die sonst knapp waren oder weil eben etwas los war, weil man Künstler und Leute vom Fernsehen live erleben konnte, so bleibt doch, daß hier eine Veranstaltung stattfand, die aus ihrem politischen Anliegen kein Geheimnis machte. Es gab keine Autos zu gewinnen, keine Bananen und keinen Räucheraal, meist nichts als Bücher und Poster und eben unser »Magazin«. Das zeigt wohl, daß der Gedanke der Solidarität bei seinen Bürgern noch lebte, als der Staat DDR schon im Sterben lag.

Das schwierige Jahr 1989

Wer weiß, wie sich die Dinge entwickelt haben, mag unseren Neujahrsgruß auf das Jahr 1989 seltsam finden: Wie seit Jahren steht er auf der ersten Umschlagseite, so daß er auch als Glückwunschkarte verschickt werden kann, und er signalisiert nichts als fröhliche Stimmung. Werner Klemke läßt seinen Kater in einem bunten Faschingskostüm tanzen und mit den Zahlen 1-9-8-9 jonglieren. Der Himmel darüber ist strahlend blau.

Ganz anders das Titelbild des ersten Heftes: Dem Schicksalsjahr angemessen, zeigt es dunkle Wolken. Eine rothaarige Frau sieht aus einem beheizten Iglu, und aus dem Schornstein kommt in dicken Schwaden schwarzer Rauch, der den Himmel verdüstert. Auf der Rückseite steht der vermummte Kater und betrachtet sorgenvoll den schmutzigen Qualm, der wie ein Menetekel über der sauberen Schneelandschaft aufsteigt.

So oder so ähnlich könnte man die beiden Zeichnungen am Beginn des letzten DDR-Jahres heute kommentieren. Heute. Damals dachten wir nicht an solche Interpretationen. Ich habe Klemke nicht gefragt, welche Gedanken ihm bei diesen beiden Zeichnungen durch den Kopf gingen, ob er, der sich ja auf seinen Titelbildern meist mit dem kleinen Kater identifizierte, drohende Wolken am Horizont aufziehen sah. Vermutlich hätte er verschmitzt gelächelt und gesagt: »Findstes nich jut? Der Kater will da rein zu der Madame, wo's warm ist.«

Die Gefahr ist groß, heute, nach einem dutzend Jahren und wissend um die Dinge, die 1989 geschahen, überall Vorboten, Signale, Menetekel zu entdecken. Harmlose Dinge bekommen so plötzlich Bedeutung. Für uns jedenfalls waren beide Neujahrsbilder nichts als Spaß, der tanzende Harlekin wie der frierende Kater, der von einer scharfen Rothaarigen in den warmen Iglu gelockt wird.

Während ich die alten Hefte durchblättere, bemerke ich Dinge, die damals von uns nicht doppeldeutig gemeint waren, und die man heute so sehen kann – und ich lese Beiträge, von denen ich weiß, daß sie damals durchaus nicht mit der Linie der Presseabteilung übereinstimmten; dem heutigen Leser aber müßte man sie erst erklären in ihrer Widerborstigkeit. So ändert sich Wahrnehmung.

Ich habe immer wieder erlebt, daß Studenten und Doktoranden, die sich nach der Wende mit dem »Magazin« beschäftigten, gerade in den Heften des Jahrgangs '89 Beiträge fanden, die sie zu dem gut gemeinten Urteil verführten, wir hätten die Wende mit vorbereitet. Nur: was sie da entdecken, lag uns damals fern. Sie finden in den Heften Formulierungen, die sie für politisch anstößig, subversiv oder aufmüpfig halten. Dabei übersehen sie nicht nur vieles, was damals tatsächlich neu war. Vor allem vergessen sie bei ihrer Suche nach dem Widerständigen, »Das Magazin« in seiner Gesamtheit zu sehen, als eine bunte Unterhaltungszeitung, in der auch Politisches stand, aber als ein Detail unter anderen, eingebettet zwischen Heiterem und Verspieltem, zwischen kunstvoll erzählten Geschichten, Aktfotos und Kochrezepten. Ihnen passiert, was jedem passiert, der einen lebenden Organismus seziert: sie töten ihn, sie sehen nicht mehr die lebendige Zeitschrift. Natürlich haben wir, haben vor allem unsere jungen Autoren immer wieder versucht, den Spielraum des Erlaubten auszuweiten, Dinge zu sagen, die die führenden Genossen nicht gern hörten, die sie nicht zur Kenntnis nehmen wollten. Aber: Wir haben nicht ständig gegrübelt, wo wir wider den Stachel löcken, wie und wann wir versteckte politische Pfeile abschießen könnten. Es gab auch in dieser ungewöhnlichen Zeit den Spaß an der Freude, mit dem wir »Das Magazin« gemacht haben, das ganz einfache, naive Vergnügen an guter Unterhaltung.

Vielleicht war es die Mischung aus politischer Brisanz und ganz normalen, heiteren oder besinnlichen Texten, die auch in diesem Jahr '89 die Beliebtheit der Zeitschrift ausmachte.

Zwei, drei Beispiele will ich erzählen, die für zeitgemäße Mißverständnisse bei der gegenwärtigen »Magazin«-Lektüre stehen können: In einem Beitrag haben wir Postkarten der deutschen Sozialdemokraten vor dem ersten Weltkrieg vorgestellt, auf einer dieser Karten, einer sehr schönen farbigen Zeichnung, zerschlägt eine junge Frau ein Bündel langer Militär-Säbel, und daneben steht ein Text, den jeder in der DDR kannte – als Zeichen des Protestes gegen die Führung des Staates DDR: »Die Waffe soll zur Pflugschar werden!«. Haben wir uns da was getraut?

Natürlich wußten wir um die Brisanz dieser Losung, die mit dem Signum des zerbrochenen Schwertes zum Zeichen der christlichen Friedensbewegung in der DDR geworden war. Wir wußten, daß Pfarrer Friedrich Schorlemmer in Wittenberg ein politisches Happening damit veranstaltet hatte und daß Jugendliche verfolgt und »zugeführt« wurden, wenn sie dieses Zeichen auf ihre Jacken nähten. Dennoch wollten wir mit der Abbildung dieser Postkarte weder besondere Sympathie für den Wittenberger Pastor ausdrücken noch gegen die Ver-

Postkarte der deutschen Sozialdemokratie aus der Zeit vor dem ersten Weltkrieg, mit der brisanten Losung der DDR-Bürgerbewegung. Veröffentlicht im Maiheft 1989

folgung der jungen Leute protestieren. Dabei würde sich eine solche Erklärung anbieten und heute gut ausnehmen. Und es stimmt auch, daß wir das Vorgehen der Staatsmacht gegen die jungen Leute für unangemessen hielten und lange in der Redaktion darüber diskutiert haben. Aber zuallererst fanden wir die Postkarte, mit der sich Arbeiter um die Jahrhundertwende zum 1. Mai gratulierten, originell, und dann wollten wir zeigen, daß die Forderung: Die Waffe soll zur Pflugschar werden! eine alte Losung der deutschen Sozialisten war, als deren Erben wir uns verstanden.

Denn generell hielten wir es für falsch, daß die SED und die DDR sich in eine Situation hatten bringen lassen, in der so wichtige Angelegenheiten wie Frieden und Menschenrechte plötzlich nicht mehr sozialistische Forderungen waren. Wir wollten also nicht die Kräfte unterstützen, die sich unter dem Dach der Kirche gegen den Staat formiert hatten, sondern diesen Staat, den wir als unseren Staat betrachteten, an seine sozialistischen Pflichten erinnern.

Dazu gehörten auch unsere Bemühungen um einen Dialog zwischen Christen und Marxisten, nach dem Bibelwort und dem Titel eines gerade in den DDR-Kinos laufenden DEFA-Films: »Einer trage des anderen Last«. So berichteten wir im Augustheft 1989, in einem für unsere Verhältnisse sehr umfänglichen Artikel, über den Pilgerzug von Christen nach Buchenwald zum Gedenken an den Pfarrer Paul Schneider, der im Juli 1939, fünfzig Jahre zuvor, von den Nazis ermordet worden war. Christen trugen das Kreuz auf den Ettersberg, unter dem Zellenfenster des antifaschistischen Märtyrers sangen sie das »Kyrie, kyrie eleisum ...«, »Herr erbarme dich«, und ein Pfarrer predigte unter dem Kreuz. Ich teilte nicht die Meinung der Presseabteilung des ZK, daß die Pastoren sich um ihre Predigt und nicht um die Politik kümmern sollten. Aber ich wollte auch nicht, daß die christliche Lehre zu einer Kampfparole gegen die DDR wurde.

Das Jahr 1989 war kein normales Jahr. Das hat jeder, der politisch wach war, damals gespürt. Ich erinnere mich an die Diskussionen um das Verbot der sowjetischen Zeitschrift »Sputnik«. Nun war der »Sputnik« nicht gerade der Geheimtip der oppositionellen jungen Leute. Er wurde mehr von Lehrern als von ihren aufmüpfigen Schülern gelesen. Das Verbot aber rief beide auf den Plan, die, die über Jahrzehnte gewohnt waren, von der Sowjetunion zu lernen, und die, die 1989 von Gorbatschow lernen wollten.

Unter denen, die gegen das Verbot protestierten, war auch unser Wissenschaftsredakteur. Er hatte einen Brief an das Zentralkomitee der SED geschrieben. Wir erfuhren davon, als der Parteisekretär des Berliner Verlages, ein ruhiger und kluger Genosse, den ich sehr schätzte, in dieser Angelegenheit zu uns geschickt wurde: Die Presseabteilung forderte Bestrafung. Wer an Entscheidungen der Partei zweifelt, kann nicht in einer Zeitschrift schreiben, die von der Partei bezahlt wird, auch nicht im »Magazin«. So hieß wohl die Begründung. Wir setzten uns in der Redaktion zusammen und legten eine Strategie fest. Wir waren uns einig, daß das Verbot des »Sputnik« eine Dummheit und eine gegen die Sowjetunion gerichtete Entscheidung war, die wir nicht teilten. Aber das sagten wir nicht. Wir fochten mit dem Parteistatut, nach dem jeder Genosse das Recht hatte, sich in allen Fragen an das ZK zu wenden. Der Kollege wurde nicht bestraft – und die Redaktion auch nicht.

Noch in einer anderen Angelegenheit, die ein bezeichnendes Licht auf dieses Jahr wirft, wurde der Parteisekretär des Verlages zu uns geschickt, in einer Mission, die ihm sichtlich unsympathisch war: Er sollte mit mir über den Parteisekretär des »Magazins« sprechen. Der Auftrag kam offensichtlich von seinen Vorgesetzten in der Presseabteilung des ZK, denn er sagte einen Satz, der eigentlich nicht zu ihm paßte: »Der Genosse B. hat Denkstrukturen, das ist gefährlich.« Ich sagte ihm, daß es doch gut sei, wenn jemand denkt. »Ja«, sagte er, »aber er muß das Richtige denken.«

Aber was war »das Richtige«? Wir hatten keine Antworten mehr, aber viele Fragen. Wir diskutierten, wir hofften auf einen deutschen Gorbatschow – und wir machten »Das Magazin«. Und das kam auch in diesem ungewöhnlichen Jahr '89 Monat für Monat, »unterhaltend, bildend und Geschmack bildend«, locker und heiter, mit Charme und ohne Schablone. Die Nachfrage war unvermindert groß. Es war auf den ersten Blick ein ganz normales »Magazin«. Es brachte erotische Geschichten und erotische Zeichnungen, Krimis und Erinnerungen an die zwanziger Jahre, Kochrezepte und witzige Bildgegenüberstellungen. Und nichts ist zu finden von dem, was damals das allgemeine Tagesgespräch war: Nichts über die DDR-Bürger, die in den westdeutschen Botschaften in Prag und Budapest, in Berlin und Warschau saßen und ihre Ausreise erzwingen wollten, nichts über die Zehntausende, die auf legalem Wege die DDR verließen, nichts vom Flüchtlingscamp an der ungarisch-österreichischen Grenze. Im »Magazin« gibt es, wie in allen anderen Zeitungen des Landes auch, kein Wort über Friedensgebete, Umweltgruppen, Montagsdemos. Nicht einmal in den Leserbriefen. Wir haben sie nicht unterdrückt: sie wurden nicht geschrieben. Mit ihren Warnungen, Forderungen und Enttäuschungen wandten sich die Leser nicht an uns sondern an Zeitungen, die sie für zuständiger in politischen Fragen hielten. Was dieses Jahr so besonders machte, die Atmosphäre aus Hoffen und Hoffnungslosigkeit, aus Warten und Bangen, aus Hektik und Stillstand – im »Magazin« ist es gelegentlich zu ahnen, manches wird direkt ausgesprochen, viel zu viel aber haben wir auch in diesem Jahr ungesagt gelassen.

Landschaften zum 40.

Zu Beginn des Jahres '89 haben wir weder gewußt noch gewünscht, daß es das letzte Jahr der DDR sein würde. Offiziell war es das vierzigste, und das sollte gefeiert werden. Wie immer waren wir schon im Jahr davor aufgefordert worden, Pläne beim Herausgeber, dem Zentralkomitee der SED, einzureichen. Erwünscht waren sogenannte »Bekenntnisbeiträge«, in denen sich Autoren zur DDR, wie sie war, bekennen sollten. Doch wer wollte das schon 1989? Die Zeichen standen auf Kritik, bei allen politisch wachen DDR-Bürgern. Die Presseabteilung aber forderte von ihren Zeitungen Geburtstagsgrüße, »und am Geburtstag läßt man den Jubilar hochleben und spricht nicht über seine Sünden«, sagte Hein Geggel in der Argu. »Das Negative sagen schon die Anderen«, hieß der Auftrag.

Wir hatten wieder mal Glück: von uns erwartete auch die Presseabteilung nicht unbedingt die großen politischen Bekenntnisse. Wir konnten (und mußten) uns also Besseres einfallen lassen. Was könnte, so überlegten wir, in dieser brisanten Zeit bekannte Schriftsteller bewegen, zu diesem Anlaß zu schreiben? Was wäre für sie interessant – und würde zugleich dem Anliegen des vierzigsten Geburtstages der DDR gerecht? Es war ja nicht so einfach, die Wünsche der SED, die Interessen unserer Autoren und die Erwartungen der Leser in Einklang zu bringen. Es war ein bißchen wie mit dem sozialistischen Realismus. Wenn es wahr ist, ist es nicht schön, und wenn es schön ist, ist es nicht wahr. Es sollte aber schön und wahr sein.

Wir lösten das Problem auf unsere Art. Worüber erzählen Schriftsteller immer gern? Über ihre Kindheit und Jugend. Und was wird immer gern gelesen? Persönliche Erlebnisse von bekannten Leuten, die Geschichten erzählen können. So entstand eine Serie, in der angesehene Schriftsteller die »Landschaft meiner Kindheit« vorstellten. Schriftsteller, deren Kinderjahre mit den Anfangsjahren der DDR zusammenfielen, für die wir damals den Begriff der »Gründerjahre« gebrauchten.

Den Anfang im Januar machte Rainer Kerndl mit Erinnerungen an seine Heimatstadt Frankenhausen am Kyffhäuser. Sein Beitrag ist eine schöne Mischung aus Erinnerung und Gegenwart, er geht durch die Stadt Frankenhausen und vergißt dabei nie die Perspektive des Kindes, das sich an diesem Platz einmal mit Freunden traf, in diesem Wäldchen bolzte, in jener Gasse spielte. Mit kritischem Blick wandert er durch die Stadt seiner Kindheit, sieht mit leisem Bedauern die Verluste und beklagt den Verfall alter Häuser, ein Schicksal, das Frankenhausen mit vielen Kleinstädten in der DDR teilte. Und die Schwarz-weiß-Fotos, die dazu gestellt sind, bemühen sich nicht um Idylle, sie zeigen ganz selbstverständlich die grauen Ecken der kleinen Stadt.

Wenn die Autoren dieser Serie kritisieren, tun sie es mit Selbstverständnis. Sie kritisieren nicht alles, was sie stört, aber wenn sie etwas sagen, tun sie es ohne Koketterie und ohne Absicherung. Wenn sich Wolfgang Knape an seine Kindheit in einem kleinen Harzstädtchen erinnert, schreibt er, beispielsweise, auch über die Grenze, die in den fünfziger Jahren begann, den Harz zu teilen. Und ganz unschuldig, so, als wüßte er nichts von gegenwärtiger Abgrenzung, berichtet er, wie sich die Mitglieder der »Brockengemeinschaft« 1954 verpflichtet hatten, ihren Briefwechsel »mit den Bewohnern der Zugspitze zu verstärken«.

Doch auch Wolfgang Knape geht es in seinem Beitrag über Stolberg im Harz nicht in erster Linie darum, politisch Brisantes aufzugreifen. Es geht ihm um Lebensgefühl, um grundsätzliche Fragen unseres Alltags – seine Erinnerung »Aus dem Zettelkasten eines Leibchenträgers« ist eine sehr literarische Geschichte. Knape, der sich zur letzten Generation von Kindern zählt, die jenes sonderbare Kleidungsstück tragen mußte, an dem die braunen Strümpfe befestigt wurden, erzählt von seiner Kindheit, die in eine »Zeit des Umbruchs« fiel, die ein Leben war »an der Scheide zwischen Vergangenem und Künftigem«, und er fragt sich, was passiert ist in diesem Wandel. Er erzählt alltägliche Geschichten vom Leben in seiner Familie, von den Festen, die von allen gemeinsam gefeiert wurden und die damals noch von wirklicher Tradition geprägt waren, ehe diese Traditionen »aus Unverstand eines Tages unterbrochen wurden«. Knape stimmt nicht ein in den Jubel über den unaufhaltsamen Aufstieg der DDR, er denkt nach über unsere Defizite und erzählt von einer versunkenen Welt, die in dem Gefühl lebte, daß die Generation der Gegenwärtigen auf den Schultern der Vorfahren steht.

Woher kommen wir? Wohin wollen wir? Was macht Leben lebenswert? Das sind die Fragen, die sich die Schriftsteller stellen bei ihrem Gang durch die Orte von Kindheit und Jugend, Gerd Bieker in Grünheide im Erzgebirge, Martin Viertel in Aue (mit Fotos aus dem lange verbotenen Film von Konrad Wolf »Sonnensucher«), Joachim Wohlgemuth in der Friedländer Wiese, deren Trockenlegung zu den heroischen Legenden vom Aufbau der DDR zählte.

Besonders zwei Geschichten aus dieser Reihe sind mir in lebhafter Erinnerung geblieben. Die junge (und sehr hübsche) Schriftstellerin Bärbel Balke, die ich zu den erfreulichsten Entdekkungen für »Das Magazin« in diesen Jahren zähle, schreibt über ihre Kindheit im thüringischen Saalfeld in den Fünfzigern. Mit einem literarischen Kunstgriff werden alle Widersprüche dieser widersprüchlichen Zeit lebendig. Sie zeigt das Kind, das in verschiedenen Welten lebt, das alles hört und registriert, was die Erwachsenen sagen und doch ihr eigenes Leben lebt zwischen den Ansichten der Familie und den Ansichten der Schule. Bärbel Balke beschreibt, was sie von der »Stammbaumrunde«, den verschiedenen Mitgliedern ihrer Familie, bei Festen und sonntäglichen Zusammenkünften hört, was sie in der Schule und bei den Jungen Pionieren aufnimmt. Alles läuft gleichzeitig ab, alles hat nebeneinander Platz: »Du hast ja ein Ziel vor den Augen« und »Fährt ein weißes Schiff nach Hongkong« – »Max braucht Wasser!« und »Little banjo boy«. Und Bärbel Balke stellt die Fragen, die uns alle 1989 bewegten: Wie war das denn, wie war es wirklich, mit Kriegsende und Nachkriegszeit, mit dem Aufbau und den Enteignungen, mit Fleischkarten, Fahnenappell und Flüchtlingen, mit Rias-Sendungen und Republiksfeiertagen, und wovon träumte das Kind? Wo liegt die Wahrheit und – gibt es sie überhaupt, diese Wahrheit oder bleiben wir immer auf der Suche nach ihr?

Wenn es 1989 eine zentrale Frage in der DDR gab, dann war es die nach der Wahrheit.

Und schließlich der Beitrag von Joachim Nowotny, über seine Kindheit in einem Dorf in der Lausitz. Sein Thema: Abschied. Immer wieder nimmt er Abschied und immer wieder kommt er zurück. Zuerst im Frühjahr 1945 mit dem Treck und zuletzt im vierzigsten Jahr der DDR. Wieder steht er auf der Brücke, über die er oft gegangen ist: »Der Mühlteich liegt trocken. Das Wehr schweigt. Wo der Fluß einen Bogen um die alte Kaupe beschrieb, klebt der Blick auf rostfarbenem Schlick. Bevor es hier still wurde, war es, weit vor dem Dorf, monatelang laut. Tag und Nacht arbeitete das schwere Gerät und fraß sich ins Land, zwang schließlich dem Fluß einen neuen Lauf auf. Nun fließt sein Wasser über Folie und Beton im weiten Bogen durch den Wald. Die verstohlene Eile, mit dem es geschieht, läßt keinen Gedanken darüber aufkommen, wieviel wir uns noch leisten können. Die Zeit drängt, der Tagebau Reichwalde fördert schon Kohle. Sie liegt hier unter den Dörfern, die ich am Anfang mit Bedacht nannte und von denen zwei, Wunscha und Publick, nur noch dem Namen nach existieren. Und die anderen am trockenen Fluß? Und Werda? Auch wenn das Wehr schweigt, die Zeit kann nicht anhalten. Bis jetzt waren Dorf und Fluß innig miteinander verbunden. Wie sich das Wasser des Mühlteichs ständig erneuerte und er doch derselbe blieb, wandelte sich das Dorf, ohne ein anderes zu werden. Nun ist ein ernstes Zeichen gesetzt.«

Warten auf Leben

Vor einiger Zeit fragte mich ein ehemaliger Kommandeur der Nationalen Volksarmee abends beim Bier: »Wie seid ihr damit fertig geworden, daß damals im Herbst '89 gewissermaßen über Nacht alles anders war, als ihr bisher immer geschrieben hattet?« Die Frage ist von der Art, daß man sie nicht in einem Satz beantworten kann. Denn genau dies beschäftigte uns in den Jahren nach der Wende immer wieder: Was sollte unter den veränderten Verhältnissen aus dem »Magazin« werden?

Wie aber war das mit dem Wandel im Jahre '89 selbst? Beim erneuten Lesen der Hefte aus den Monaten vor der Wende ist mir mit Verwunderung aufgefallen, daß dieser Wandel anders war, als ich ihn in Erinnerung hatte: Nach der Wende war keineswegs alles anders als vor der Wende. Die Wende war keine Stunde Null, neue Themen kündigten sich lange vorher an. Die Ereignisse vom Herbst kamen offensichtlich nicht so plötzlich, wie es uns heute scheint. Ihnen ging ein langer, oft qualvoller aber auch befreiender Prozeß voraus, in dem sich die Wandlungen vorbereiteten. Nicht »über Nacht« sondern im Verlauf vieler Monate wandelten sich Themen und Texte; Tabus verloren ihre Kraft, Autoren befreiten sich von ihren Sprachbarrieren, Kritiker verloren ihre Hemmungen, Fotografen vermittelten eine andere Sicht auf die Wirklichkeit, Kunstblätter sprengten die Fesseln des sozialistischen Realismus, eine Gilde junger Autoren ermöglichte einen neuen Zugang zur Jugend- und Alltagskultur, drängte auf Offenheit und Ehrlichkeit, warnte vor den Gefahren der Umweltzerstörung und mahnte gesellschaftliche Defizite an. Und das alles geschah nicht von heute auf morgen.

Als, beispielsweise, bekannt wird, daß nunmehr Bäume gezüchtet würden, die den Dreck der Industrieabgase vertragen, reagiert der Satiriker Mathias Wedel auf seine Weise. »Rauchharte Heimat« nennt er beziehungsvoll seinen Beitrag, in dem er sehr kritisch mit einer Gesellschaft ins Gericht geht, die das auch noch als einen Erfolg feiert. »Bäume«, schreibt er, »sind heute neben der Frage, wie es mit dem Sozialismus weitergehen soll, der immergrüne Gegenstand gesellschaftlicher Debatte. Vielleicht ist es sogar ein und dasselbe Thema. Heute schließt ein Reden über Bäume das Reden über soviel Ungerechtigkeit, sagen wir Widersprüchlichkeiten ein ... Das öffentliche Reden über Bäume erhellt viel über den Zustand des Gemeinwesens.«

In einer mehrteiligen Serie unter dem Titel »Ungestraft anders?« kamen wir auf eines unserer ureigensten Themen zurück, wir schrieben darüber, wie Schwule und Lesben in der DDR leben. Diskriminierende Gesetze waren seit langem gefallen, doch homosexuell zu sein war noch immer ein Problem, das von der Gesellschaft tabuisiert und verdrängt wurde und das Menschen das Leben schwer machte und sie in ungewollte Illegalität trieb. Unsere Beiträge machten das Problem öffentlich, wir holten es aus der privaten Sphäre und zeigten, daß sich dahinter politische, gesellschaftliche Fragen verbergen. Im Gegensatz zu früheren Beiträgen zu diesem Thema ging es uns jetzt um mehr als um den einzelnen Homosexuellen und dessen noch immer oft genug schreckliche Außenseiterrolle, um das Unverständnis der Mitmenschen, das bis zu Feindseligkeit führte. Es ging um die Forderung nach Toleranz gegenüber allen, die anders sind, ob sexuell, religiös oder politisch. Es ging vor allem um Ehrlichkeit, Aufrichtigkeit, Offenheit und Wahrheit. Wie in dem zu dieser Zeit in den DDR-Kinos anlaufenden DEFA-Film »Coming out« heißt die Quintessenz dieser Beiträge immer wieder: »Oute dich! Bekenne dich zu deinem Anderssein! Befreie dich von der Lüge, dem Verstecken! Das Bekenntnis zur Wahrheit wirkt befreiend für den Einzelnen und für die Gesellschaft.« Befreiung der andersartigen Sexualität als Parabel für die Befreiung der Gesellschaft. Zu keiner Zeit hatten wir zu einer Beitragsfolge ein solches Echo der Leser bekommen; Hunderte von Briefen, die wir spaltenlang abdruckten und die in ihrer Mehrheit eine zur Toleranz fähige Gesellschaft offenbarten.

Ja, es stimmt: »Das Magazin« hat nicht die aktuellen Ereignisse dieses aufregenden Jahres registriert. Aber es hat ein wenig von der Stimmung eingefangen, in der sich die Ereignisse anbahnten. Jürgen Stryjak, einer der begabtesten jungen Kollegen, der bald darauf als fester Mitarbeiter in die Redaktion eintrat, besuchte im Sommer '89 mehrere Jugendklubs in Ostberlin (»Szenen einer Szene«, erschienen im Septemberheft). Hier trafen sich die Leute, die einige Monate später, im Herbst, auf den Straßen demonstrieren und zu den eigentlichen Trägern dessen werden sollten, was als friedliche Revolution in den Sprachgebrauch einging. In ausgedienten Läden hinter verschlossenen Schaufensterrollos, in ehemaligen Hinterhofwerkstätten und in offiziell von der FDJ betriebenen Jugendklubs trafen sich Alt-Hippies

Hans-Dieter Schütt

AN-DEUTUNGEN

Fortschreitende Arbeitsteilung:
Keiner will mehr ganze Arbeit
leisten.

Blaue Flecken können bedeuten:
Man ist auf Gegenliebe –
gestoßen.

Der Opportunismus hat einen
neuen Namen. Er nennt sich
jetzt Lernprozeß.

Es ist soviel in der Schwebe.
Das halten nur Engel und Vögel
länger aus.

Warum Neben-Buhler?
Der Ehemann buhlt schon
lange nicht mehr.

Gibt es Zweifel, sollte man schweigen.
Liegen die Beweise vor, vielleicht erst recht.

Denkpause – heißt das nun: nicht mehr denken oder ausnahmsweise mal?

Die Leidenschaft des Vielbeschäftigten: der Nebenbeischlaf.

„Das ist eine gute Frage!"
Da kündigt einer freundlich an, daß er sie nicht beantworten will.

Romeo und Julia heute:
Es war das Telefon und nicht die Klingel.

Seit wieder mehr Leute mit der Eisenbahn fahren, wird nicht mehr ganz so abfällig über eingefahrene Gleise gesprochen.

Wer seine Neigungen stutzt, schafft Triebe.

Beneidenswert am Unkraut: Keiner verlangt nach ihm, aber es wächst. Wer es fürchtet, fürchtet seine Fruchtbarkeit.

Warum fliegende Teppiche aus der Mode kamen?
Man kann nichts darunterkehren.

Weil wir der Wahrheit selten ungeschminkt ins Gesicht sehen wollen, erfreuen wir uns so gern an den Clowns.

Steine sollen unfähig sein zu reden.
Was nützt uns dann der Stein der Weisen?

Jetzt sehnen wir uns schon nach dem Wurm im Apfel! Als untrügliches Zeichen dafür, daß er gesund ist.

Linientreue ist immer eine Gratwanderung.

Die Waage der Gerechtigkeit funktioniert nach ganz eigenen Gesetzen: Die nackte Wahrheit wiegt mehr als die verhüllte.

Die schwierigste Turnübung besteht darin, sich selbst auf den Arm zu nehmen.

Das Fleisch war willig. Aber das Gras war naß.

Prioritäten sind dazu da, um wichtige Aufgaben in neuer Rangfolge zu vernachlässigen.

Endlich kehrte Vernunft in ihm ein.
Für eine kurze Rast.

Tragisches Schicksal eines Schriftstellers:
Er endet in der Glosse.

In manchen Ämtern werden *Sach*bearbeiter auf Menschen losgelassen.

Damit, daß Einstein auch kein guter Schüler war, trösten sich immer die falschen.

Um es zu etwas zu bringen, tun einige so, als hätten sie es schon zu etwas gebracht.

Lösungen habe ich. Leider passen sie nie zu meinen Problemen.

„Ich bin für diese Anregung dankbar." Das sagt jemand, der keine Kritik vertragen kann.

Man hört es am Lachen, wenn der Spaß aufhört.

Illustration: Adolf Born

und junge Punks, schrille Gestalten und stille Typen mit Nickelbrille zur provokanten Selbstdarstellung. Die Gesichter geschminkt, skeptisch und grell, wilde, verwegene Frisuren, aufgestylt oder in abgeschabter Lederjakke, jeder sein eigener Hauptdarsteller. Was die offizielle Gesellschaft nicht zur Kenntnis nehmen wollte, hier wurde es ganz selbstverständlich registriert, daß es eine Szene junger Aussteiger gab, die nicht mehr in ihren »Facharbeiter-Berufen« arbeiten wollten sondern sich als »Postbote, Nachtwächter, Buchverkäufer« durchs Leben schlugen, auf der Suche nach dem Leben jenseits des Vorgegebenen. In den Szenekneipen von Berlin suchten die Ausgeflippten und Ausgestiegenen ihre »Probierfelder für Lebenshaltungen, die mancher schneller wechselt, als er es sich eingestehen will. Die sogenannten Aussteiger sind oft noch gar nicht eingestiegen. Sie scheuen Endgültigkeit, wollen sich offen halten und warten ... auf die Premieren in ihrem Alltag.«

»Warten auf Leben« ist der Schlußsatz dieses Beitrags, der mehr trifft als nur die Szene junger Aussteiger. Warten auf Leben, auf Lebendigkeit, auf Wandel war eine der Grundhaltungen dieser Monate.

In diesen Vorwende-Heften kommen Dinge zur Sprache, über die lange, zu lange geschwiegen wurde, ja, die es offiziell gar nicht gab. Im Sommer berichteten wir zum erstenmal über ein Straßentheater in Ostberlin. Für den heutigen Leser ein Beitrag unter vielen. Aber Straßentheater war neu und ungewöhnlich in dem allzu geordneten Land, Ausdruck von Spontaneität und Selbstbewußtsein, ein Stück künstlerischer Freiheit, das sich die jungen Schauspieler nahmen – Theateraufführungen ohne Zensur, ohne Lizenz, Kultur ohne Gewerkschaft, Jugendleben ohne FDJ, Arbeit ohne Kollektiv.

Matthias Biskupek berichtet aus Rudolstadt über einen »Bauchladenpuppenspieler« in Thüringen, über einen Mann, der allein und auf eigene Rechnung durchs Land zieht, der tut, was er für richtig und wichtig hält, einer, der findet, daß der Einzelne manchmal mehr kann als das Kollektiv, der seine Kunst als »Erziehungsheim für Aufmüpfigkeit« sieht.

Und Aufmüpfigkeit ist ansteckend. »Marionetten haben immer gute Verbindungen nach oben«, heißt ein Aphorismus von Hans-Dieter Schütt (im Juniheft), der zu dieser Zeit Chefredakteur der FDJ-Zeitung »Junge Welt« ist und dem »Magazin« anvertraut, was er im eigenen Blatt nicht schreibt: »Schwimm gegen den Strom, wenn du viel und gut schlucken kannst«, oder »Man kann einen Gedanken nicht dadurch besiegen, daß man ihm die Teilnahme am Wettkampf verweigert«.

Die Veränderungen, die das Land in diesem Sommer erfährt, und die die politische Führung bis zuletzt nicht zur Kenntnis nehmen will, werden auf den Seiten des »Magazins« auf vielfältige Art registriert. Heiner Müllers »Lohndrücker« kommen auf die Bühne des Berliner Ensembles, bei der Aufführung des Films »Berlin um die Ecke«, der mit 22 Jahren Verspätung ins Kino kommt, entdeckt der Rezensent »Ansätze zum vernünftigen Umgang mit nicht vergessenen Kapiteln der DDR-Filmgeschichte«. Unser Ausleser, Uwe Kant, bespricht Christoph Heins »Tangospieler«, den Roman über einen Aushilfspianisten beim

Studentenkabarett in Leipzig, der 21 Monate im Gefängnis saß, weil er einen später als subversiv erkannten Text begleitet hatte. In Christa Wolfs »Sommerstück« findet Uwe Kant die »Fragwürdigkeiten« der Gesellschaft und die »Farbe der Bedenklichkeiten«. Und in dem Erinnerungsbuch von Markus Wolf »Die Troika«, vor deren Rezension uns die ZK-Abteilung ausdrücklich gewarnt hatte (mit dem mir unvergeßlichen Satz Hein Geggels: »Wir lassen uns auch von einem Generaloberst nicht ans Bein pinkeln«), lobt Kant, daß Wolf mit seinen Meinungen über den Stalinismus nicht hinter dem Berg hält.

Wenn ich das Anliegen des »Magazins« in diesem letzten Jahr der DDR mit einem Wort charakterisieren sollte, wäre es die Forderung nach Toleranz und Verständnis für den anderen, den sexuell Andersempfindenden, den religiös Andersglaubenden und den politisch Andersdenkenden. Und unsichtbar darüber geschrieben, was am 4. November in Berlin auf den Schärpen der Ordner stand: Keine Gewalt!

Wie weit sich das Land von den so lange propagierten Normen des Sozialismus entfernt hatte, zeigt ein Beitrag von Scarlett Klein, der sich voller Ironie mit einer der bunten Sumpfblüten beschäftigt, die seit neuestem das Land überzogen: Sie schreibt über Striptease in der Werkskantine, in der Dorfschenke und im verräucherten Hinterzimmer eines Kleinstadtlokals. Was noch vor kurzem als Zeichen kapitalistischer Unkultur erbittert bekämpft wurde, geriert sich hier als Ausdruck neuer Offenheit; Wäscheschau im VEB Unterbekleidung zur kulturellen Umrahmung der Betriebsfete. Striptease auf Kosten des Sozialfonds, auf Erntefesten und Jahresend-Versammlungen der Genossenschaften, beim Abschluß des Betriebs-Kollektiv-Vertrages und als Höhepunkt des Feuerwehrvergnügens in Klein-Dingsda. Hat die politische Führung total den Überblick verloren? Sind ihr die Zügel der über Jahre hindurch unter strenger Strafandrohung gehüteten sozialistischen Moral entglitten, oder glaubt sie, den Ruf nach Freizügigkeit im Lande mit Busenfreiheit erfüllen zu können? Der »Magazin«-Artikel endet mit den sarkastischen Sätzen: »Allein der Zweifler senkt sein Haupt. Ach, denkt er, wär nur alle öffentliche Bloßstellung so kommod, wie die blanker Ärsche und knackiger Titten.«

Das Heft, das nach der Wende kam

Als die Polizei Anfang Oktober in Dresden und Berlin auf jugendliche Demonstranten einschlug, die die Harmonie der Republiksfeier mit ihren Forderungen störten, als Oppositionelle und unbeteiligte Passanten »zugeführt« und gedemütigt wurden, lag ich im Harz in einem Krankenhaus. Ich war zu einer Kur – und konnte mich wenig erholen. Wie alle saß ich Abend für Abend vor dem Fernseher und sah den Ereignissen in Leipzig, Dresden, Berlin zu.

Am 3. November war ich endlich wieder in Berlin. Am Morgen des 4. traf sich die Redaktion vor dem Berliner Verlag in der Karl-Liebknecht-Straße: Wir wollten an der großen Demonstration teilnehmen, zu der die Berliner Künstler aufgerufen hatten. Nicht alle aus der Redaktion waren gekommen, aber doch wohl die meisten. Eine Kollegin, die unsere Redaktion lange in der Zentralen Parteileitung des Verlages vertreten hatte, sagte: »Wer heute nicht hier ist, dürfte in Zukunft in redaktionellen Dingen nicht mehr mitreden«. Sie bekam Widerspruch. Zaghaft, unsicher sagte ein Kollege: »Gegen das, was du da forderst, demonstrieren die Leute hier, gegen den Zwang, immer mitmachen zu müssen.«

Es hatte keinen Aufruf der Parteileitung gegeben, der alle Genossen verpflichtete, zu erscheinen. Oder sie aufforderte, der Demonstration fern zu bleiben. Jeder mußte das für sich allein entscheiden. Und es war an diesem Morgen durchaus noch nicht klar, wofür und wogegen die Menschen demonstrierten, die sich in allen Straßen rund um den Alexanderplatz mit bunten Losungen und in bester Stimmung drängten. Vermutlich hatte jeder seine eigenen Vorstellungen, Forderungen und Erwartungen. Einig waren sie sich nur in einem: Es muß sich etwas ändern! Manche riefen: »Nieder mit der SED!« Das konnte man sogar singen. Und auf die gleiche Melodie: »Stasi in die Produktion!« Wie sollten die Skandierer ahnen, daß es bald keine Produktion mehr geben würde, schon gar nicht für die Mitarbeiter der Staatssicherheit?

Auf dem ersten Transparent, das wir sahen, stand: »Haut den Wessel vom Sessel«. Gemeint war unser Harald Wessel, der als stellvertretender Chef des »Neuen Deutschland« in den letzten Monaten mit ein paar als sehr zynisch empfundenen Beiträgen in seiner Zeitung aufgefallen war. Vom Alex kamen uns die beiden Frauen entgegen, die in ihrem kleinen Zimmer im Großen Haus, wie das ZK unter uns genannt wurde, unsere Zeitschrift jeden Monat auf Verfehlungen gegen die Empfehlungen ihrer Chefs durchforsteten und jede Abweichung von den Anweisungen nach oben meldeten. Sie begrüßten uns fast herzlich und waren so hingerissen von dem immer noch anschwellenden Menschenstrom, als hätten sie, das ZK oder das Maikomitee der Gewerkschaft die Kundgebung organisiert. An diesem Tag hatten alle auf der Straße Platz.

Als sich der Zug in Bewegung setzte, schlossen wir uns der »Wochenpost« an, die ganz schnell noch ein Transparent mit ihrem grünen Logo hatte anfertigen lassen: »Wochenpost – ein starkes Stück Zeitung«. Es war beinahe wie am ersten Mai, wenn jeder Betrieb seinen Namen auf Transparenten vorantrug, damit sie von der Tribüne gesehen und im Rundfunk oder Fernsehen vielleicht genannt wurden. Das Transparent, hinter dem wir marschierten, war eigentlich nicht mehr als eine Produktwerbung. Aber an diesem Tag war es mehr. Es sagte den Menschen auf der Straße: Die Journalisten des Berliner Verlages sind auch hier. Und das war schon eine Botschaft.

Die Liebknecht-Straße war gesäumt von Ordnungskräften, die eine breite bunte Schärpe trugen mit der Aufschrift: »Keine Gewalt!« Aber was würde sein, wenn der Zug, der sich der Schloßbrücke näherte, immer weiter marschierte bis zum Brandenburger Tor und vielleicht noch weiter? Mir kamen Erinnerungen an den 17. Juni 1953, als die Massen an die damals noch offene Grenze strömten und der sowjetische General im ersten Panzer, der die Linden herunter rollte, aus der offenen Luke mit einer unzweideutigen Handbewegung immer nach Westen zeigte.

Langsam sickerte die Mitteilung durch die Reihen: »Hinter dem Palast der Republik links abbiegen! Wenn sie weiterziehen, scheren wir aus! Keine Provokationen an der Grenze!« Tatsächlich bog der Zug hinter dem Palast ab, über den Marx-Engels-Platz, Richtung Alex. Die Männer mit den bunten Schärpen riefen immer wieder: »Keine Gewalt! Keine Gewalt!« Mit der großen Linksschwenkung war die erste Gefahr gebannt.

Die Tribüne vor dem Palast, auf der sonst die »Partei- und Staatsführung« gestanden hatte, war voller Menschen, Plakate wurden hochgehalten mit Karikaturen von Honecker und Krenz, dem sie lange Zähne gezeichnet hatten. Auf einem war er als Wolf im Bett von Rotkäppchens Großmutter. Und immer wieder Sprechgesänge: »Nieder mit der SED!« – »Stasi in die Produktion!« Das schienen die Hauptforderungen der Versammelten zu sein, die einzige auch, in der sich alle einig zu sein glaubten. Auf dem Platz ein Jubel und Trubel, eine Heiterkeit und Leichtigkeit, die ansteckend wirkte. Der Alex war voller Menschen, die laut und aufgeregt, jubelnd, tobend und drohend ihre Sprüche riefen. Ich fragte mich, was sich wohl viele an diesem Vormittag gefragt haben mögen: Wo sind wir, wo kommen wir her, wo wollen wir hin?

Auf einem offenen Lastwagen standen die Redner, die nacheinander das Mikrofon in die Hand nahmen. Wir waren eingezwängt zwischen Menschen, die wir nie im Leben gesehen hatten. Verschiedene Gruppen und Grüppchen hatten ihre Favoriten da oben auf dem Wagen und applaudierten, wenn ihre Namen aufgerufen wurden oder machten sich durch Buh-Rufe bemerkbar, wenn der Redner ihnen nicht zusagte. Ganz oben auf der Beliebtheitsskala der Massen stand der Schriftsteller Stefan Heym, der gelegentlich auch in unserem »Magazin« geschrieben hatte und der in seiner Ansprache diesen Tag den glücklichsten seines Lebens nannte. Ihm war so, als sei eine Tür aufgestoßen, oder nur ein Fenster? Ich weiß es nicht mehr. Aber er bekam viel Beifall. Heym schwebte auf einer Wolke der Sympathie. Er ahnte an diesem Tag noch nichts von der Eiseskälte, die ihm wenige Jahre später entgegenschlagen würde, als er – der Alterspräsident mit PDS-Mandat – den Deutschen Bundestag eröffnete.

Christa Wolf, ebenfalls eine Autorin des »Magazins«, die vor einigen Jahren auch »Aktuelle Umfragen« für uns geschrieben hatte, sprach, daran erinnere ich mich noch, über den Vogel Wendehals, der bald zu einem feststehenden Begriff für Leute wurde, die ihre politischen Ansichten über Nacht geändert hatten.

Jeder der Redner hatte seine eigenen Vorstellungen, was sich nun in diesem Lande ändern müßte. Wir aber würden am nächsten Tag wieder eine Zeitschrift machen müssen, in der unsere Meinung für Millionen Menschen schwarz auf weiß zu lesen sein würde. Einer forderte den Rücktritt der Regierung, ein anderer wollte freie Wahlen, eine alte Schauspielerin wünschte sich nur, daß ihre Enkel keine Fahnenappelle mehr mitzumachen brauchten ...

Auf dem Nachhauseweg versuchte ich, mir das Novemberheft, das am Montag erscheinen würde, noch einmal in Erinnerung zu rufen. Wir hatten es im September produziert. So lange dauerte die Herstellung. Die Manuskripte und Bilder waren in die Druckerei nach Dresden gegangen, da war Honecker noch Generalsekretär, Gorbatschow lobte die Grenzsoldaten, und die Agitationskommission der SED forderte »Bekenntnisbeiträge« zur DDR. Das »Neue Deutschland« druckte dümmliche und anmaßende Beiträge über Bürger, die die DDR verließen und denen man nach Ansicht des Blattes »keine Träne nachweinen« müsse.

Doch das alles war nun der Schnee von gestern. Dieser Herbst hatte das Land und seine Menschen verändert. Aber an unserem November-«Magazin« war nichts mehr zu ändern. Wir mußten uns nun mit dem, was wir im September produziert hatten, mit unseren Gedanken und unserer Gesinnung der Kritik stellen. Wer weiß schon etwas vom Herstellungsprozeß einer Zeitschrift? Und wer erinnert sich noch daran, was er selbst vor zwei Monaten gedacht und gesagt hat?

Ich wollte in die Redaktion. »Laß es«, sagte ein Kollege, »du änderst nichts mehr. Fünfhundertsiebzigtausend Exemplare sind gedruckt, geheftet, versandt. In den nächsten Tagen werden die Leser das Heft ansehen und es mit den Augen und dem Wissen von heute und unter dem Eindruck der sich täglich zuspitzenden Ereignisse betrachten. Das ist nun mal so.«

Am Montag, dem 6. November, erschien das Heft auf dem Markt. Das Titelbild von Werner Klemke war, wie immer im November, dem Jahrestag der russischen Oktoberrevolution gewidmet. Eine dralle russische Bäuerin in bunter Tracht schleppt ihren offenbar vom Wodka besiegten Mann weg, von dem man nur die Beine sieht.

Sicher war die russische Bäuerin nicht gerade das Bild, das die Menschen in diesem Monat erwarteten. Aber sie nahmen es in der Mehrzahl freundlich schmunzelnd auf. Niemand beschwerte sich. Wir hatten früher nicht lauthals gejubelt. So mußten wir es auch jetzt nicht. Im Innern des Heftes schrieb Helga Schubert eine Aktuelle Umfrage zum Thema Altersunterschied in der Liebe. Liane von Billerbeck war mit einem kleinen Gedicht zu einem Bild von Edvard Munch vertreten. Es folgten: Drogenmafia in Kolumbien, Biskupeks Bauchladen-Puppenspieler aus Thüringen, ein Voo-doo-Hexer in Port-au-Prince. Unsere Köchin, Ursula Winnington, empfahl Weinbrand-Mousse-Eiscreme, und Hilde Eisler stellte die Winterkollektion der Pariser Haute Couture vor.

Es war ein Heft, wie wir es immer gemacht hatten. Die endlos langen Drucktermine, die uns früher davor bewahrt hatten, in befohlene Jubelstürme oder Haßgesänge einzustimmen, hatten uns jetzt gehindert, die historischen Ereignisse im Heft widerzuspiegeln. Einerseits bedrückte es uns. Doch auch in revolutionären Zeiten wird gelesen, gelacht und geliebt.

Und hatten wir nicht bereits im Oktober, als das Land den 40. Jahrestag der DDR feiern sollte, einen Kommentar zu den nun über uns hereinbrechenden Ereignissen geliefert? Da veröffentlichte Herbert Sandberg im »Frechen Zeichenstift« eine Karikatur von Hans Traxler mit dem Titel: »Die schärfsten Kritiker der Elche waren früher selber welche!«, eine Zeichnung, die viel von den kommenden Wendehals-Diskussionen vorwegnahm und die unsere Leserin Regine Köller im Dezemberheft eine »prognostische Meisterleistung« nannte. Und in Frank Leuchtes Plakat zum 200. Jahrestag der französischen Revolution im Juliheft: »Das Volk – der Souverän«, klingt an, was nun überall im Lande in den Ruf mündet: »Wir sind das Volk!«

Die kaiserlose, die glückliche Zeit

Das Jahr 1990 begann in meiner Erinnerung früher, als es ihm nach dem Kalender zugekommen wäre, und es dauerte über seine Zeit hinaus. Im Herbst schon hatte es sich angekündigt, mit dem Mauerfall im November hatte es für uns begonnen. Und es reichte in unserer Rechnung bis in das Jahr '91 hinein, als »Das Magazin« auf Anweisung der neuen Herren aus Hamburg sein vertrautes Gesicht verlor.

An einem der an Ereignissen reichen Novembertage – das genaue Datum habe ich vergessen – erlebten die Chefredakteure ihre letzte Argu im Großen Haus. Plötzlich gab es keine Anleitung mehr und keine Kontrolle durch die Presseabteilung des ZK; keine Gebote und Verbote, keine Maß- und keine Sprachregelung. Die Bevormundung, die ständigen Anweisungen, Weisungen, Empfehle und Befehle waren mit den November-Ereignissen zu Ende gegangen. Der allmächtige Apparat hatte sich einfach aufgelöst. Die alten Herren waren nicht mehr da und neue waren noch nicht angekommen. Für uns begann nun eine Zeit ganz ohne Herren, die kaiserlose, die glückliche Zeit, eine Zeit der größten, eigentlich der grenzenlosen Freiheit.

Wovon wir immer geträumt hatten, plötzlich war es Realität – niemand redete uns in unsere Arbeit hinein, wir konnten drucken, was wir wollten. Und wir fragten uns, was wir mit der neuen Freiheit anfangen würden. Ich kam mir ein wenig vor wie an dem Tag, als ich zum erstenmal aus dem Kriegsgefangenen-Lager in Warschau allein in die Stadt gehen durfte: An jeder

Ecke hatte ich mich damals umgedreht und den Wachposten gesucht, der mich über Jahre auf Schritt und Tritt begleitet hatte. Wünsche und Träume verlieren oft ihren Glanz, wenn sie erfüllt sind.

Zum erstenmal war der Chefredakteur wirklich ein Chef, erste und letzte Instanz. Seine Stellung hatte sich über Nacht gewandelt. Doch auch die Vorstellungen der Mitarbeiter von der neuen Zeit hatten sich verändert. Das Zauberwort der Stunde hieß Demokratie, und die wurde nun von einer Mehrheit zunächst einmal, das war noch im Jahre 1989, gegen die Chefredaktionen angewandt.

Die waren samt und sonders vom bisherigen Herausgeber, dem Zentralkomitee der SED, berufen, und dieser Herausgeber existierte praktisch nicht mehr. In einigen Redaktionen hatte sich – zum Teil berechtigt – Unmut über die Chefredaktionen angestaut. Hatten sie doch jahrelang die Politik, die das Land in die Krise geführt hatte, zustimmend oder widerwillig vertreten. Sie alle standen kurz vor dem Rentenalter, eine junge Generation hatte seit Jahren auf ihre Chance gewartet, es schien, als sei diese Chance nun gekommen.

In einigen Redaktionen bildeten sich Gruppen entschlossener Männer und Frauen aus der zweiten Reihe und erklärten – ganz wie in der Geschichte vom Sturm auf das Winterpalais – die Regierung für abgesetzt. Fraktionen, Fronden und Fronten organisierten sich, und manche Kollegen fanden sich plötzlich zwischen allen Fronten wieder. Da ging es, selbstverständlich, nicht nur um Erneuerung der Redaktionen, wie immer in revolutionären Zeiten wurden auch alte Rechnungen beglichen, erkannten die Schnellsten die gute Gelegenheit für die eigene Karriere. Also wurden Chefredakteure gewählt. Eine Redaktion hatte begonnen, alle anderen zogen nach.

Auch im »Magazin« wurde gewählt. Zunächst mußte geklärt werden, wer wahlberechtigt sein sollte; alle, einschließlich der Bürohilfskraft, die in Gewerkschaftsversammlungen immer die Arbeiterklasse gespielt hatte? Oder nur die Redakteure? Es wurde entschieden, nur die Redakteure. Von den Redakteuren natürlich. Dann wurde ein Schuhkarton aus der Weißenfelser Schuhfabrik von allen Seiten zugeklebt und mit einem Schlitz für die Stimmzettel versehen. Der alte Chefredakteur kandidierte ohne Gegenkandidaten. Er bekam neun von zehn Stimmen, und war damit gewählt. Ich muß zugeben: Ich habe die Sache nicht sehr ernst genommen. Und war doch ein bißchen stolz – immerhin waren nur in zwei oder drei Redaktionen die alten Chefredakteure in ihrem Amt bestätigt worden.

Aber es war durchaus nicht so, daß die Abgewählten die Dogmatiker und die Neuen die Reformer waren oder gar die »Widerstandskämpfer«. Da kam der Stellvertreter des Zentralen Parteisekretärs, zuständig für den ganzen Verlag, an die Spitze einer großen Illustrierten, da wurde der kluge und besonnene Chefredakteur der satirischen Zeitschrift abgewählt, der das Blatt in schwierigen Situationen geleitet hatte und dabei oft Mut bewies. Die Chefredakteurin, die in diesen Herbsttagen in den zentralen Ausschuß der SED/PDS aufrückte, wurde gewählt, eine andere, die mit der Wende zur SPD schwenkte, fiel durch. Es gab also wenig Veranlassung, die Wahl als einen Erfolg anzusehen.

Am Arbeitsablauf in der Redaktion änderte sie sowieso nichts. Schließlich hatte keiner von uns eine klare Vorstellung davon, wie Demokratie in einer Redaktion funktionieren könnte. Alle Redakteure waren bisher dreimal im Monat zusammengekommen, um über das aktuelle Heft zu beraten. Daran änderte sich nichts. Wie bisher legten alle gemeinsam das Honorar für die freien Mitarbeiter fest. Wie bisher wurden in der ersten Sitzung, die jeweils am Monatsanfang stattfand, von allen gemeinsam die Farbbilder für den Kunstdruckteil ausgewählt, darunter auch das Aktfoto. Wie bisher trug in einer zweiten Beratung jeder Redakteur seine Themen vor, und ganz wie in den vorhergehenden Jahren stritten sich alle heftig darüber, wessen Beitrag ins aktuelle Heft kommt, denn wie immer war das Angebot an fertigen Artikeln viel zu groß, wie immer hielt jeder gerade seinen für unverzichtbar. Und ganz wie bisher wurde das Heft schließlich in der dritten Beratung zusammengestellt. Gebaut, wie wir sagten. Hier ging es um den Gesamteindruck der Ausgabe, die Mischung aus Heiterem und Ernstem, aus Beiträgen mit viel Lesestoff und anderen, kurzen, informativen oder unterhaltenden. Es ging um die Komposition, den Rhythmus und die Melodie des Heftes, um Stakkato und Kontrapunkt, um Höhe- und Ruhepunkte, um Abwechslung von Bild und Text, von Foto und Zeichnung und um die Ausgewogenheit in Themen, Handlungsorten, Autoren und Mitarbeitern. Das Ganze war ein kompliziertes Geflecht mit hundert Bezügen, die beachtet werden mußten. Da wurde oft lange gestritten. Zum Schluß allerdings, wenn keine Einigung erzielt werden konnte, wenn einer schmollte, weil sein Beitrag ins nächste oder übernächste Heft verschoben wurde und er das als einen schweren politischen Fehler, eine Mißachtung der Leser oder einen Affront gegen den Autor bezeichnete, wenn der Literatur-Redakteur die Illustration zu einer Geschichte ablehnte und die Bildredakteurin darauf bestand, dann mußte der Chefredakteur ein Machtwort sprechen und diktatorisch, ohne demokratische Abstimmung, ohne Mehrheitsbeschluß und ohne Minderheitsvotum einfach entscheiden. Ich gestehe: So war es vor der Wende, und so war es nach der Wende.

Nicht nur der Chefredakteur, auch die Redakteure und die freien Mitarbeiter – Reporter, Fotografen, Illustratoren und Schriftsteller – blieben im Wesentlichen dieselben. Am Impressum hat sich nichts geändert. Nur die Frage: Dürfen wir das? Wie wird die Presse-Abteilung darauf reagieren, wird es Ärger geben? Die Frage mit dem Blick nach oben, die entfiel. Die Leser haben von alledem nichts bemerkt. Die sahen das Endprodukt, das fertige »Magazin«. Und allein das entschied über Existenz oder Untergang des Blattes.

Der Versuch um Demokratie durchlief im Berliner Verlag, wenn ich mich recht entsinne, zwei Etappen: Die erste war die Wahl der Chefredakteure im November/Dezember '89, die zweite kam im Frühjahr: Da hieß das Zauberwort »Redaktionsstatut«. Die Redaktionen selbst, die Kollegen, gaben sich eine Verfassung, nach der die Zeitschrift geleitet werden sollte. Ein demokratisch verfaßtes Kollegium der Redakteure (oder auch der Sekretärinnen und Boten?) sollte künftig über Inhalt, Finanz- und Personalfragen entscheiden.

Auch im »Magazin« wurde ein Redaktionsstatut ausgearbeitet und diskutiert. Wie soll die Herausgabe einer Zeitschrift unter den neuen Bedingungen in einer Zehn-Mann-Redaktion funktionieren? Welche Formen der Mitbestimmung müßten geregelt sein? Wer soll entscheiden, wenn kein Konsens erzielt werden kann, die Mehrheit, die einfache Mehrheit, eine absolute Mehrheit? Oder doch wieder der Chefredakteur? Diese Fragen beschäftigten uns über Wochen – in einer Zeit, in der wir noch immer regelmäßig Gehalt und Subventionen bekamen, wie in der Finanzplanung des Verlages festgelegt, unabhängig von Bilanzen und Auflagen. Und niemand fragte, woher es kommt. Wer wollte 1990 schon im Solde der SED/PDS stehen?

Über Monate mühten wir uns mit unseren Demokratieversuchen ab. Doch als die neuen Herren kamen, waren die mühevoll ausgearbeiteten »demokratisch verfaßten Redaktionsstatuten« nichts als Makulatur. Der Hamburger Verlag »Gruner + Jahr« wischte sie mit einer Handbewegung und einem freundlich arroganten Lächeln vom Tisch.

Schmerz und Scham

Bevor ich mit meiner Erzählung über »Das Magazin« fortfahre, sei mir eine persönliche Erinnerung an einen Winterabend dieses Jahres 1990 gestattet, den ich bis an mein Lebensende nicht vergessen werde, auch wenn ich das genaue Datum heute schon nicht mehr weiß. Es war ein grauer Tag, an dem es auch am Mittag nicht hell wurde. Irgendwann im Januar oder Februar.

Für fünf Uhr Nachmittag war die letzte Versammlung der Betriebsparteiorganisation der SED im Berliner Verlag anberaumt. Wir trafen uns im Versammlungssaal, im ersten Stock des Verlagsgebäudes, der immer der Ort wichtiger Zusammenkünfte gewesen war. Von den 1100 Mitarbeitern des Berliner Verlages, Redakteuren, technischen Kräften und Verlagsangestellten, waren etwa 500 Mitglieder der SED, das war fast die Hälfte oder kaum die Hälfte, je nachdem, wie man es ansah. Auf jeden Fall waren es die, die die Zeitschriften und den Verlag prägten.

Ich hatte in den vierzig Jahren, in denen ich der Partei angehörte, viele Versammlungen erlebt, gute und schlechte, interessante und langweilige, wichtige und unwichtige, streitbare und gleichgültige. Viele davon auch in diesem Saal, der zu solchen Anlässen immer besonders ausgeschmückt war, mit einem langen Präsidiumstisch, einem mit rotem Fahnentuch verhangenen Pult für den Redner, einer in Großbuchstaben an der Stirnseite angebrachten Losung, Fahnen, Blumen. Der Saal hell erleuchtet und meistens bis auf den letzten Platz besetzt. Stimmengemurmel an den Tischen oder in den Sitzreihen, bis der Versammlungsleiter die Eröffnungsworte sprach.

An diesem Abend herrschte Grabesstille. Der Saal lag in gespenstigem Halbdunkel. Von den vielen Lampen brannten nur einzelne, die das Dunkel des Raumes nicht erhellen konnten. Es gab kein Präsidium und keine Losungen. Die Stühle standen noch in Reih und Glied, aber niemand wollte sich setzen. Jeder wartete noch auf die, die da kommen mußten. Aber die kamen nicht. Von den 500 Genossinnen und Genossen waren dreißig oder vierzig erschienen. Sie standen in kleinen Gruppen. Es war wie auf einer Beerdigung.

Ich dachte an den oft erzählten Witz, in dem ein Genosse auf die Frage, warum er nicht in der letzten Parteiversammlung gewesen sei, antwortet: »Wenn ich gewußt hätte, daß es die letzte ist, wäre ich gekommen.«

Nun war die letzte Versammlung da. Und ich sah viele, die ich nicht sah. Wo waren die, die so oft am Rednerpult gestanden hatten, wenn der Saal hell erleuchtet war? Wo die, die alles immer sofort richtig wußten, wenn andere noch nachdenken mußten? Wo die Klatscher, Nicker, Fahnenschwenker?

Der Parteisekretär, ein im Haus anerkannter und beliebter Journalist, der sich in den letzten Jahren der zunehmenden Repressionen und Verdächtigungen seine kollegiale, anständige und freundliche Art erhalten hatte und dafür manchen Rüffel seiner Vorgesetzten einstecken mußte, eröffnete die Versammlung mit den Worten: »Wir sind zusammengekommen, um die Auflösung der Betriebsparteiorganisation der SED im Berliner Verlag zu beschließen.« Seine Stimme zitterte.

Die SED gab es nicht mehr; sie hatte sich in SED/PDS umbenannt. In der neuen oder doch weitgehend gewandelten Partei würde es keine Betriebsgruppen mehr geben. Das Organisationsprinzip, das aus den kommunistischen Betriebszellen hervorgegangen war, wurde abgeschafft. Da konnte auch im Berliner Verlag keine Parteiorganisation bestehen bleiben. Das Ende war unausweichlich. Aber so?

Es war nicht die Tatsache, daß hier eine organisatorische Entscheidung getroffen werden mußte, von der jeder wußte, daß damit eine Ära zu Ende geht, es war die Art, wie dies geschah, an die ich nicht ohne Schmerz und Scham zurückdenken kann. Wie im ganzen Staat so hatte sich auch in unserem Verlag die alles bestimmende und alles entscheidende Partei in Luft aufgelöst, als hätte es sie nie gegeben.

Niemand meldete sich zu Wort. Wir stimmten nicht ab, wir hatten nichts mehr abzustimmen. Im Gang vor dem Saal, wo sonst immer lebhaft debattiert wurde, blieb es still. Wir gingen auseinander wie eine Trauergemeinde. Aus der großen Gemeinschaft waren ein paar versprengte Einzelne geworden. Jeder trug seine Gedanken und seine Gefühle allein.

Immer ist mir diese letzte Versammlung, dieses versprengte Häuflein in einer Ecke des dunklen Saales, wie ein Symbol erschienen. Doch ich werde mich hüten, dieses Symbol zu erklären.

Entscheidungen für eine unbekannte Zukunft

In diesem Frühjahr 1990 geschah so viel und fast alles gleichzeitig, daß mein Gedächtnis sich vergeblich bemüht, alle Ereignisse chronologisch richtig einzuordnen. Alles hing doch irgendwie zusammen: die Veränderungen im Lande, die neue Situation im Verlag und schließlich die plötzliche Unabhängigkeit der Zeitschrift. Das war alles nicht voneinander zu trennen. Doch der Erzähler muß es tun, das Geschehen in Abschnitte gliedern, in einzelne Kapitel einteilen, auch auf die Gefahr, hin und wieder den zeitlichen Ablauf zu beschädigen. Wann kamen die ersten Ratgeber aus dem Westen? Wann haben wir aufgegeben, an eine eigenständige Zukunft für die DDR zu denken? Ich weiß es nicht mehr. Woran ich mich erinnere, ist ein Gefühl, das uns alle damals immer wieder beschlich: Wir müssen jetzt die Weichen für die Zukunft stellen – aber wie wird diese Zukunft aussehen? Was wird in einem halben Jahr wichtig sein? Was nicht? Keiner wußte es. Wir lebten ohne Boden unter den Füßen. »Viel Neues, Unwägbares, viele Entdeckungen liegen vor allen, die sich auf den Weg in ein vereinigtes Deutschland machen. Die Zukunft wird ein Abenteuer. Es gilt, den eigenen Weg zu bestimmen«, schrieb unser Redakteur Ulrich Backmann im Juniheft 1990.

Auch für uns war die wichtigste Frage die nach dem Platz der Zeitschrift in der Gesellschaft. Aber: welche Gesellschaft? Wie und wohin würde sie sich verändern? Was sollte, was durfte, was mußte anders sein als bisher? Was sollte, konnte, durfte, mußte bleiben? Wo gab es ein Bedürfnis für unser »Magazin«? Wo war eine Marktlücke zwischen all den bunten Zeitschriften des Westens, vielleicht auch nur eine Nische?

In diesem Jahr wurden prinzipielle Entscheidungen auch für die Zukunft des »Magazins« getroffen, deren Bedeutung uns damals nur ganz vage bewußt war. Es war die Zeit, in der alles und jedes umgekrempelt werden mußte, was bisher galt, galt nicht mehr, das Alte wurde verteufelt, verlacht, verachtet. Außer dem grünen Pfeil an der Verkehrsampel sollte nichts von der DDR übrig bleiben. Das galt im Besonderen für die Medien.

Einige Leser verstanden die Veränderungen im Land so, daß sie glaubten, nun könne sich jeder etwas von der Redaktion wünschen – es war ja die große Zeit der unbedachten Wünsche. Von denen, die uns schrieben, wünschten sich die meisten mehr und bessere Aktfotos, »heikle Themen«, erotischere Geschichten, kurz, ein noch besseres »Magazin«, das »manche Andeutung durch ein kräftiges Wort« ersetzt. Und wir fragten uns: Was sind bessere Aktfotos? Was sind heute noch heikle Themen? Was »ein kräftiges Wort«? Fast belustigt lasen wir, was unser Leser Günter M. schrieb: »Vieles von Ihnen Gedruckte – und Sie selbst – standen bestimmt auch die ganzen Jahre der Stagnation unter dem Druck von ›oben‹. Vielleicht kann man die in den letzten Jahren von der Zensur verworfenen Aktfotos veröffentlichen.«

Seine Vorstellungen von Zensur waren äußerst zeitgemäß, doch wir mußten ihn enttäuschen. Ihm und anderen Lesern antwortete die Redaktion im ersten Heft des Jahres 1990, daß wir, entgegen der allgemeinen Meinung, »in der Vergangenheit weniger als andere Journalisten behindert« worden waren, und daß wir speziell bei der Auswahl der Aktfotos keinerlei Zensur unterlagen. »Es wäre unfair«, schrieben wir, »die Auswahl der Aktfotos irgendeiner Zensur in die Schuhe zu schieben. Alle diese Bilder sind, bevor die Leser sie sehen, nur dem Fotografen, den dargestellten Personen (das ist Gesetz), der Redaktion und dem Drucker bekannt.«

Es war das erstemal, daß sich die Redaktion so dezidiert zu Fragen der Zensur und der »Behinderung von oben« äußerte. Und ich denke, es gereicht dem »Magazin« zur Ehre, daß es nicht dem Zeitgeist nachgab und sich über Nacht zum politischen Opfer wendete. Schließlich war es damals en vogue, seine Blessuren vorzuzeigen. Und für manchen war die Zeit zwischen »Hosianna« und »kreuziget ihn!« kürzer als die zwischen Palmsonntag und Karfreitag.

Wir hatten andere Probleme: Bisher hatten wir nach einem Plan gearbeitet, der die Rentabilität des Blattes nicht berücksichtigte. Unsere Aufgabe war der Inhalt des Heftes, mit der ökonomischen Seite der Sache hatten wir nichts zu tun. Wir erfüllten den Plan und machten dennoch Verluste, denn die Verluste waren im Plan so vorgesehen. Alle unsere Vorschläge, die Zeitschrift über einen höheren Preis in die Gewinnzone zu bringen, waren paradoxerweise gerade von denen zurückgewiesen worden, die das planmäßige Manko finanzieren mußten, dem ZK der SED. Die Ursache war ideologischer Art: Es durfte in der DDR keine Preiserhöhungen für kulturelle Leistungen und für Artikel des Massenbedarfs geben. Was immer man darunter verstand (im Volkswitz waren es Wasser, Brot und das Zentralorgan »Neues Deutschland«): »Das Magazin« jedenfalls gehörte für die politische Führung dazu, es war ein »schützenswertes Gut des Massenbedarfs« – koste es (den Staat), was es wolle. Doch das war nun vorbei. Wenn wir für den Moment auch noch regelmäßige Zahlungen erhielten, wußten wir doch, daß sich das bald ändern würde und daß wir uns schleunigst auf marktwirtschaftliche Bedingungen einstellen mußten. Also wandten wir uns im Januarheft 1990 an die Leser, um ihnen die Notwendigkeit einer Preiserhöhung zu erläutern. Der Leser erfährt hier zum ersten Mal, daß seine Zeitschrift mit mehreren Millionen DDR-Mark im Jahr subventioniert wird. Er erfährt nicht von wem, nämlich aus dem Parteivermögen der SED.

Es war die Zeit der Ratschläge. Westliche Berater sagten uns wie allen im Lande, was wir »ganz schnell lernen«, was wir »ganz schnell verändern« müßten. Wir hörten in dieser Zeit – wie in dem ganzen folgenden Jahr – nahezu beschwörende, mit Inbrunst vorgetragene Änderungsvorschläge. Verändert werden sollte: Das Format der kleinen Hefte, das in kein (Werbe-) Raster paßte, die Gestaltung, das Layout, das gezeichnete Titelbild und der bunt gemischte Inhalt. Also nahezu alles, was »Das Magazin« ausmachte.

Nach monatelangen Diskussionen über neue und alte Inhalte des Heftes entschied die Redaktion schließlich, daß »Das Magazin« ein Magazin bleiben muß: Das Format bleibt, der gezeichnete Titel bleibt, alle Rubriken und Themenkreise der Zeitschrift werden erhalten. Wir hielten an der Grundkonzeption fest, die sich in wichtigen Teilen über Jahrzehnte als tragfähig erwiesen hat und trafen damit eine politisch und journalistisch weitreichende Entscheidung. Es war vielleicht unsere größte politische Leistung in dieser Zeit.

Das Titelbild vom Januar 1990 ist gar nicht so viel anders als das vom Januar 1989. Der verkleidete Kater steht wieder im Schnee und sieht besorgt auf den wolkenverhangenen Winterhimmel. Eine Schöne sitzt nackt auf dem bullernden Kanonenofen und wartet auf seinen Besuch. Und auf der ersten Innenseite wünscht ein Schneemann-Kater ein »frohes 1990«.

Neue Themen, die die Zeit vorgab (oder vorzugeben schien), kamen ins Heft, Proportionen verschoben sich. Auch wir machten Zugeständnisse – erweiterten den Erotik-Anteil und gingen mit unseren eigenen Mitteln auf die Veränderungen im Lande ein. Doch es blieb dabei, daß wir, wie in sozialistischen Zeiten, einen oder zwei größere politische Beiträge veröffentlichten und im übrigen nicht von der bewährten Heftaufteilung abwichen. »Das Magazin« behielt seine einmalige Mischung aus Unterhaltung und Bildung, Ernstem und Heiterem, Wissenschaft und Ulk. Alles blieb an seinem Platz, der Akt und die Annoncen, die Leserbriefe und die Liebesgeschichten, die Krimis, die Kultur- und die Kochkunstseite, die Mode und die »Magazin«-Spezial-Beiträge, es gab weiterhin Rätsel, Reisebilder und Bildgeschichten. Ursula Winnington empfahl ihre aphrodisierenden Speisen, selbst der Knoblauch weckt, wie man im Januar lesen kann, die Liebeslust, und die Brathendl heißen immer noch Broiler. Auf den Treffpunkt-Seiten suchen weiterhin »Kräuterhexen«, »Alleinseglerinnen«, »Wüstlinge« und »Fotoamateure« den Partner fürs Leben, fürs Foto oder (und) für die Zärtlichkeit. Drei Viertel der Beiträge in diesem Revolutionsfrühjahr '90 hätten ebenso 1986, 1987 oder 1988 erscheinen können.

Während auf den Straßen die Demonstranten schrill mit Liedern, Lärm und Losungen fochten, wurde in der »Magazin«-Redaktion still am nächsten Heft gearbeitet, das zwei Monate später erscheinen würde. Die Piccoloflöte, wie Hilde Eisler unser »Magazin« genannt hatte, wollte auch jetzt nicht zur Fanfare oder zur großen Trommel werden.

So hatte die Wende dieses Herbstes keine Kehrtwende des »Magazins« ausgelöst, nicht einmal eine stramme Wendung. Wir stellten fest, daß es für uns, ich sage für »Das Magazin«, gar nicht mehr so viele Tabus gegeben hatte in den letzten Jahren. Wir hatten über Themen, die man »heiße Eisen« nannte, zunehmend berichtet, ohne ernste Schwierigkeiten zu bekommen: über Striptease beim Betriebsfest, über gleichgeschlechtliche Liebe, über ausgeflippte Jugendliche, über das Leben der vietnamesischen Gastarbeiter in Berliner Massenquartieren.

Bei allen unseren Diskussionen über die Zukunft des Heftes war uns zunächst einmal klar, was wir nicht wollten: Wir wollten uns nicht vom Zeitgeist und von den Tagesereignissen die Themen bestimmen lassen, sondern der »Magazin«-Tradition treu bleiben. Und obwohl es damals täglich neue, heiß diskutierte Ereignisse gab, haben wir an diesem Vorsatz festgehalten. So sind wir nicht mitgefahren, als die Masse der Journalisten in Wandlitz nachsehen ging, wie die Politbüro-Mitglieder wohnten, wir betrachteten ohne Hysterie die Fernsehbilder von den biederen Siedlungshäusern mit ihren Miele-Waschmaschinen, und fanden bestätigt, was eine Kollegin, die einmal zu einem Rapport nach Wandlitz bestellt worden war, gesagt hatte: »Es sieht aus wie bei unserem Gretchen, nur nicht so sauber.« Über Wandlitz mußten wir nicht auch noch berichten. Ebensowenig beteiligten wir uns an der Hysterie über sogenannte »Kinder-KZs« (die sich später als Jugendwerkhöfe entpuppten) oder über die angeblichen »Zwangsadoptionen« von Kindern der »Staatsfeinde«.

Und unsere Leser fanden diese Art der Enthaltsamkeit offensichtlich richtig. Jedenfalls hat keiner vom »Magazin« Beiträge über den Runden Tisch gefordert oder über die Enthüllungen, die täglich die Spalten der Zeitungen und die Sendeminuten des Fernsehens füllten, über die wechselnden politischen Losungen, die Schlangen von DDR-Bürgern erst vor den Westberliner Sparkassen, dann vor den Ostberliner Sparkassen, dann vor den HO-Läden, wo kurz vor der Währungsunion die letzten Ost-Waren verramscht wurden. Niemand erwartete von uns eine Äußerung über die Wahlkämpfe im März und im Herbst ...

Politisch abstinent waren wir dabei durchaus nicht. In dem großen politischen Beitrag, der in jedem Heft zu finden ist, äußerten wir uns zu Problemen, die alle bewegten. Wie immer versuchten wir uns dem Hintergrund der Dinge zu nähern, den Problemen, die hinter den allen sichtbaren Ereignissen standen.

In einer gut recherchierten und noch heute lesbaren Reportage haben wir über die entscheidenden Tage vom Oktober '89 in Leipzig geschrieben, über die Motive der Männer, die gemeinsam Gewaltaktionen verhinderten, auch wenn sie aus sehr verschiedenen Lagern kamen, aus den Bürgerbewegungen und aus der SED, die einen waren die Organisatoren der Demonstrationen und die anderen Sekretäre der SED-Bezirksleitung. Der Beitrag des jungen Kollegen Bernd Hahlweg fand viel Anerkennung.

Es war ja so, daß die ersten politischen Beiträge nach dieser sogenannten Wende nicht von freien Mitarbeitern sondern von den Redakteuren geschrieben wurden, obwohl das eigentlich nicht die Regel im »Magazin« war. Die Leser wollten und sollten wissen, wo die Redaktion in dieser politisch bewegten Zeit steht.

Im Februar schrieb ich über den Tod des SED-Kreissekretärs im anhaltinischen Köthen. Es war ein Thema, das mich in vielfacher Hinsicht stark bewegte; Herbert und ich, wir kamen aus dem gleichen Dorf, waren zusammen zur Schule gegangen und seitdem immer in losem Kontakt geblieben. Ich kannte seine Arbeit, manche seiner Probleme, auch seine Lebensverhältnisse, die kleine Wohnung, die kranke Tochter, den alten Wartburg, und ich war tief betroffen, als ich nach seinem Tod erfuhr, wie wenig Unterstützung er in diesen schwierigen Wochen von seiner, und meiner, Partei erhalten hatte. Abend für Abend hatte eine aufgepeitschte Menge vor der Kreisleitung Losungen skandiert und ihm Anschuldigungen entgegengeschrien, die sich später als unrichtig erwiesen – aber damals sah er keine Möglichkeit, sie richtigzustellen. Schließlich war er dem Druck nicht mehr gewachsen. Am Morgen des 4. November, während sich in Berlin die Menschen zur wichtigsten Demonstration dieses Herbstes versammelten, hat er sich in seinem Dienstzimmer erschossen. Die Verleumdung, die sich mit dem schützenden Mantel der Menge umgab, hatte ihn tief, schließlich tödlich getroffen.

Beide Beiträge lösten eine Flut von Zuschriften und eine erste Diskussion über die Bewertung der jüngsten politischen Ereignisse aus. Allein zu meiner Geschichte über den Tod eines Kreissekretärs kamen an die hundert Briefe, in denen sich alle Strömungen und Stimmungen dieser rebellischen Wochen spiegelten. Ein Dutzend etwa konnten wir veröffentlichen. Sie reichten von: »Wenn Sie weiter so einen Mist schreiben, bestelle ich Ihre Schwarte ab« bis zu: »Heute gehört Mut dazu, sich zu einem Menschen zu bekennen, der sich selbstlos für die sozialistische Idee eingesetzt hat. Den wünsche ich Ihnen weiterhin.« Was der eine »eine rührselige Schnulze« nannte, war für den anderen ein »ergreifendes Menschenbild«.

Wie überall in der DDR gab es auch in der »Magazin«-Redaktion heiße Diskussionen über die Zukunft des Landes und über die Gründe, die das Fiasko der sozialistischen Idee herbeigeführt hatten. Ein Ergebnis dieser Diskussionen war der politische Beitrag im Märzheft: Da geht der Literatur-Redakteur den Gründen nach, warum junge Menschen in großer Zahl die DDR verließen und auf dem Hamburger Flüchtlingsschiff »Marko Polo« Unterkunft suchten.

In allen diesen Beiträgen geht es um persönliche Schicksale. Das ist eine Form, in der »Das Magazin« immer versucht hat, politische Themen zu behandeln. Aber die Artikel zielen weiter. Sie bleiben dabei nicht stehen: Sie stellen wesentliche Fragen der Zeit in einer – wie wir es nannten – »Problem-Aktualität« zur Diskussion.

Charakteristisch dafür der Beitrag von Joachim Nowotny im Juliheft. Schon im Vorjahr hatte er sich in »Landschaft meiner Kindheit« sehr kritisch mit den Zerstörungen in der Lausitz durch den Braunkohle-Tagebau auseinandergesetzt. Nun kommt er in seinem Essay »Mein Leben als Fasan« auf das Thema zurück. Umfangreicher und mit deutlicheren Worten als ein Jahr zuvor schreibt er jetzt über die vielfältigen Schäden in den Dörfern der Lausitz. Doch er begnügt sich nicht mit der Aufrechnung der Umweltsünden, die in der DDR begangen wurden. Er sieht schon die Konsumgesellschaft im Osten Einzug halten, die auf die natürliche Umwelt kaum Rücksicht nehmen wird, wenn es um Gewinn und Genuß geht. Umweltschutz und Umweltsünden waren damals ein viel diskutiertes Thema, gerade weil die Probleme in der DDR verschwiegen worden waren. Nowotnys Essay aber geht weit über eine Abrechnung mit der untergehenden DDR hinaus.

Protokoll einer Redaktionssitzung

Einen Einblick in die Situation in diesen Wochen gibt das Protokoll einer Redaktionssitzung vom 10. April 1990. Es ist eine der zahlreichen Beratungen in der Redaktion, in denen wir versuchen, »Das Magazin« der neuen Situation anzupassen, ohne den Charakter der Zeitschrift zu verändern. In dieser Zeit sind immer mehr westdeutsche Zeitschriften an den Kiosken im Osten aufgetaucht, die mit dem Reiz des Neuen, ja, des bisher Verbotenen auf großes Interesse stoßen. Wir haben Konkurrenz bekommen, hundertfache Konkurrenz in Gestalt von bunten Heften, die bereits vor der Währungsunion, für Ostgeld, verkauft werden und reißenden Absatz finden.

Wie sollen wir uns mit unserem stillen, heiteren kleinen Blatt gegen die schreienden Titel, die wogenden Busen, die ständigen Sensationen der bunten Blätter, der sogenannten Yellow press, behaupten?

Obwohl es eigentlich um das Redaktionsstatut gehen soll, das nun endlich in Kraft treten muß, geht es fast nur um den Inhalt der Zeitschrift. Wie sollen wir unsere Konzeption neu formulieren? Was und wer sind wir, wenn wir nicht mehr die einzige bunte Unterhaltungszeitschrift des Landes sein können?

Der Literaturredakteur, der mit seinen Kurzgeschichten einen wesentlichen Teil der Erotik im »Magazin« beisteuert, fordert »Sexualität als Prinzip für das ganze Blatt. Liebe, Erotik, Sexualität für erwachsene Leser.«

Der Kulturredakteur wünscht sich ein »Familienmagazin für alle, das den bisherigen Traditionen der Zeitschrift folgt. Ein intelligentes Blatt für intelligente Leser«. Liebe, Erotik, Sexualität sollten nach seiner Meinung ein Bestandteil bleiben. »Nur so überlebt die Zeitschrift oder gar nicht!« Und zornig schließt er: »Schluß mit den massenhaften Fickereien. Sex können die anderen besser.«

Der Gestalter, der wegen seiner stillen, sachlichen Art großes Ansehen in der Redaktion genießt, unterstützt die Meinung des Kulturredakteurs. Für ihn soll »Das Magazin« »links sein und lesbar für alle. Liebe und Sex gehören dazu, aber sie sind nicht alles. Die Zeitschrift muß ihren Unterhaltungswert behalten, einen Bildungszuwachs vermitteln und intelligent gemacht sein. Dann wird sie auch überleben.«

Die stellvertretende Chefredakteurin fordert statt der Zeitschrift für »Unterhaltung, Bildung und Geschmacksbildung« ein »Magazin für Liebes- und Lebensweise«. Sie ist überzeugt: »Nur mit Erotik und Sex haben wir eine Chance zu überleben.« Und beschwörend endet sie: »Andernfalls können wir gleich zumachen!«

Der Kollege, der die Reportagen betreut, möchte für ein linkes Spektrum schreiben, über das, was im Lande vorgeht. »Sex ist wichtig, aber nicht alles. Geschmacksbildung, Kultur und Kunst gehören ins Heft wie das bunte Programm ins Varieté.«

Die Bildredakteurin: »Im Aprilheft ist der Sex überproportioniert. Das ist nicht der Weg. Wir sollten uns auch von einigen Lesern nicht irritieren lassen, denen es nicht genug sein kann.«

Der Wissenschaftsredakteur: »Sex gehört in jedes Heft. Aber wir müssen aufhören mit verschärftem Sex. Die Art der letzten Hefte führt nicht weiter. Wer das will, hat andere Blätter.«

Die Redaktion ist gespalten zwischen »Sex forever« und »Sex u.a.«

Das Thema bewegt alle so stark, daß es in diesen Wochen jede Diskussion dominiert.

Das Protokoll dieser Sitzung zeigt, wie groß unsere Schwierigkeiten waren, eine Linie für das Blatt zu finden. In den vergangenen Jahren hatten wir versucht, Tabus zu durchbrechen, Grenzen auszuschreiten und auszuweiten. Was aber, wenn keine Tabus und Grenzen mehr vorgegeben werden?

Heute erscheint mir auch die Umfrage, in der wir von den Lesern wissen wollten, wie sie sich »Das Magazin« nach den politischen Veränderungen im Lande denn so wünschten, als Ausdruck dieser Unsicherheit. Eine Redaktion sollte wissen, meine ich, was für eine Zeitschrift sie machen will – und diese wichtige konzeptionelle Arbeit nicht den Lesern überlassen.

Damals waren wir beglückt über die große Beteiligung an der Umfrage, zeigte sie doch, daß Leser ein großes Interesse an der Zukunft des »Magazins« hatten. Wir bekamen 5062 Zuschriften, und das in einer Zeit, in der die Menschen zwischen Suhl und Saßnitz wahrlich wichtigere Dinge beschäftigten. Aber es war eben auch die Zeit, in der jeder auf irgendeine Weise an den Veränderungen im Lande beteiligt sein wollte, und viele noch glaubten, daß sie nun mit ihrer Meinung gehört würden und etwas bewegen könnten. So durften wir wohl die Zahl der Einsendungen als einen Erfolg, einen Vertrauensbeweis für unser Blatt und unsere Arbeit betrachten.

Doch was sie schrieben, half uns in unserer Suche nach einem neuen eigenen Weg nicht viel weiter, natürlich nicht. Die überwiegende Mehrheit drückte uns ihr Vertrauen aus.

Der einzige, in allen Variationen wiederkehrende Vorschlag betraf die Liebesgeschichten und die Aktfotos. Es war der Ruf nach mehr Sex, nach Sonderheften, gefüllt mit Aktfotos, nach Titten und Ärschen. Hier herrschte offensichtlich ein Nachholbedarf. Manch einer hätte am liebsten das ganze Land in eine riesige Peep-Show verwandelt. Die Leserin H. B. aus Magdeburg, deren vollen Namen wir wohlweislich verschwiegen, wünschte sich im Märzheft »zünftige Männerakte. Am liebsten natürlich Männer, die eine Latte haben bis zum Knie.« Ironisch fragte die Redaktion nach: »Wessen Knie?«

Wie weit sollten wir diesen Wünschen nachkommen – auch wenn sie nur von einigen hundert unserer immer noch mehr als eine Million Leser geäußert worden waren? Das Protokoll der einen Redaktionssitzung, das ich veröffentlicht habe, zeigt, daß auch unter den Redakteuren des Blattes die Meinungen darüber weit auseinander gingen.

Natürlich hatte »Das Magazin« immer auch von der Erotik gelebt. Aber Erotik, das ist Andeutung, Überraschung, Verhüllung, das ist Charme und Kunst. Was manche Leser jetzt von uns forderten, waren unverhüllte, nackte Tatsachen. Man warf uns Prüderie vor, ja, politisches Versagen, »Unverständnis für die neue Zeit«, »sozialistische Verklemmung«, forderte die Ablösung der Redaktion, weil sie sich weigerte, pornografische Geschichten und Männerakte mit eregiertem Glied (laut Pressegesetz nur bis 45 Grad erlaubt) zu veröffentlichen.

Auch ich war unsicher über das rechte Maß. Mancher Beitrag, manche Zeichnung ist in diesen Monaten der neuen Freiheit ins Blatt gekommen, die ich heute nur mit Mißbehagen wiedersehe. Es hatte schon seine Berechtigung, wenn unser Kulturredakteur in der April-Besprechung forderte, mit der »massenhaften Fickerei« im Heft Schluß zu machen (wenn das »massenhaft« auch eine gewollte propagandistische Übertreibung war). Denn es gab auch andere Leser – und es waren nicht wenige –, die schrieben, daß sie »öfter peinlich berührt« seien von »ordinären, zotigen und gemeinen Ausdrücken«, daß nun »eine gewisse Sättigung dieser Beiträge erreicht« sei. Einer fragt: »Besteht denn das heitere Leben nur noch aus Sex?« und ein anderer teilt gar mit, daß er »nunmehr die Abbestellung ihrer Pornozeitschrift vorgenommen« habe.

Wenn ich heute noch einmal die Hefte von 1990 ansehe, muß ich gestehen, daß wir dem Druck von Lesern, denen es nicht pornografisch genug zugehen konnte, mehr nachgegeben haben, als es dem Blatt guttat. Da sind Geschichten und Fotos, für die ich mich heute schäme. Und ich wünschte mir, daß wir von der Freiheit, die nur wenige Monate bestehen sollte, besseren Gebrauch gemacht hätten. Aber wir alle waren damals Suchende im Nebel.

Die fatalen Folgen dieser wenigen Ausgaben sollten sich bald zeigen. Leser verließen uns, die dem Blatt über Jahrzehnte die Treue gehalten hatten, besonders nach der Preiserhöhung vom April, als »Das Magazin« statt einer Mark nun drei Mark kostete. Schwerwiegender noch war, daß diese Fotos und Geschichten die Irritationen erhöhten, mit denen die späteren Besitzer »Das Magazin« betrachteten. Ohnehin hatten sie kein Gespür für so ein Blatt, nun aber fühlten sie sich auch noch bestätigt in ihrer Meinung, daß sie uns für ein Männer-Porno-Blatt hielten, wie sie es aus Hamburg gewöhnt waren.

Dennoch: Die große Mehrzahl der Leser hat der Zeitschrift in einer atemberaubenden und schwierigen Zeit die Treue gehalten. Die ersten Umfrage-Ergebnisse des berühmten Allensbacher Instituts für Demoskopie vom Ende des Jahres ergab, daß wir immer noch »weit über eine Million Leser auf dem Gebiet der ehemaligen DDR« erreichten. Die Allensbacher stellten fest, daß »Magazin«-Leser »im Durchschnitt jünger sind als die Leser anderer Zeitschriften im Osten, sie haben eine höhere Bildung und eine bessere Ausbildung. Sie kaufen mehr Bücher, lesen mehr, hören mehr und öfter Schallplatten und Kassetten, lösen häufiger Rätsel« (vielleicht auch schneller, weil sie mehr gelesen haben). Und noch eine Zahl, die man heute mit Erstaunen liest: 71,5 Prozent der Leser sind berufstätig.

Viele Leser bestätigten die Einschätzung der Demoskopen. So schrieb Eva Heise aus Kemberg: »›Das Magazin‹ wird von uns jeden Monat mit Freude erwartet und von der ganzen Familie gelesen.« Und G. Hering aus Greifswald fand: »Als langjähriger Leser stelle ich mit Freude fest, daß Sie trotz der in allen Lebensbereichen stattfindenden Auf-, Um- und Abschwünge mit dem Niveau Ihrer Zeitschrift nicht mitschwingen, sondern hohes Niveau bewahrt haben.« Ein Leser aus dem Saarland, seit 1982 Abonnent der Zeitschrift, fand schließlich: »Wäre der übrige Sozialismus so gewesen wie Sie, manches sähe heute anders aus.«

Ganz optimistisch schreibt die Redaktion zum Jahreswechsel: »›Das Magazin‹ soll auch in der veränderten Presselandschaft die einzige Zeitschrift für Liebe und Lebensart bleiben, die Männer nicht verstecken, weil sie genauso für Frauen gemacht ist und auch von großen Kindern gelesen wird.«

Ende einer Ära

Noch heute bin ich davon überzeugt, daß »Das Magazin« in diesem Frühjahr 1990 ein entscheidender Verlust ereilte. Werner Klemke, der 34 Jahre lang die Titelbilder geliefert hatte, zeichnete im Februar 1990 sein letztes Blatt, ab März mußten wir ohne ihn auskommen. Er war seit langem krank, schon in den letzten Monaten war es ihm oft sehr schwer gefallen, für uns zu arbeiten, nun hörte er ganz auf.

Damit ging eine Ära im Magazin zu Ende. Klemkes Ausscheiden war ein viel tieferer Einschnitt als alle anderen Wechselfälle, denen die Zeitschrift in den Jahrzehnten ihres Bestehens ausgesetzt gewesen war. »Das Magazin« ohne Klemke, ohne seinen Kater verlor ein Stück seines Charakters. Der Meister, wie er in der Redaktion genannt wurde, hatte Monat für Monat mit Charme und Esprit, mit Witz und Lust das Gesicht der Zeitschrift bestimmt, er hatte die Kunst heiter und die Heiterkeit zur Kunst gemacht. Die Titelbilder im »Magazin«, die in wissenschaftlichen Abhandlungen über Werner Klemke oft am Rande vorkommen, waren nicht nur ein wichtiger Teil seines Werkes, sie waren ein wichtiger Teil seines Lebens. Keine seiner großen und bleibenden künstlerischen Leistungen hat ihn so populär und beliebt gemacht. Er hatte für »Das Magazin« gearbeitet, bis seine Hand zitterte, bis Pinsel und Zeichenstift ihm nicht mehr gehorchten und er seine brillanten Ideen nicht mehr umsetzen konnte. Dabei war ihm »Das Magazin« so nahe, wie er uns und den Lesern.

Die Suche nach einem neuen Titelbild-Zeichner – einen neuen Klemke würde es nicht geben, das war uns allen klar – war schwer. Die Aufgabe, Klemkes Platz einzunehmen, war eine hohe Forderung. Gewiß gab es (und gibt es noch) im Lande eine ganze Reihe hervorragender Künstler, Illustratoren, Maler, Humoristen und Karikaturisten. Doch keiner von ihnen konnte diesen Werner Klemke ersetzen.

Dennoch waren wir entschlossen, das gezeichnete Titelbild beizubehalten. In dem Zeichner und Karikaturisten Franz Zauleck, der seit einiger Zeit schon für »Das Magazin« Geschichten illustriert hatte, fanden wir einen Mitarbeiter, von dem wir hoffen konnten, daß er auf Dauer zu unserem Titelzeichner werden könnte. Auch Werner Klemke war noch nicht der große Meister, das Akademiemitglied, der berühmte Klemke gewesen, als er 1954 seinen ersten Titel zeichnete. Auch er hatte sich erst in die Eigenart der Zeitschrift hineinarbeiten müssen. Franz Zauleck hatte glücklicherweise nicht den Ehrgeiz, den Stil von Werner Klemke nachzuahmen. Er war ein eigenständiger Künstler, moderner, jünger als Klemke, er hatte eigene Ideen, eine eigene Handschrift, dreizehn Monate hindurch zeichnete er den Titel des »Magazins« mit Charme, mit Witz und künstlerischem Können, skurrile, eigenwillige Zeichnungen. Mir haben sie gefallen, manchem Leser allerdings fiel es schwer, sich mit den neuen Titelbildern ohne Kater anzufreunden. Trotzdem meine ich, im Laufe der Zeit hätten Zauleck und »Das Magazin« eine gute Ehe miteinander eingehen können. Wenn nicht eine schnelle Anpassung an westliche Vermarktungsgewohnheiten, die der neue Verlag »Gruner + Jahr« erzwang, dieses Experiment beendet hätte.

Noch heute finde ich, daß diese Titel einmalig und unwiederholbar waren.

Wildöstliches

Das Magazin« hatte auch nach der Preiserhöhung vom April eine hohe Auflage und große Akzeptanz im Lande. Das weckte Begehrlichkeiten. Immer neue Vertreter westdeutscher Verlage, Rechtsanwälte, Verleger und Zwischenhändler erschienen in der Redaktion mit ihren Projekten. Und alle hatten nicht nur glänzende Perspektiven für die Zeitschrift, sie boten auch gute Gehälter und Gewinne an.

Für »Das Magazin« und die »Wochenpost« gab es besonders viele Interessenten. Die beiden Blätter galten als »Filetstücke«, ein Ausdruck, den ich außer im Fleischerladen vorher nie gehört hatte. Brigitte Zimmermann, die Chefredakteurin der »Wochenpost«, und ich, wir konnten uns vor Avancen, Angeboten und Bewunderern kaum retten. Ich wußte nicht, wie mir geschah: ich war Angestellter des Berliner Verlages und nicht der Besitzer des »Magazins«, ich hatte nichts zu verkaufen.

Eines Tages erschien ein Verleger aus Westberlin. Der wollte nichts als unsere Abonnentenkartei. Dafür bot er mir 50 000 DM. Das war vor der Währungsunion ein fast astronomisch hoher Betrag. Es war die Honorarsumme der Redaktion in Devisen für fünf Jahre. Aber er bot diese 50 000 nicht der Redaktion oder dem Verlag an – er wollte sie mir persönlich für meine eigene Verwendung übergeben. »Davon braucht niemand was zu wissen«, sagte er und fand das offenbar ganz normal. Ich sagte ihm: »Ich kann doch nicht verkaufen, was mir nicht gehört.« Ich weiß nicht, was er von mir gedacht hat. Und ich sagte ihm nicht, was ich von ihm dachte. Jedenfalls ist er nicht wieder gekommen.

Ich fand damals richtig, was der neu gebildete Verlagsrat wenig später entschied: Keine Einzellösungen. Verhandlungen nur über den Verlag als Ganzes. Was sollte aus den anderen werden, wenn die gewinnversprechenden Blätter ausscherten. Solidarität war die Parole.

Der »Eulenspiegel« machte sich dennoch selbständig: Zwei Redakteure gründeten eine GmbH. Auch andere Redaktionen strebten zur Eigenständigkeit, und bald fragten sich die Redakteure des »Magazins«, ob es nicht womöglich besser sei, eine »Magazin«-GmbH zu gründen und das Blatt als eigenständiges Unternehmen selbst zu führen. Dafür allerdings war ich nicht der rechte Mann, ich war Journalist und war mir sicher, daß ich kein Unternehmer werden wollte. Und da auch kein anderer in der Redaktion sich zu diesem Schritt entschließen konnte, blieben wir im Berliner Verlag.

Um den bewarben sich bei dem Eigentümer, der PDS, inzwischen drei Großverlage, der »Springer-Verlag«, »Bauer« und »Gruner + Jahr«. Jeder hatte ein in sich schlüssiges und auf den ersten Blick überzeugendes Konzept. In erster Linie aber ging es wohl höchstens um ein oder zwei Blätter, um die »Berliner Zeitung«, den Namen »Berliner Verlag« und ganz bestimmt um das noch keine zwanzig Jahre alte Redaktionsgebäude in der Karl-Liebknecht-Straße, direkt im Zentrum am Alexanderplatz. Die Immobilie war zum Objekt der Begierde geworden. Im März kam mit »Maxwell« aus London noch ein vierter Konkurrent hinzu, der mit der PDS verhandelte.

Um den Inhalt der Zeitschriften kümmerte sich niemand mehr. Es ging nur noch um Verkaufszahlen, Investoren, Wertekonzepte, Anzeigenkunden, und immer wieder um die Besitzverhältnisse. Am 7. Juni flog der Maxwell-Sohn Cavin mit einer Spezialistengruppe im wahrsten Wortsinn im Verlag ein. Es sprach sich schnell herum, daß er mit einem Hubschrauber auf dem Verlagsdach gelandet war, um keine Zeit zu verlieren. Und dann erschien die Truppe im Verlagsrat, vor den Chefredakteuren und den wichtigsten Vertretern des Verlages. Und tat sehr wichtig. Ich dachte: So muß sich Lettow-Vorbeck in »Deutsch-Südwest« gefühlt haben. Der junge Herr brillierte mit kurz- und mittelfristigen Programmen; er sprach von 50 Millionen Mark für Redaktionssysteme, Werbung, Marktforschung, und versprach allen goldene Zeiten. Schon am nächsten Tag, am 8. Juni, folgte die nächste wichtige Sitzung. Die Verhandlungen mit Maxwell, so hörten wir, müßten ganz schnell abgeschlossen werden, da darf nichts dazwischen kommen. »Kaufen Sie jetzt!«

Und dann kam die Währungsunion. Am 18. Juni wurde das letzte Gehalt in Ostmark bezahlt. Am 28. Juli sollte es das erste Gehalt in D-Mark geben. Ab 7. Juli mußte der Urlaub in den Verlagsferienheimen Ahlbeck und Bad Saarow in DM bezahlt werden. Es galten neue Reisekostenabrechnungen, eine neue Urlaubsregelung, neue Gehaltsgruppen, neue Tarife. Alles neu. Vor allem, wie sich bald herausstellen sollte: neue Gesichter.

Das Chaos war aufgebraucht

Eines Tages hatte jemand an eine Hauswand gegenüber dem Berliner Verlag den abgewandelten Brecht-Satz aus »Trommeln in der Nacht« gesprüht: »Das Chaos ist aufgebraucht, es war die schönste Zeit!« Die kaiserlose, die glückliche Zeit war vorüber. Der Hamburger Verlag »Gruner + Jahr« hatte das Rennen um den »Berliner Verlag« gewonnen. Im Juli 1990 waren die neuen Herren aus Hamburg angerückt und hatten die Rolle der alten Herren aus dem Großen Haus übernommen. Sie waren freundlich, unverbindlich, geschäftig und vollkommen von sich und ihrer humanistischen Sendung überzeugt: sie wollten uns nun helfen, richtige Zeitschriften zu machen. Sie hatten das Sendungsbewußtsein von Missionaren und das Selbstbewußtsein von Millionären.

Am 20. Juli hatte ich das erste Gespräch mit einigen von ihnen. Es ging um die Frage: Was ist »Das Magazin« und was soll aus ihm werden? Wir hatten eine Menge Leser verloren, als wir im April den Preis erhöhen mußten. Aber unser kleines Blatt wurde zu diesem Zeitpunkt noch immer mehr als 300 000mal verkauft. Dennoch tat sich die Hamburger Crew schwer mit der Zeitschrift. Wo sollte man sie einordnen? Ein solches Blatt gab es in der alten Bundesrepublik nicht. Also, so ihre schlichte Denkweise, kann es auch im vereinigten Deutschland ein solches Blatt nicht geben. Denn wenn es eine Existenzberechtigung hätte, wäre es ja in Westdeutschland längst in ähnlicher, natürlich besserer Form auf dem Markt. Da es aber dort nicht existiert, kann es auch hier nicht sein.

Die Unsicherheit war groß. Alle Typen der bunten Zeitschriften wurden zum Vergleich herangezogen. »Das Magazin« paßte in kein Raster. Es hatte von vielen etwas: von »Geo« die gründlich recherchierten Reportagen, vom »Stern« die guten Fotos, vom »Playboy« den Akt und erotische Geschichten, von Literaturzeitschriften die Erzählungen, von Frauenblättern die Kochrezepte, die Mode und die Möbeltips, von satirischen Zeitschriften die Karikaturen und den »Frechen Zeichenstift« und von den alten Magazinen die Bildspäße, die gezeichneten Titel und die Gesamtkomposition. Das Blatt hatte von allem was, und war doch in allem anders: Ein Produkt, das es nur in der DDR gegeben hatte, das zu diesem Land gehörte, das ganz auf den Leser hier zugeschnitten war, und von dem man in Hamburg annahm, daß es mit dem untergehenden Staat verschwinden würde.

Immer wieder wurden wir gefragt: Wo ist eure Zielgruppe? Darüber hatten wir bisher nie richtig nachgedacht: Unsere Zielgruppe war der Leser in diesem Lande, zwischen neun und neunundneunzig, es waren Arbeiter und Ingenieure, Hausfrauen und Künstler, Schüler und Professoren. Die Hälfte der Leser waren Frauen, und viele lasen das Blatt seit mindestens zwanzig, wenn nicht dreißig Jahren. Es lag fast bei jedem Zahnarzt und jedem Friseur. In der DDR hatte es keine Marktforschung gegeben, nur eine Papierplanung, die die Auflage begrenzte, ein Schicksal, das »Das Magazin« mit fast allen Zeitschriften des Landes teilte. Wir wußten, daß wir mehr in den Städten gelesen wurden als auf dem Lande, mehr von der Intelligenz als von Genossenschaftsbauern, mehr von höher Qualifizierten als von Leuten ohne abgeschlossene Ausbildung. Das reichte uns, um zu wissen, daß wir nach dem schönen Goethe-Wort vieles bringen mußten, um jedem etwas zu bringen.

Den einzigen halbwegs vertretbaren Vergleich, den wir ihnen anbieten konnten, war die Tradition der alten Magazine aus den zwanziger Jahren. Aber unsere Gesprächspartner, die nun über das Schicksal des Blattes entscheiden sollten, waren zu jung, um diese noch zu kennen und sie hatten offenbar auch niemals Veranlassung gehabt, sich mit der Geschichte dieser Zeitschriften-Gattung zu beschäftigen. Auch Herrn Schulte-Hillen, dem Vorstandsvorsitzenden von »Gruner + Jahr«, war »Das Magazin« nicht zu erklären. Ihm glaube ich die immer wieder betonten Bemühungen um unsere Zeitschriften am wenigsten. Dafür sprach er zu gern von der guten Lösung, die seinerzeit nach dem Ende der Franco-Herrschaft in Spanien gefunden worden sei, wo alle Zeitschriften eingestellt und neue, viele davon von »Gruner + Jahr«, an ihre Stelle traten.

Da den neuen Herren »Das Magazin« unverständlich war, blieb zunächst alles beim alten. Der Berliner Verlag hatte größere Zeitungen als uns, und »Das Magazin« hatte wieder mal das Glück, daß es seinen Herren nicht wichtig genug erschien und nicht im Mittelpunkt stand. Das hatte uns schon in der DDR oft geholfen.

Die guten Ratschläge, die wir von den hochbezahlten Verlagsmanagern und Werbefachleuten bekamen, waren so anmaßend wie nichtssagend. Einer wollte ein Magazin für den »jungen, dynamischen, aufstrebenden Mann, der Opel Manta fährt und seine Ferien im Club mediterrane verbringt«. Ein anderer forderte, daß wir »die Lufthoheit über den Stammtischen erobern« müßten. Auf Stammtisch-Niveau herab zu sinken, hatten wir gerade 35 Jahre hindurch tunlichst vermieden.

In den ersten Wochen hatten die »jungen dynamischen« Typen mit den kleinen schwarzen Lederkoffern und dem vornehmen, norddeutsch eingefärbten Akzent, einer Art Kunstsprache, die wir Oxford-Deutsch nannten, versucht, Überlegenheit zu demonstrieren und Eindruck zu machen. Doch sie beeindruckten bald niemanden mehr. Selbst Schulte-Hillen, der mächtige Boß eines Milliarden-Unternehmens, erinnerte mich in seinem marineblauen Zweireiher mit goldenen Knöpfen eher an einen Süßwasserkapitän oder, noch mehr, an den sowjetischen General, der uns im Kriegsgefangenenlager in Melnik, im Mai 1945, mit den Worten angekündigt wurde: »Das ist der General, was eich besiegt hat!« Beide schienen ihren Triumph zu genießen, eitel, selbstbewußt und sieggewohnt. Es fehlte nur, daß wir Lortzings Hymne aus »Zar und Zimmermann« anstimmen sollten: Heil sei dem Tag, an welchem du bei uns erschiehienen, dideldum, dideldum, dideldum.

Eine Ausnahme machte der Kollege Perrelztein, ein verhältnismäßig junger, gebildeter Jude, der uns bei der Werbung für das Blatt helfen sollte. Er schien der einzige Intellektuelle im Vorstand von »Gruner + Jahr« zu sein. Und er hatte ein Gefühl (feeling zu sagen, lernten wir erst später) für »Das Magazin«. Er griff als Erster und als Einziger das Wort vom Leseland DDR auf und wies auf die besonderen Lesegewohnheiten der Menschen in diesem Lande hin, die sich seiner Meinung nach deutlich von denen der Westdeutschen unterschieden.

Der »Stern« verkaufte damals im Osten etwa 40 000 Exemplare, »Der Spiegel« 20 000 und die Hamburger »Zeit« etwa 7 000. »Das Magazin« aber wurde noch immer von Hunderttausenden gelesen. Dafür benannte Perrelztein Ursachen, die uns aufhorchen ließen: Die Sprache, die die Menschen gewöhnt waren, fanden sie, nach seiner Meinung, in den westdeutschen Blättern nicht wieder. Ihre Lebensgewohnheiten und Lebenserfahrungen waren andere als die der Bundesbürger im Westen und, so Perrelztein, »die eigentlichen Probleme der Ostdeutschen werden in den westdeutschen Zeitungen nicht wahrgenommen. Die ehemaligen DDR-Länder brauchen eine eigene Presse, Zeitschriften, die den Stallgeruch des Landes mitbringen, die für die Menschen ein Stück Heimat verkörpern.«

»Das Magazin« gehörte für Perrelztein dazu, ja, es stand ganz weit oben auf seiner Liste der bewahrenswerten Zeitschriften im Osten. Als ein echtes Ostgewächs.

Die Berater kommen

Zum Jahresende 1990 bekamen alle Redaktionen sogenannte Berater. Journalisten aus der Hamburger Zentrale oder aus anderen westdeutschen Zeitschriften, die helfen sollten, aus den bisherigen Ostjournalen »richtige Zeitschriften« zu machen, die sich in der Marktwirtschaft behaupten könnten. Als Berater für »Das Magazin« wurde Wolf Thieme berufen, ein Journalist, der bei verschiedenen Zeitschriften gearbeitet hatte und etwas von seinem Metier verstand. Er war um die fünfzig und mein erster Eindruck, von dem man sagt, daß er oft der beste sei, hieß: Alles an ihm ist eine Nummer zu groß – die Körperhöhe, die Schuhgröße, die Nase und das Selbstbewußtsein. Legitimiert und für diese Aufgabe empfohlen hatte er sich damit, daß er einmal Chefredakteur beim »Playboy«-Magazin gewesen war.

Seine Wahl beruhte auf einem fundamentalen Mißverständnis, dem Irrglauben, »Das Magazin« sei so etwas wie ein »Playboy für Arme«. Das monatliche Aktfoto und unsere erotischen Geschichten muß die Herren bei »Gruner + Jahr« zu dieser Fehlinterpretation verführt haben. Doch das zeigte nur, wie wenig sie von dem wußten, was sie nun in ihre Regie übernommen, wie wenig sie sich mit dem Land und seinen Zeitschriften beschäftigt hatten.

Die erste grundsätzliche Fehleinschätzung des »Magazins« stand am Anfang einer langen Kette von Fehlern, die sich zwingend daraus ergaben und von denen ich nicht sicher bin, ob sie aus Unkenntnis über das Land und seine Leser, aus Überheblichkeit der Neunmalklugen aus dem Westen resultierten, oder ob sie Teil einer Strategie waren, mit der die ehemaligen Ostzeitungen und -zeitschriften samt ihren Redakteuren und Journalisten als Konkurrenz ausgeschaltet werden sollten.

Die neuen Herren, die sich selbst kurz und bündig »die Hamburger« nannten, tagten regelmäßig hinter verschlossenen Türen. Die ostdeutschen Chefredakteure waren ausgeschlossen, wenn über ihre Zeitschriften gesprochen – und entschieden – wurde. Sie erfuhren nur, was sie unbedingt wissen mußten. Die »Hamburger« hatten die Rolle der Presseabteilung im ZK übernommen, sie bestimmten die Linie, die von den »Beratern« dann in den Redaktionen als Auftrag, Anweisung oder Empfehlung umgesetzt wurde. Ihr Informationsvorsprung verlieh ihnen gerade in so bewegten Zeiten Macht über die anderen, die man über die wahren Absichten des Vorstandes im dunkeln ließ. Die mit viel Optimismus und hohen Erwartungen gewählten Chefredakteure waren zu Nebenfiguren degradiert, die mühsam erarbeiteten Redaktionsstatuten vom Frühling Makulatur.

Wolf Thieme, mein »Berater«, kehrte nicht den Chef heraus. Er war, im Rahmen seiner Stellung als »leitender Mitarbeiter« des Konzernvorstandes und nach seinen Möglichkeiten als »Führungskraft«, sogar kollegial. Man konnte mit ihm streiten, er hörte zu, was zu dieser Zeit schon viel bedeutete. Er überließ mir sogar mein Zimmer (was eine allgemeine Anweisung für den Umgang mit den alten Chefredakteuren zu sein schien) und beschied sich (wenigstens vorläufig) mit einem normalen Arbeitsraum und einer Sekretärin. Er verstand sich als bekennender Antikommunist und machte daraus kein Hehl, was die Zusammenarbeit nicht erleichterte, aber von Anfang an klare Verhältnisse schuf, weil jeder wußte, wo der andere stand.

Es war unter diesen Umständen nicht verwunderlich, aber für die Redaktion außerordentlich belastend, daß unsere Ansichten über »Das Magazin« oft diametral auseinander gingen. Thieme fand nie eine innere Bindung zu dem Blatt, das er beraten sollte. Er glich dem Geist, den er begriff. Ein Magazin war für ihn das, was er aus dem Westen unter dieser Bezeichnung kannte. Das ging vom Inhalt bis zum Format, das nach seiner Meinung ein Magazin haben müsse – weil es die im Westen eben hatten.

Am 12. Dezember wurde Wolf Thieme offiziell als »Berater der Chefredaktion« eingeführt. Er sollte seine Tätigkeit zunächst bis Ende Januar ausführen. »Sein Einsatz ist zeitlich befristet«, wurde uns gesagt. »Er soll Geschichten beschaffen und Ideen einfließen lassen und helfen, mit den Schwierigkeiten der ersten Wochen nach der Vereinigung fertig zu werden, die Gepflogenheiten in einem solchen Konzern kennen zu lernen und das Blatt in die westdeutsche Zeitschriftenlandschaft irgendwie einzuordnen.«

Verlagsleiter Althaus erklärte als Vertreter des Vorstandes von »Gruner + Jahr« vor der versammelten Redaktion: »Es besteht Übereinstimmung darüber, daß Format, Konzeption und Inhalt des ›Magazins‹ beibehalten werden sollen. ›Das Magazin‹ und die ›Wochenpost‹ sind tief im Bewußtsein der Menschen hier verankert, die positive Emotionen mit ihren Zeitschriften verbinden. ›Das Magazin‹ hatte immer eine Sonderstellung im Berliner Verlag, es ist der unbeschreiblichste von allen

Titeln. Eine solche Zeitschrift können nur Redakteure von hier machen. Und dafür brauchen wir Sie. Dabei sind Sie unsere wichtigsten Stützen.«

Thieme beteuerte, wie alle Berater in den Redaktionen, daß er nur zeitweilige kollegiale Hilfe leisten wolle und niemanden verdrängen möchte. Er lebte in Westberlin, fuhr einen Wartburg des Verlages, so daß man ihn für einen Ossi halten konnte und suchte sich in Westberlin Berater für den Berater, die er nach unseren Vorstellungen fürstlich honorierte. Er fand sie vorwiegend in ehemaligen DDR-Bürgern, die Jahre zuvor das Land verlassen hatten, in dem einige von ihnen als Kinder von führenden Leuten in der Oberschicht gelebt hatten. Die Redakteure, die in der DDR geblieben waren, betrachtete Thieme mit kritischer Distanz.

Im Februar sollte Thiemes Osteinsatz beendet sein. Der westdeutsche Verlagsleiter für die Zeitschrift, Althaus, der anscheinend auch nicht in alle Interna der Hamburger Bosse eingeweiht war, teilte das voreilig der Redaktion mit. Thieme sagte nur: »Wer ist schon Althaus.« Und blieb.

Er hatte offensichtlich mit dem Vorstandsvorsitzenden Schulte-Hillen ein, wie sie es nannten, Meeting gehabt, bei dem ihm die Chefredaktion des »Magazins« versprochen worden war.

Eines Tages kam der Berater Thieme von einer Besprechung in Hamburg zurück mit neuem Auftrag: Er sollte »Das Magazin« von der ersten bis zur letzten Seite »durcherotisieren«. Es wurde vom »sexuellen Nachholbedarf« der Ostdeutschen gesprochen, als ob wir hier im sexuellen Notstandsgebiet gelebt hätten. Dutzende Seiten wurden mit mehr oder weniger pornografischen Fotos gefüllt, in den Beiträgen wimmelte es von Wörtern, die meine Mutter als »Ausdrücke« bezeichnet hätte. Die wenigen guten Geschichten von einigen Schriftstellern aus dem Westen und einige künstlerisch ausgezeichneten Fotos kamen gegen den »Schweinkram« bald nicht mehr an.

Obwohl offiziell noch immer im Status eines Beraters, begann Thieme mit Rückendeckung aus der Chefetage des Konzerns, »Das Magazin« umzukrempeln, aus einer kulturvollen Unterhaltungszeitschrift verwandelte er es in ein anrüchiges Sex-Blatt. Gemeinsam mit dem Hamburger Grafikbüro Dietmar Meyer entwickelte er ein neues, westlichen Pressevorstellungen entsprechendes Layout, das der Zeitschrift den Weg auf den westdeutschen Markt öffnen sollte. Statt der gezeichneten Titelbilder waren nun auf der Titelseite Fotoumsetzungen und Ankündigungen von Beiträgen vorgesehen, in fetten Lettern mit reißerischen Überschriften, die als sogenannte Schürzen über den Titel geklebt oder direkt ins Bild gedruckt waren. »Das Magazin« verlor mehr und mehr sein Gesicht.

Mir war unwohl bei diesem Experiment. Ich fühlte mich überrumpelt. Aber ich war auch unsicher, was die Anpassung an die Marktwirtschaft nun wirklich erforderte. Wir hatten in »Gruner + Jahr« einen Verlag gefunden, der anscheinend bereit war, das Blatt zu erhalten. Das war nicht wenig in diesen unruhigen Zeiten, in denen nicht nur Zeitschriften starben, sondern ganze Industrie-Regionen verödeten. Mußte, konnte, durfte ich dagegen sein?

Was wußten wir denn, wie alles weitergehen würde? Die Parolen und Gerüchte überschlugen sich. Und wir waren zutiefst verunsichert. An die alten Herren waren wir gewöhnt, im Umgang mit ihnen geübt. Die neuen waren anders, wir wußten noch lange nicht, wie man ihnen begegnen mußte, wollte man nicht untergehen. Sie befahlen oder verboten keine politischen Meinungen: Sie machten Politik mit den Bilanzen. Was zählte, waren nur noch Quoten, Auflagenhöhe, Gewinn oder Verlust. Sie hatten die Macht, jedes Blatt von einem Tag zum anderen einzustellen und machten lebhaft davon Gebrauch. Das wollten wir, das wollte ich dem »Magazin« ersparen. Doch wieviel Anpassung war nötig, um das zu verhindern, wieviel war erlaubt, ohne den Charakter der Zeitschrift zu beschädigen? Wo verlief die Grenze?

Trotz aller Unsicherheit haben wir die Entwicklung des »Magazins« zu einer Sex-Postille nicht tatenlos über uns ergehen lassen. Wir wehrten uns, so gut es ging. Die Redaktion wandte sich mit Denkschriften an die Verlagsleitung, schließlich ging sie sogar an die Öffentlichkeit. Es waren sinnlose Versuche, eine Entwicklung aufzuhalten, die anders geplant war. Die neuen Herren aus Hamburg ließen sich in ihrem Eifer, »Das Magazin« umzugestalten, nicht einmal von ihren eigenen Bilanzen aufhalten: Denn die Leser gingen den neuen, erotisch-pornografischen Weg nicht mit. Sie fühlten sich von vielen Beiträgen abgestoßen und erkannten das alte »Magazin« nicht wieder. Die Auflage sank dramatisch, das Blatt verlor seine Leser im Osten und gewann keine neuen im Westen hinzu.

Ich sah bald keine Möglichkeiten mehr, Einfluß auf das Blatt zu nehmen und fragte mich in diesen Wochen immer wieder, ob meine Zeit als Chefredakteur nicht eigentlich abgelaufen sei. Es gab genügend Gründe aufzuhören. Ich war vierundsechzig. Das Niveau der Zeitschrift, wie ich sie 1979 von Hilde Eisler übernommen hatte, war unter den neuen Bedingungen kaum zu halten. Was sich jetzt entwickelte, war nicht mehr unser »Magazin«.

Die Zusammenarbeit mit meinem Berater gestaltete sich zunehmend schwierig. Die von Anfang an bekannten Gegensätze waren immer weniger zu überbrücken. Die Vorstellung, was »Das Magazin« ist, drifteten schnell auseinander. Die Gemeinsamkeiten hatten sich erschöpft. Er übernahm immer mehr die Rolle der sowjetischen Berater in der DDR, die stets das letzte Wort hatten. Alle wichtigen Fragen wurden in Gremien beschlossen, von denen die Chefredakteure ausgeschlossen waren, in denen die »Hamburger« unter sich blieben. Zum 1. Mai 1991 trat ich von meiner Funktion als Chefredakteur zurück.

In einer Hausmitteilung vom 8.5.1991 konnten die Mitarbeiter des Berliner Verlages lesen:

Wechsel in der Chefredaktion des Magazins.
Der langjährige Chefredakteur der Zeitschrift Magazin, Manfred Gebhardt, 64, hat auf eigenen Wunsch die Leitung der Redaktion zum 1. Mai 1991 niedergelegt.
Neuer Chefredakteur wurde Wolf Thieme, 54, der zuvor Chefredakteur des Playboy, Reporter beim Stern und freier Journalist in Rom war.

Hier endet meine Geschichte über die beliebte DDR-Zeitschrift für Unterhaltung, Bildung und Geschmacksbildung. Und hier endet wohl auch die Geschichte jenes »Magazins«, das im Herbst 1953 für die Leser in der DDR gegründet wurde. Es war ein Kind eben dieser DDR – und offensichtlich war nur in dieser Gesellschaft ihr Aufstieg zu einer der beliebtesten Zeitschriften des Landes denkbar. Mit dem Ende der DDR verlor sie ihre Einmaligkeit, ihre Erstgeburt und ihren gesellschaftlichen Auftrag.

Daß »Das Magazin«, nachdem »Gruner + Jahr« es an den Rand des Untergangs gebracht hatte, als eine der ganz wenigen Zeitschriften der DDR überlebte und nach mehrfachem Wechsel der Besitzer noch immer erscheint, gehört zu den erfreulichen Nachrichten. Es verdankt sein Überleben dem Mut und dem Engagement seiner Mitarbeiter, und dem guten, bis in unsere Tage fortwirkenden Ruf als eine ungewöhnliche, einmalige Zeitschrift, als eine schöne Erinnerung an eine schwierige Zeit.

Über den Autor

Manfred Gebhardt war fast dreißig Jahre lang, von 1962 bis 1991, in der Redaktion des »Magazins«, zunächst als Stellvertreter der Chefredakteurin Hilde Eisler, danach für zwölf Jahre als Chefredakteur. Er ist seit mehr als fünfzig Jahren Journalist, die Tätigkeit als Chefredakteur des »Magazins« nennt er »die schönste Aufgabe, die es in der DDR-Presse gab«.

Geboren 1927 in Ziegelrode im Mansfelder Gebirgskreis, ist er aufgewachsen zwischen Hütten und Schächten des Mansfelder Landes, das er noch heute mit dem Begriff Heimat verbindet. Mit sechzehn Jahren wurde er Luftwaffenhelfer, mit achtzehn kam er an die Front und bald darauf für fünf Jahre in polnische Kriegsgefangenschaft, die er die längste Zeit als Bergmann unter Tage in einem ehemaligen Außenlager des Nazi-KZ Auschwitz und zuletzt im Zentrallager, im ehemaligen jüdischen Ghetto in Warschau, verbrachte. Die Erfahrungen und Erkenntnisse dieser Jahre haben ihn ein Leben lang immun gemacht gegen Nationalismus und Antisemitismus, unter dem Titel »Kriegsgefangener 330« hat er darüber einen Erlebnisbericht geschrieben, der 1997 im R. Oldenbourg Verlag in München erschien.

Nach seiner Heimkehr Weihnachten 1949 arbeitete er zuerst als Redakteur und dann mehrere Jahre als stellvertretender Chefredakteur der Jugend-Zeitung »Junge Welt« und danach als Leiter der Innenpolitik der »Berliner Zeitung«.

Von Gebhardt sind in der DDR mehrere Biografien erschienen. So 1983 »Wege und Irrwege eines Revolutionärs« über Max Hoelz, 1988 »Madame, Soldat und Sufragette« über Mathilde Franziska Anneke, die an der Revolution 1848/49 teilnahm und danach zur Mitbegründerin der amerikanischen Frauenbewegung wurde, 1991 »Ein Leben mit Lassalle«, über Gräfin Sophie von Hatzfeldt.

Vor einigen Jahren ist Gebhardt von Berlin-Pankow nach Naumburg an der Saale gezogen, wegen der Ruhe in der Kleinstadt, der Milde des Klimas, der Schönheit der Landschaft und der Güte des Weins, des Gutedel, Kerner und Dornfelder, der hier an den sonnigen Hängen von Saale und Unstrut wächst. Gebhardt liebt Wanderungen durch die Weinberge und die Dörfer im Burgenland, er liebt die Einkehr in den Straußwirtschaften und Landgasthäusern und er liebt die Arbeit in seinem Garten. Besonders liebt er seine Frau, seine Töchter und seine Enkelinnen.

Inhalt